단테의
신곡 읽기 7

구약역사: 역대서

단테의 신곡 읽기 7
구약역사: 역대서

초판 1쇄 발행 2025년 10월 25일

지은이 진영선
펴낸이 장현수
펴낸곳 메이킹북스
출판등록 제 2019-000010호

디자인 이정아
편집 최미영
교정 안지은
마케팅 김소형

주소 서울특별시 구로구 경인로 661, 핀포인트타워 912-914호
전화 02-2135-5086
팩스 02-2135-5087
이메일 making_books@naver.com
홈페이지 www.makingbooks.co.kr

ISBN 979-11-6791-784-3(04230)
ISBN 979-11-6791-781-2 (세트)
값 16,800원

ⓒ 진영선 2025 Printed in Korea

잘못된 책은 구입하신 곳에서 바꾸어 드립니다.
이 책의 전부 또는 일부 내용을 재사용하려면 사전에 저작권자와 펴낸곳의 동의를 받아야 합니다.

메이킹북스는 저자님의 소중한 투고 원고를 기다립니다.
출간에 대한 관심이 있으신 분은 making_books@naver.com으로 보내 주세요.

7

단테의
신곡 읽기

구약역사: 역대서

진영선 지음

메이킹북스

목차

역대상서 1-2장	6
역대상서 3-5장	22
역대상서 6-7장	38
역대상서 8-10장	54
역대상서 11-12장	66
역대상서 13-16장	81
역대상서 17-20장	96
역대상서 21-23장	110
역대상서 24-27장	123
역대상서 28-29장	136
역대하서 1-5장	148
역대하서 6-9장	162
역대하서 10-15장	178
역대하서 16-20장	194
역대하서 21-24장	209
역대하서 25-28장	223

역대하서 29-32장　　　　　　　　　　　　　　**238**
역대하서 33-36장　　　　　　　　　　　　　　**253**

구약역사 3日 역대상서 1-2장

역대서 개요 소개

저자가 미상이나 에즈라일 가능성이 있다.

저작 연대는 BC 45-400년 사이다.

청중은 바빌론 포수에서 귀환한 유다 백성들이다.

역대상서 주제는 이스라엘 족보를 시작하는데 아담부터 사울 왕까지다. 그다음엔 다윗 왕의 통치기간의 이상적인 인물상 조명에 초점을 두었다. (NIV)

역대상·하서의 많은 부분이 에즈라와 느헤미야서로 이어진다. 전체 작업이 예루살렘에서 하나님께 적합한 의식에 관해서다. 그 의식은 다윗이 수립한 방식인데 어리석은 유다 왕들이 이를 끝내 저버려서 에즈라와 느헤미야가 재수립한다.

역대상서를 좋은 근거의 위대한 역사 가치로 사용한 반면에 정확한 역사로서 읽진 않았다. 다윗 재위 시의 예배의식인 과거의 신전 중심을 숭상하는 분위기가 있다.

이 작업의 주인공들이 신전의 신실한 종들인 레위 인들로 주로 가수들이어서다. 역대서 기자가 사무엘서와 열왕기서에서 폭넓게 인용한 문장으로 주note를 썼을 수 있다.

다윗이 역대상서의 중심임은 다음의 소제목들이 일러준다.

   1. 아담부터 사울까지 1-8장

2. 이스라엘 공동체의 회복 9장
3. 다윗이 사울을 잇다 10-16장
4. 다윗의 성전 건축 계획 17장
5. 다윗의 전쟁들 18-20장
6. 성전을 위한 준비 22-28장
7. 솔로몬의 다윗 왕위 승계 29장 (REB.)

역대상서 1장 '아담부터 노아의 아들들, 아브라함까지의 역사기록'
(NIV. 성서)

대하1:1 아담Adam, 셋Seth, 에노스Enosh, ² 케난Kenan, 마하랄렐Mahalalel, 야렛Jared, ³ 에녹Enoch, 메투셀라Methuselah, 라멕Lamech, ⁴ 노아Noah.

노아Noah의 아들들(창9:20-29. 술 취한 노아): **셈Shem,** 햄Ham, 야펫Japheth.

⁵ 야펫Japheth의 아들들: 고멜, 마곡, 마대, 야반Javan, 투발, 메섹, 티라스. ⁶ 고멜의 아들들: 아스케나즈Ashkenaz, 디파스, 토갈마. ⁷ 야반Javan의 아들들: 엘리사, 탈쉬스Tarshish, 키팀Kittim, 로다님.

⁸ 햄Ham의 아들들: 쿠스Cush, 미즈라임Mizraim, 풋, 카나안

Canaan. ⁹ 쿠스의 아들들: 세바, 하빌라, 삽타, 라마, 삽데카. 라마의 아들들: 세바, 데단. ¹⁰ 쿠스Cush는 님롯Nimrod의 부친, 님롯Nimrod은 지상에서 강력하게 보이려 시도했던 자다. ¹¹ 미즈라임Mizraim에서 퍼져간 리디아 인들, 아나미트 인들, 레하비트 족, 넵투히트 족Naphtuhites, ¹² 파트루시트 족Pathrusites, 캐슬루히트 족이고, 켑토리트Caphtorites 족은 필리스틴 족Philistines에서 나온 후손들이다.

¹³ 카나안Canaan이 장자 시돈Sidon, 헷 족Heth, ¹⁴ 제부시트 족Jebusites, 아모릿 족Amorites, 길가쉬트 족Girgashites, ¹⁵ 히바이트 족Hivites, 알카이트 족Arkites, 시니트 족Sinites, ¹⁶ 알바디트 족Arvadites, 제마리트 족Zemarites, 하마티트 족Hamathites의 부친이다.

¹⁷ **셈Shem**의 아들들: 엘람Elam, 아슈르Ashur, 알팍사드Arphaxad, 루드Lud, 아람Aram. 아람의 아들들: 우즈Uz, 훌Hul, 게달Gether, 메섹Meshek. ¹⁸ 알팍사드는 셀라Shelah의 부친, 셀라는 에벨Eber의 부친. ¹⁹ 에벌의 두 아들: 하나는 펠렉Peleg이란 이름, 그의 때에 지구가 둘로 나뉘어서고, 동생 이름은 족탄Joktan이다. ²⁰ 족탄은 알모다드Almodad, 셀렢Sheleph, 하잘마베스Hazarmaveth, 제라Jerah, ²¹ 하도람Hadoram, 우잘Uzal, 디클라Diklah, ²² 오발Obal, 아비마엘Abimael, 쉐바Sheba, ²³ 오펄Ophir, 하빌라Havilah, 조밥Jobab의 부친이다. 이들 모두 족탄의 아들이었다.

²⁴ **셈Shem**, 알팍사드Arphaxad, 셀라Shelah, ²⁵ 에벨Eber, 펠렉Peleg, 루Reu, ²⁶ 세룩Serug, 나홀Nahor, 테라Terah, ²⁷ 아브람abram(아브라함).

아브라함 가문

²⁸ 아브라함Abraham의 아들들: 이삭Isaac과 이스마엘Ishmael.

하갈Hagar의 후손들

²⁹ 이는 그들의 후손이다: 이스마엘의 장손은 느바이옷Nebaioth, 다음엔 케달Kedar, 앋빌Adbeel, 밉삼Mibsam, ³⁰ 미스마Mishma, 두마Dumah, 마싸Massa, 하닫Hadad, 테마Tema, ³¹ 예툴Jetur, 나피스Naphish, 케데마Kedemah. 이들이 이스마엘 후손이다. (창 25:12-16)

케투라Keturah의 후손들

³² 아브라함의 첩인 케투라에게 난 아들들: 짐란Zimran, 족샨Jokshan, 메단Medan, 미디안Midian, 이스박Ishbak, 슈아Shuah. 족산의 아들: 세바Sheba, 데단Dedan. ³³ 미디안의 아들들: 에파Ephah, 에펠Epher, 하녹Hanok, 아비다Abida, 엘다아Eldaah. 이 모두 케툴라의 후손이다(창25:1-4).

사라Sarah의 후손들

³⁴ 아브라함이 이삭의 부친이었다. 이삭의 아들들: 에서Esau와

이스라엘Israel(Jacob야곱).

에서Esau의 아들들

³⁵ 에서의 아들들: 엘리파즈Eliphaz, 루엘Reuel, 제우스Jeush, 얄람Jalam, 코라Korah. ³⁶ 엘리파즈의 아들들: 테만Teman, 오말Omar, 예포Jepho, 가탐Gatam, 케나즈Kenaz. 팀나Timna^{I [참고 1]}에 의해 아말렉Amalek^{II [참고 2]}. ³⁷ 루엘의 아들들: 나하스Nahath, 제라Zerah, 샴마Shammah, 미짜Mizzah.

에돔Edom에서 세어Seir의 후손^{III [참고 3]}

³⁸ 세어Seir의 아들들: 로탄Lotan, 쇼발Shobal, 지베온Zibeon, 아나Anah, 디숀Dishon, 에젤Ezer, 디샨Dishan. ³⁹ 로탄의 아들들: 호리Hori, 호맘Homam. 팀나Timna는 로탄Lotan의 누이

I [참고 1]
NIV. 주해는 대상1:36에서 '팀나가 아말렉을 낳았다 한다.' 줄까지 바꾼다. 팀나가 여자로 특별해 보임은 대부분의 기록이 남자 위주여서다. 대상1:39절에는 팀나가 로탄의 누이였다 한다. 그러나 히브리어 교재 역대기는 팀나와 아말렉이 엘리파즈의 아들로 나온다며, 해석이 어려운 부분이라 한다.
NIV. 주해는 팀나가 여자라는 설을 70인 역the Septuagint에서 취한다. 히브리 교본 역대기가 이를 빼먹지 않았나 하는 학자들의 결론이라 한다.

II [참고 2]
NIV. 주해는 창36:20에서 세어Seir가 그 땅의 원주민 호릿Horites 족속이라 한다. 세어가 누구 아들이란 말없이 그냥 에서의 후손 다음에 에돔 지역에서 세어의 백성이라고만 소제목에 표시. (에서가 야곱보다 먼저 결혼해 후손이 많았으리라, 생각한다.)
REB. 주해는 세어가 유다 남쪽 산악 지역이라 한다.

III [참고 3]
아말렉 인들은 하나님 약속의 땅 가나안의 여러 원주민들에 속한다. 이들 기사 참조. (민 13:25-33, 14:39-45, 24:20, 삼상 30장 소제목 '다윗이 아말렉을 치다')

였다. ⁴⁰ 쇼발의 아들들: 알반Alvan, 마나하스Manahath, 에발 Ebal, 쉐포Shepho, 오남Onam. 지베온의 아들들: 아이아Aiah 와 아나Anah. ⁴¹ 아나의 아들: 디숀Dishon. 디숀의 아들들: 헴단 Hemdan, 에스반Eshban, 이트란Ithran, 케란Keran. ⁴² 에젤의 아들들: 빌한Bilhan, 자아반Zaavan, 아칸Akan. 디샨의 아들들: 우즈Uz, 아란Aran.

에돔의 통치자들

⁴³ 이스라엘 왕들이 지배하기 전에 에돔을 지배한 왕들: 베어 Beor의 아들 벨라Bela의 도시 이름이 딘하바Dinhabah. ⁴⁴ 벨라가 죽었을 때 보즈라Bozrah 출신의 제라Zerah의 아들 요밥Jobab이 왕위 승계. ⁴⁵ 요밥이 죽자 테마닛Temanites 족 땅의 출신 후샴Husham이 왕위 승계. ⁴⁶ 후샴이 죽자 모압Moab에서 미디안 족을 패배시킨 베닫Bedad의 아들 하닫Hadad이 승계. 그의 도시 이름이 아비스Abith. ⁴⁷ 하닫이 죽자 마스레카 Masrekah 출신 삼라Samlah가 왕위 승계. ⁴⁸ 삼라가 죽자 강변 마을 레호보스Rehoboth 출신 샤울Shaul이 왕위 승계. ⁴⁹ 샤울이 죽자 아크볼Akbor의 아들 발하난Baal-hanan이 왕위 승계. ⁵⁰ 발하난이 죽자 하닫이 왕위 승계. 그 도시 이름 파우Pau, 아내 이름 메자합Me-zahab의 딸 마트렛Mathred의 딸 메헤타벨 Mehetabel.

⁵¹ 하닫 사후에 에돔의 대장들: 팀나Timna, 알바Alvah, 예테스Jetheth, ⁵² 오홀리바마Oholibamah, 엘라Elah, 피논Pinon,

⁵³ 케나즈Kenaz, 테만Teman, 밉잘Mibzar, ⁵⁴ 막디엘Magdiel, 이람Iram.

역대상서 2장 '이스라엘의 아들들'

대하2:1 이스라엘Israel의 아들들: 르벤Reuben, 시므온Simeon, 레위Levi, 유다Judah, 잇사갈Issachar, 제불론Zebulun, ² 단Dan, 요셉Joseph, 벤저민Benjamin, 납달리Naphtali, 갣Gad, 아쉘Asher.

유다Judah

³ 유다의 아들들: 에르Er, 오난Onan, 쉴라Shelah. 이들 셋이 슈아Shua의 딸인 카나안 여인이 출산. 에르가 슈아의 첫아들이나 하나님 눈에 사악해 그를 죽이심. ⁴ 유다의 며느리 타말Tamar이 그에게 페레즈Perez와 제라Zerah 출산. 모두 다섯 아들임. ⁵ 페레즈Perez의 아들들: 헤즈론Hezron과 하물Hamul. ⁶ 제라의 아들들: 짐리Zimri, 에탄Ethan, 헤만Heman, 칼콜Kalkol, 다르다Darda. 모두 다섯. ⁷ 칼미Karmi의 아들: 아칼Achar(아칸Achan에서 아칼Achar로 바뀜, 그 뜻이 말썽임. 참조 수 7장)은 이스라엘에 화를 부른 자로, 헌신한 물건을 취해 금지령을 범했다. ⁸ 에탄의 아들: 아자리야Azariah. ⁹ 헤즈론Hezron에게 난 아들들: 제라밀Jeramil, 램Ram, 칼렙Caleb.

¹⁰ 램Ram은 아미나답Amminadab의 부친, 아미나답은 유다 백

성의 지도자 나손Nashon의 부친. ¹¹ 나손은 살몬Salmon[IV] [참고 4]의 부친, 살몬은 보아즈Boaz의 부친, ¹² 보아즈는 오벳Obed의 부친, 오벳이 이새Jesse의 부친. ¹³ 이새의 첫아들 엘리압Eliab, 둘째 아비나답Abinadab, 셋째 쉐메아Shemea, ¹⁴ 넷째 느타넬Nethanel, 다섯째 랏다이Raddai, ¹⁵ 여섯째 오젬Ozem, 일곱째 다윗David. ¹⁶ 그들 누이가 제루이야Jeruiah, 아비가일Abigail. 제루이야Jeruiah의 세 아들들이 아비새Abishai(삼상26:6-20 다윗과 같이 사울 막사에서 사울의 창과 물병), 요압Joab(삼하3:22-39, 19:40-43, 20:3-13), 아사헬Asahel(삼하2:18-32 이스라엘과 유다전투에서 아브넬에게 죽음, 3:22-39 요압의 아브넬 살해, 다윗의 애도, 왕상2:28-35 요압의 처형). ¹⁷ 아비가일Abigail이 아마사Amasa(삼하17:25 압살롬의 배신 때 그와 동조)의 모친, 그 부친이 이스마엘 족 제테르Jether였다.

헤즈론의 아들 칼렙

¹⁸ 헤즈론의 아들인 칼렙의 아내 아주바Azubah가 제리옷Jerioth 가짐. 그 아들에 제세르Jesher, 쇼밥Shobab, 알돈Ardon. ¹⁹ 아주바가 죽자 칼렙이 훌Hur을 낳아준 에프라스Ephrath[V] [참고 5]와 결혼. ²⁰ 훌이 우리Uri의 부친, 우리는 베자렐Bezalel의 부친. ²¹ 헤즈론

IV [참고 4]
  대상2:11, 51, 54에 나온 살마Salma는 살몬Salmon(REB, HB).

V [참고 5]
  칼렙의 첩인 에프라스가 훌Hur을 낳고, 훌이 우리Uri를 낳고, 우리Uri가 베자렐Bezalel을 낳았다. 이 중 베자렐은 출31:1-5에 다음과 같이 나온다. 모세가 장막 집을 지을 때 헌신했던 노련한 장인이며, 이들의 후손이 나중에 솔로몬 성전 건축 시에 불려와 성전 내부의 금은 장식 공예에 크게 헌신한다.

이 나이 60에 길렛Gilead인이 부친인 마커Makir의 딸과 결혼, 그녀를 사랑해 세굽Segub을 출산. ²² 세굽이 야일Jair의 부친, 길렛에서 23개 마을을 다스림. ²³ 게슐Geshur과 아람Aram이 하보스야일Havvoth Jair, 케나스Kenath는 물론 주변 정착지 60개 마을을 차지. 이들 모두가 길렛의 부친 마커의 후손들. ²⁴ 헤즈론이 칼렙 에프라타에서 죽자 아내 아비야Abijah가 테코아Tekoa 부친 아슈르Ashur 출산.^{VI} [참고 6]

헤즈론의 아들 제라밀

²⁵ 헤즈론의 첫 아들 제라밀의 아들들: 램이 첫째, 다음에 부나 오렌, 오젬, 아히야. ²⁶ 제라밀의 다른 아내 이름 아타라. 그녀가 오남의 모친. ²⁷ 제라밀의 첫 아들 램의 아들들: 마아즈, 야민, 에켈. ²⁸ 오남의 아들들: 샴마이, 야다. 샴마이의 아들들: 나답, 아비슐. ²⁹ 아비슐의 아내 아비하일이 아반과 몰리드 출산. ³⁰ 나답의 아들들: 셀렌, 아파임. 셀렌은 무자녀. ³¹ 아파임의 아들: 이쉬, 그는 쉬샨의 부친. 쉬샨은 알라이의 부친. ³² 야다의 아들들, 샴마이의 형제: 제테르, 요나탄. 예테르가 자녀 없이 죽음. ³³ 요나탄의 아들들: 펠렛, 자자. 이들이 제라밀의 후손들.

³⁴ 쉬샨은 아들 없이 오직 딸들. 그에게 이름이 야르하Jarha인 애굽인 종이 있는데 ³⁵ 딸과 결혼시켜 아들 아타이Attai 출

VI [참고 6]

NIV, HB, NRSV, NASB, 우리성경 본문이 같으나, REB.성서는 좀 다르기에 옮긴다. 즉 부친인 헤즈론이 죽자 칼렙이 부친의 아내 에프라스와 동침, 테코의 부친 아슈르가 출생했다고. 이가 아니면 부친이 죽은 후에 출생했으니, 부친의 유복자가 아슈르인 셈이다.

생. ³⁶ 아타이가 나탄의 부친, 나탄은 자밧의 부친, ³⁷ 자밧은 에프랄의 부친, 에프랄은 오벧의 부친, ³⁸ 오벧은 예후의 부친, 예후는 아자리야의 부친, ³⁹ 아자리야는 헬레즈의 부친, 헬레즈는 엘리아샤의 부친, ⁴⁰ 엘리아샤는 시스마이의 부친, 시스마이는 샬룸의 부친, ⁴¹ 샬룸이 예카미아의 부친, 예카미아는 엘리샤마의 부친.

칼렙의 일족들

⁴² 제라밀의 형제, 칼렙의 아들들: 첫아들 메샤는 짚의 부친, 그의 아들은 마레샤, 그가 헤브론의 부친. ⁴³ 헤브론의 아들들: 코라, 타푸아, 레켐, 쉐마. ⁴⁴ 쉐마는 라함의 부친, 라함은 욜케암의 부친. 레켐은 샴마이의 부친. ⁴⁵ 샴마이의 아들은 마온, 마온은 베스줄의 부친. ⁴⁶ 칼렙의 첩 에파가 하란, 모자, 가제즈의 모친. 하란이 가제즈의 부친. ⁴⁷ 야다이의 아들들: 레겜, 요탐, 게샨, 펠렛, 에파, 샤앞. ⁴⁸ 칼렙의 첩 마카는 쉐벨, 티라나의 모친. ⁴⁹ 그녀가 또한 샤앞에게서 마드마나를, 쉬바에게서 막베나와 기베아를 출산. 칼렙의 딸이 아크샤.

⁵⁰ 칼렙의 후손들. 에프라스의 첫 아들 훌Hur의 아들들: 키리앗 예아림Kiriath Jearim의 부친 쇼발, ⁵¹ 베들레헴Bethlehem의 부친 살마, 베트 가델의 부친 하렢. ⁵² 키리앗 예아림의 부친 쇼발의 후손들: 하로에, 절반의 마나하티트 족.

⁵³ 키리앗 예아림의 일족들: 이트릿 족, 푸팃 족, 슈마스 족, 미스라잇 족. 이들로부터 조라티스 족과 에스타올릿 족이 나옴.

⁵⁴ 살마의 후손들: 베들레헴, 네터파티트 족, 아트롯 베트 요압, 절반의 마하나티트 족, 조리트 족.
⁵⁵ 야베스에 살던 서기관들-scribes(NIV.), 소프리트(REB.)일족-: 티라티트 족, 쉬메아티트 족, 수카티트 족. 이들이 하마스에서 온 케니트 족인데, 케니트는 레카비트 족의 부친.

생각할 점

고대의 인물들이 차례로 나오는데 전혀 뜻밖의 이름들이 나와 신기하고 신비한 마음이 커진다. 마치 창세기를 보다 더 자세히 들어가 선민들과 관련 있는 고대 사람과 가문의 족보를 수집, 수록한 듯하다.

어떻게 이렇듯, 자세히 그들의 이름들을 일일이 기록을 남겼는가에 감탄을 금할 수 없다.

십여 년 전에 단테의 신곡 독후감을 위해, 필히 히브리서 11장을 읽어야만 했다. 이를 위해선 구약성서의 첫 책인 창세기를 잘 읽어야만 했다. 믿음의 조상인 아브라함을 이해하기 위해선 그에 관한 자세한 기록이 필수여서다. 성서는 오래전 이야기니 진실한 마음으로 읽으면, 존재 이유의 근원을 생각하게 이끈다.

단테가 연옥에서 사도바울과 누가Luke를 중시하는 장면이 나온다. 히브리서 저자인 사도바울이 그리하게끔 이끈다. 그가 이왕이면 인류의 조상 아담과 이브의 아들들까지 모두 읽게끔 인도한 셈이다. 히브리서 11장에 뛰어난 성서 해설가인 바울이 자신의 요점을 피력, 그를 따라 읽게 한다.

인류 최초 조상인 20대 조상까지 거슬러 오르듯이 창세기를 읽어서 그간의 여러 사건들에 관한 생각을 하게 한다.

인류의 조상 아담부터 노아까지 10대, 노아부터 아브라함까지 10대다.

신약성서는 예수 그리스도의 40대 조상들이 나오며 시작한다 (마1:1-17, 눅3:23-38). 메시아 예수까지 총 60대. ((『단테의 신곡 읽기 4, 히브리서』 참조요)

창4:17-26에서 카인의 후예 7대까지의 기록도 중시하게 한다. 인류 최초인 악인의 기록까지 정확해 놀랍다. (『종교와 일상』 364쪽)

역대상서 1, 2장을 보면 그때 느낀 감상에 다시 빠져든다.

성서가 세계 최고 최상의 역사서이자, 거룩한 문학의 상상력과 창조력의 무한한 보물창고라는 타당성을 증명한다.

하나님께서 인류를 홍수로 멸절하신다는 경고를 하며 노아에게 배를 짓게 명해서 유일하게 살려주신 노아 가족부터 현재 인류의 역사가 새로이 시작한다.

하나님 눈에서 타락한 인생은 죽음과 같다는 경고 기록이다.

성서는 인간 차원과 전혀 달리 전개하는 하나님 관점의 역사서이기도 하다.

하나님 방주에서 살아난 노아의 세 명 아들 중, 셈의 후손에서 아브라함의 부친 데라가 나온다. 하나님께서 이들 두 부자지간을 지켜보신다.

하나님께서 아브라함을 지켜보시다 많은 후손들의 약속을 지상에 화염으로 오시어 직접 맺어주신다. (창 14장)

아브라함에겐 세 여인이 있었고 아들 아홉 명이 있었다.

첫 아내 사라와는 하나님 약속의 아들인 이삭만 있다.

이삭보다 먼저 출생한 아들 이스마엘의 모친은 애굽 여종이던 하갈이었다.

사라가 죽은 후 재혼한 셋째 부인 케툴라는 아들 일곱을 낳았다.

대하 1장에는 이들 세 여인의 이름 항목이 있고, 그다음 세대인 에서의 아들들을 다룬 항목이 있다. 다음과 같다.

1. 역대상1:29-31 '하갈의 후손들'
2. 역대상1:32-33 '케툴라의 후손들'
3. 역대상1:34 '사라의 후손들, 이삭과 이삭의 후손, 에서와 야곱'
4. 역대상1:35-37 '에서의 아들들'
5. 역대상1:38-42 '에돔에서 세어의 후손'
6. 역대상1:43-53 '에돔의 통치자들'

이는 일반 역사와 다르다. 세상사는 주요 걸출한 인물의 출생 상황을 중시, 적시한다. 국가나 사회에 위대한 업적을 이룬 바탕이 그의 부모라 보아서다.

성서는 하나님 관점에서 썼다는 사실을 중시해야 한다.

인간의 윤리, 도덕, 이성, 지성을 초월한다.

왜 하나님께서 악한 조상들이라고 우리가 간주하는 인물들의 족보까지 이토록 세심히 남게 하셨는가를 생각해봐야 한다. 분명 도움이 되는 기록일 테니.
인류의 진정한 구원과 부활을 원하면 이런 의문에 답할 수 있으리라. 고차원의 믿음만이 인류가 영원히 사는 길임을 일러주는 듯하다.
기독자들은 으레 아브라함과 약속하신 이삭의 후손들만을 주시하게 된다. 그래서 약속의 후손 이삭의 쌍둥이 아들 중에 먼저인 에서가 아닌, 야곱의 자식들인 이스라엘 열두 지파만을 중시한다, 볼 수 있다.

이에 관한 이해를 위해 생각할 점이 한 가지 있다.
구약역사서 저자들이 미상이란 점이다. 그럼에도 이름 모를 역사서 저자들에게 하나님께서 그들과 함께하셨다는 사실을 믿게 된다. 이들이 하나님의 사람들이었음을 믿는다. 그들 사가들이 기록하는 관점을 통해 이를 이해할 수 있어야 한다. 이를 진지하게 찾는 성서 독자들에게는 성서의 사가들에게 하셨듯이, 하나님께서 직접 답을 깨닫게 해주시리라.

대상 2장 또한 1장처럼 기록이 빠르게 진행된다.
대상 1장이 아담부터 아브라함까지인데 대상 2장은 아브라함 4

대 손자 유다가 처음 나온다. 유다의 며느리 다말이 낳은 쌍둥이 중에, 페레즈가 낳은 헤즈론이 나온다. 유다 손자 헤즈론 가문에서 여러 후손들이 퍼진다. 이들은 열왕기상·하서에서 읽은 익숙한 이름들이다.

하나님께 잘못했던 사람들의 족보도 소상하다.

우주 창조의 하나님이니, 그분께서 악인과 선인 모두를 주시하셨음을 볼 수 있다.

태초부터 선과 악의 선명한 대비가 항상 있었고 앞으로도 그러리라는 암시다.

혹시 이들의 삶과 우리들의 삶을 비교하며 선하게 살라는 경고가 아닌가.

특기할 바는 다윗을 죽이려고 필사의 힘을 기울인 선민들의 첫 번 왕 사울도 하나님의 기름부음을 받은 하나님께서 택한 사람이었다. 사울에게 쫓기던 다윗도 하나님께서 택하셨다. 그때 사울을 피하던 다윗을 돕던 이방민족들 이름이 나온다.

그들이 용맹한 장수로서 바르고 선한 젊은 다윗을 따랐다. 그들은 하나님을 모른 채 다윗에게 모여들어 살았기에 그를 따르며 믿음을 갖게 되어 성서에 이름을 남긴다.

사무엘서, 열왕기의 기록들이 그런 사실들을 전한다고 볼 수 있다.

동시에 성령과 악령이 다윗과 사울에게 임했다는 기록도 전한다.

영을 분별할 능력을 지닌 믿는 자들은 성령의 힘으로 악의 유혹과 싸우는 선한 삶을 살게 된다는 가르침이다.

전체 역대상이 29장인데 10장부터 다윗의 기록이 나와서 솔로몬 계승으로 끝난다.

이는 사무엘서로 시작한 다윗의 이야기가 열왕기상과 역대상서 2장까지 중복한다. 열왕기하서는 솔로몬의 치세다. 솔로몬의 기록이 역대하서 9장까지다. 나머지는 남북조 왕들의 기록이 36장까지다.

하나님 역사 기록들은 우리가 어느 편에 속한 삶인가를 분별하며 살아가게 하도록 이끈다고 볼 수 있다.

구약역사 39 **역대상서 3-5장**

역대상서 3장 다윗의 아들들

대하3:1 헤브론에서 태어난 다윗의 아들들: 첫째 지즈릴의 아히노암 아들 암논, 둘째 갈멜의 아비가일 아들 다니엘, ² 셋째 게슐 왕 탈마이의 딸 마카 아들 압살롬, 넷째 하기스 아들 아도니자, ³ 다섯째 아비탈 아들 쉐파티아, 여섯째 부인 이글라가 낳은 이트림. ⁴ 이들이 헤브론 재위기 다윗에게서 태어났다. 거기서 7년 6개월 통치했다.

다윗이 예루살렘에서 33년간 통치에, ⁵ 태어난 자녀들: 샴무아, 셔밥, 나탄, 솔로몬. 이들 넷이 암미엘의 딸 밧세바에게 태어났다. ⁶ 또한 입할, 엘리수아, 엘리펠레, ⁷ 노가, 네펙, 야피아, ⁸ 엘리샤마, 엘리아다, 엘리펠레, 모두 아홉이다. ⁹ 이들 모두가 다윗의 아들인데 그밖에 첩들에게 난 아들들이 있다. 다말이 그들의 누이였다.

유다의 왕들

¹⁰ 솔로몬 아들 르호보암, 그 아들 아비야, 그 아들 아사, 그 아들 예호샤팟, ¹¹ 그 아들 예호람, 그 아들 아하지야, 그 아들 요아스, ¹² 그 아들 아마지야, 그 아들 아자리야, 그 아들 요탐, ¹³ 그 아들 아하즈, 그 아들 히즈키야, 그 아들 마나세, ¹⁴ 그 아들 아몬, 그 아들 요시야.

¹⁵ 요시야의 아들들: 첫째 요하난, 둘째 예호이아킴Jehoiakim, 셋째 즈데키야, 넷째 샬룸.

¹⁶ 예호이아킴의 승계자들: 그의 아들 예호이아킨Jehoiachin과 즈데키야(18대 아탈리야, 37대 예호아하즈 빠짐).

추방 후의 왕의 가계

¹⁷ 포수가 된 후의 예호이아킨(REB.성서 Jeconiah) 후손들: 그 아들 쉬엘티엘, ¹⁸ 말키램, 페다이아, 쉬나잘, 예카미아, 호샤마, 네다비아.

¹⁹ 페다이아의 아들들: 즈룹바벨과 쉬메이. 즈룹바벨의 아들들: 메슐람과 하나니아. 쉴러미스가 그들의 누이. ²⁰ 또한 다른 다섯: 하슈바, 오헬, 베레키아, 하사디아, 유샵 헤셋.

²¹ 하나니아의 후손들: 펠라티아와 제사이야Jeshaih(NIV. HB. NRSV. NASB. 우리성서. 이사야Isaiah; REB.) 그리고 레파이아, 아르난, 오바디아, 쉬카니아의 아들들. ²² 쉬카니아의 후손들: 쉬마이아와 그의 아들들: 하투스, 이갈, 바리아, 네아리아, 샤팻, 모두 여섯이다. ²³ 네아리아의 아들들: 엘리오에나이, 히즈키야, 아즈리아캄, 모두 셋.

²⁴ 엘리오에나이의 아들들: 호다비야, 엘리아쉽, 펠라이야, 악쿱, 요하난, 델라이아와 아나니. 모두 일곱.

역대상서 4장 유다의 다른 일족들

¹ 유다의 후손들: 페레즈, 헤즈론, 칼미, 훌, 쇼발.

² 쇼발의 아들 레아이아는 야하스의 부친, 야하스는 아후메이와 라받의 부친. 이들이 조라팃의 일족이었다.

³ 에탐의 아들들: 예즈릴, 이스마와 이드바스. 그들의 누이 하젤렐포니. ⁴ 페누엘은 게돌의 부친, 에젤은 후샤의 부친. 홀의 후손들은 첫째가 에프라타이고 베들레헴의 부친이었다.

⁵ 테코아의 부친 아슈르의 부인은 헬라와 나아라로, ⁶ 나아라가 그에게서 아주암, 헤페르, 테메니와 하아하스타리를 낳았다. 이들이 나아라의 후손이다. ⁷ 헬라의 아들들: 제레스, 조할, 에트난, 코즈. ⁸ 코즈는 아눕과 핫조베바와 하룸의 아들 아하렐 일족의 부친이었다.

⁹ 야베즈Jabez는 그의 형제들보다 더 지위가 높았다. 그 모친이 야베즈라 부른 것은 그녀가 고통 속에 그를 낳아서라 말해서다. ¹⁰ 야베즈가 이스라엘 하나님을 부르며, '내가 기도합니다, 나를 축복하시고 넓은 영토를 허락해 주십시오. 당신 손이 나와 함께해주십시오. 아무 해가 없게 해 주십시오. 당신께 기도합니다. 나를 고통에서 풀어주십시오.' 하나님께서 그의 청원을 허락하셨다.ᴵ **[참고 1]**

¹¹ 켈룹, 슈아의 형제는 메힐의 부친, 그가 에스토의 부친. ¹² 에스톤이 베스 라파의 부친, 파세아와 테히나가 이르 나하스의 부친.

Ⅰ [참고 1]
    야베즈: 고대 근동의 비성서 족보 자료에서 이를 인용, 삽입한 듯하다. (NIV.)
    작은 가문이 계속 사라지며 흡수되어 여러 지파들이 유동적으로 존재했다. 따라서 같은 지파 가문들의 열거가 다양하고 어려운 시대였다. 역대 사관들의 시대에는 오직 유다 지파에서 무엇이든 옛 모습을 간직했다. (REB.)

이들이 레카의 남자들이었다.

¹³ 케나즈의 아들들: 오트니엘Othniel(참조. 이스라엘 사사들의 초기)과 세라이아. 오트니엘의 아들들: 하타스와 메어노타이Meonothai. ¹⁴ 메어노타이는 오프라Ophrah의 부친. 세라이아는 게 하라심Ge-harashim의 부친 요압의 부친인데, 그들이 장인들이었기 때문이다.

¹⁵ 제푼네Jephunneh의 아들 칼렙Caleb의 아들들: 이루, 엘라, 나암. 엘라의 아들: 케나즈.

¹⁶ 제하렐렐의 아들들: 짚, 지파, 티리아, 아사렐.

¹⁷ 에즈라의 아들들: 예테르, 메렛, 에페르, 얄론. 메렛과 결혼한 파라오의 딸 비티아가 낳은 아들들, 미리암, 샴마이, 에스테모아의 부친 이스바. ¹⁸ 그의 유다 족 아내가 예렛Jered에게 게돌의 부친 제렛, 소코의 부친 헤버, 야노아의 부친 예쿠티엘을 낳아주었다. ¹⁹ 나함의 누이 호디아의 아내의 아들들: 가르미트 족 카일라의 부친 달리아, 마카티트 족의 에스테모아가 있다.

²⁰ 쉬몬의 아들들: 암논, 린나, 벤 하난, 틸론.

이쉬의 아들들: 조헤스, 벤 조헤스.

²¹ 유다의 아들 쉴라의 아들들: 레카의 부친 에르, 마레샤의 부친 라다, 아스베아에서 삼베직물 조합의 일족, ²² 요킴, 코제바의 남자들, 요아스와 사랖, 이들은 모압에 떨어졌다가 베들레헴까지 되돌아왔다(이 기록이 고대부터 있다). ²³ 이들이 도공들로서 느 타임과 게데라에 살며 거기서 왕을 섬겼다.

시므온 Simeon

²⁴ 시므온의 후손들: 네무엘, 야민, 야립, 제라, 샤울. ²⁵ 샤울의 아들 샬룸, 그의 아들 밉삼, 그의 아들 미스마. ²⁶ 미스마의 후손들: 미스마, 함무엘, 자쿨, 쉬메이. ²⁷ 쉬메이가 열여섯 아들과 여섯 딸들을 가졌으나 그 형제들에겐 자녀들이 많지 않아, 그 일족 전체가 유다의 다른 가족처럼 불어나지 않았다. ²⁸ 그들이 브엘쉬바, 몰라다, 하잘 슈알, ²⁹ 빌하, 에젬, 톨랃, ³⁰ 베투엘, 호르마, 지클락 Ziklag,ⅱ [참고 2] ³¹ 베트-말카봇, 하잘-수심, 베트-비리, 샤아라임에 살았다. 이들 마을들이 다윗이 왕좌에 오르기까지 있었다. ³² 그들의 정착지에 에탐, 아인, 림몬, 토켄과 아샨, 모두 다섯이다. ³³ 그들이 또한 이런 마을들을 멀리 바알까지 둘러서 가졌다. 이런 장소에 그들이 살았다.

³⁴ 그들의 등록된 이름들: 메쇼밥, 얌렉, 요샤는 아마지아의 아들, ³⁵ 요시비야의 아들 요엘, 예후, 세라이아의 아들, 아시엘의 아들, ³⁶ 엘리오나이, 야코바, 예쇼하이아, 아사이아, 아디엘, 예시미엘, 베나이야, ³⁷ 쉬피의 아들 지자, 알론의 아들, 제다이야의 아들, 쉼리의 아들, 쉬마이야의 아들, ³⁸ 이들의 이름들이 그들 일족들에게 왕자들처럼 기록했는데, 그 가족들이 크게 증가했다. ³⁹ 그들이 그때 그 근접지에서 골짜기의 동쪽 게돌Gedor까지, 가축들의 초지를 찾아 나섰다. ⁴⁰ 그들이 너른 들판으로 뻗은 풍부한 초

ⅱ [참고 2]
지클락: 삼상 30장 다윗의 아말렉 전투 내용 참조.

지를 찾아냈는데, 거긴 모든 게 조용하고 평화로웠다. 그 이전엔 하밋 족Hamites이 점령했던 땅이었다. ⁴¹ 유다의 왕 히즈키야 통치 기간에, 위에 이름이 적힌 이들이 와서, 거기서 발견한 햄Ham(대상1:8) 족속들과 메우닛Meunites 족을 멸망시켰다. 그들이 그들을 섬멸해 오늘까지 그들의 흔적이 조금도 없다. 그래서 그들이 그 땅을 그들의 것으로 점령했는데, 그들의 가축을 위한 초지가 있어서다. ⁴² 시므온 족 500명을, 이시Ishi의 아들들인 펠라티야, 네아리야, 레파이야와 우치엘이 지휘해 세어Seir(대상1:38 참조)의 고원지대를 침공했다. ⁴³ 그들이 도망가서 머물던 아말렉(대상1:36) 족을 모두 죽이고 아직 거기에 산다.

역대상서 5장 르벤Reuben

대상5:1 이스라엘의 장자 르벤의 아들들(그가 장자이나 부친의 결혼 침상을 더럽혔을 때 장자권이 이스라엘의 아들 요셉의 아들들에게 옮겨 장자로 등록할 수 없다. ² 유다가 그 형제들 가운데서 지도하는 입장이고, 그가 통치자의 부친이라 장자의 위상이 그의 것이며, 요셉의 것은 아니다.(REB))ⁱⁱⁱ **[참고 3]** ³ 이스라엘의 장자 르벤의 아들들: 하녹, 팔루, 헤즈론과 칼미. ⁴ 요엘의 후손들: 그의 아들 쉬마이야, ⁵ 그의 아들 미카, 그의 아들 레알리야, 그의 아들 바

III [참고 3]
첫 족보 순위 설명. 첫째가 르벤이지만 넷째인 유다 후손에서 다윗 왕이 나온다. 고로 유다가 장자 권한을 갖는다. 유다의 인품 참조요망. ('종교와 일상' 174-183쪽, 그물코. 2017). 왜냐면 NIV, NASV, NASB, HB, 우리성경이 장자권이 요셉이라 해서다. 요셉의 작은 아들 에프라임을 조부인 야곱(이스라엘)이 축복했을 뿐이다.
요셉에 요점 둔 기록이 역대서 기록한 BC 450-400년대의 사관들이 속했던 지파가 그들이라서 그리 잘못했을 수 있다.
이를 REB. 성서를 편집한 성서학자들이 바로잡았다.

알, ⁶ 그의 아들 베라는 아시리아 왕 티글랏 파일세르에게 끌려간 자다. 베라는 르벤 족 지도자의 하나였다. ⁷ 일족별로 그들 친척들 족보에 따른 기록: 대장 예이엘, 즈카리야, ⁸ 아자즈의 아들 벨라, 쉬마의 아들, 요엘의 아들. 그들이 아로에Aroer에서 네보, 바알 메온 지역까지 정착했다. ⁹ 그들이 점령한 지역이 동쪽을 향해 멀리 사막 가장자리까지 뻗어서 유프라테스 강까지 넓혔으니, 그들의 가축들이 길렛에서 증가해서다. ¹⁰ 사울의 통치 기간에 그들이 하그리트 족에게 전쟁을 일으켜 정복하여 길렛의 동쪽 전 지역에 거주했다.

갣Gad

¹¹ 개디트 족이 그들의 옆인 바샨Bashan부터 멀리 살레캬까지 살았다: ¹² 요엘이 대장, 샤팜이 둘째, 그다음에 야아나이, 샤팟이 바샨에 살았다. ¹³ 그들 가문의 친척들: 미카엘, 메슐람, 쉬바, 요래이, 요칸, 지아, 에벌, 모두 일곱. ¹⁴ 이들이 후리의 아들, 아비하일의 아들, 야로야의 아들, 길렛의 아들, 미카엘의 아들, 예쉬샤이의 아들, 야도의 아들, 부즈의 아들이다. ¹⁵ 압디엘의 아들 아히, 구니의 아들이 그들 가문 수장이다. ¹⁶ 길렛에 살던, 길렛 족이 바샨에서 주변에 놓인 마을들과 힘이 닿는 한, 멀리 샤론의 모든 초지들에 살았다. ¹⁷ 이들 모두 유다의 요탐 왕(30대. BC 750-732)과 이스라엘의 예로보암 왕(2대. BC 930-909) 통치기간 족보 기록에 있다.

¹⁸ 르벤 족, 갣 족, 절반의 마나세 족이 44,760명의 정예군대가 있

는데, 그들은 창과 칼에 능하고, 활을 쏠 수 있게 훈련받은 군사들이다. ¹⁹ 그들이 하그릿, 예투르, 나피스, 노답 족들에게 전쟁을 일으켰다. ²⁰ 그들이 싸울 때 그들을 도우신 하나님께서 하그릿 족을 그들 동맹의 손에 넘기셨으니, 그들이 전투 동안 그분께 울부짖어서다. 그분께서 그들의 기도에 답하심은 그들이 그분 안에서 믿었기 때문이다. ²¹ 그들이 하그릿 족의 가축들을 잡았는데 낙타 5만 마리, 양 25만 마리, 당나귀 2천 마리다. 또한 그들이 10만 명의 사람들을 잡고 ²² 많은 사람들이 죽었으니 이는 하나님의 전투여서다. 그래서 그들이 그 땅을 추방 시기까지 점령했다.

절반의 마나세 족

²³ 절반의 마나세 사람들은 수가 많았다. 그들이 그 땅에 정착했는데, 바샨에서 바알 헬몬Baal-hermon과 마운트 헬몬Mount Hermon, 또한 레바논에 살았다. ²⁴ 그들 가문의 우두머리: 에페르Epher, 이시, 엘리엘, 아즈리엘, 예레미아, 호다비야, 야디엘, 모두 유능하고 평판 있는 그 가문들 수장이다. ²⁵ 그러나 그들이 하나님께서 그들 앞에서 멸망시킨 신들을 숭배하러 조상들 하나님께 죄를 짓고 방종하게 돌아섰다. ²⁶ 그래서 이스라엘의 신께서 아시리아의 풀 왕(왕하15:17-20)을 선동하셨으니, 아시리아의 티글락파일셀 왕(왕하16:7-14)으로, 그가 르벤, 갠, 절반의 마나세를 데려가 버렸다. 그들을 할라Halah, 하벌Habor, 하라Hara, 고잔Gozan 강가로 데려가 이날까지 거기 있다.

생각할 점

대상 3-5장 내용 소개를 정리하면 다음과 같다.

1. 대상3:1-9 다윗의 아들들(19명의 아들 외에 아들들 있음)
2. 대상3:10-24 솔로몬부터 유다 왕가 족보
3. 대상4:1-23 유다의 다른 일족들
4. 대상4:24-43 시므온(이스라엘의 둘째 아들) 족보
5. 대상5:1-10 르벤(이스라엘의 첫아들) 족보
6. 대상5:11-17 갯(대상2:2 열한 번째 아들. *창30:9-10 일곱째 아들, 레아의 여종 질파가 낳은 아들, 레아가 '얼마나 행운인가'라고 이름 지음.) 족보
7. 대상5:18-22 르벤, 갯, 절반의 마나세 족 족보
8. 대상5:23-26 절반의 마나세 족 족보

대상 3-5장에는 2장부터 나온 이스라엘의 열두 아들들의 족보가 이어진다. 이들에게서 나뭇가지처럼 퍼져나간 가문들의 각 지파와 그 후손들 이름이다.

위의 두 번째, 대상3:10-24는 유다왕국이 패망하기까지 20명의 왕이 있다. 그다음에 열두 지파 중에 남은 세 지파에 관한 당시 현황 기록이다.

역대상의 기록이 지금부터 2,470년 전 기록인 데다, 남유다 왕국이 완전 망한 지 230여 년이 지난 시기에 사관들이 쓴 거라서 뜻이 깊다.

유다가 망할 때 주요한 유다 인들 왕가와 귀족들 대다수가 바빌론 포수로 끌려가고, 남은 농민들과 별 재주 없는 하층의 많은 선민들을 남겼는데 이들도 봉기하다가 그들의 얼마는 애급으로 도망쳤다. 그러니 정작 예루살렘엔 하층 선민들과 그들 대신에 이방에서 데려온 이방 주민들이 정착한 지가 200여 년이 지났을 즈음이다.

나라가 사라진 수백 년 만에도 이러한 기록을 남겼기에 선민으로서의 지독한 슬픔과 자부심을 동시에 드러낸다고 볼 수 있다. 열두 지파 족보가 그 혼란 기간에 어찌 보존을 했는가, 놀라워서다. 고대나 역사 시대나 이름난 국가들 중에 조상들 명단 기록을 이렇게 남긴 사례가 있는가.

이를 대조하고자 성서의 기간과 선사시대, 우리 고대사를 다음과 같이 찾아보았다.

선사시대 및 우리 고대사
1. 인류의 출현과 구석기 시대
- 전기 구석기; BC 70만~기원전 12만 년
- 중기 구석기; BC 12만~기원전 1만 년
- 후기 구석기; BC 1만 년

2. 도구의 발달이 가져온 시대 변화
- 전기 신석기; BC 8천~기원전 5천5백 년
- 중기 신석기; BC 5천5백~기원전 4천 년

- 후기 신석기; BC 3천 년
- 청동기 시대; BC 1천~3백 년
- 철기문화의 보급; BC 3년부터

3. 고조선의 건국으로 최초· 국가 탄생(BC 2333년)
- 계급사회 시작. 청동기 시대 철기문화 보급됨.
  * 고조선 멸망 BC 106년
- 고조선 이후의 왕국들
  * 한4군 설치와 이를 퇴치; BC 108년(낙랑, 진번, 현도, 임둔)-AD. 313
  * 부여, 고구려 등장; BC 1세기

(『청소년을 위한 한국사』 (김광일 지음. 두리미디어, 2014)에서 요약 인용)

이스라엘 선민들 역사(NIV.성서주해)
* BC 2166-1991년 아브라함
* BC 2066-1886년 이삭
* BC 1915-1805년 요셉
* BC 1526-1406년 모세
* BC 930년 남북조 시대 시작.
* BC 722년 북이스라엘 왕국 멸망, 바빌론 포수.
* BC 586년 남유다 왕국 멸망, 바빌론 포수.

이상을 대조 비교하면 아브라함 탄생이 BC 2166년이고 고조선 국가 기원이 BC 2333년이니, 가장 유사한 근사치다. 그러니 비교는 가능하다.

성서는 심지어 아브라함 이전의 조상 20대까지 거슬러 오를 수 있다. 아브라함 후세는 40대까지도 족보가 나온다.

고조선 기록이 우리에겐 거의 없다.

고조선 시조, 단군이 몇 살에 나고 죽었는가, 부모와 자식이 누군가, 후손이 누구인가 모른다. 그에 관한 유적지가 오직 남한에 제단이 두 곳(강화도 마니산 참성단, 강원도 태백산 천제단)뿐이다.

한국사에선 고조선의 존재가 확실하나 중심지와 영토에 관한 의견이 분분하다. 고조선이 만주 지역을 포함한 광대한 영토를 지녔던 나라이며 당시에 중국과 맞설 정도로 발전한 국가였음이 사실이라고, 한다.

고조선 관련 기록이 중국 한나라 사가인 반고가 쓴 『한서』에 있다. 그 책에 고조선의 8조법이 있었고 그중 세 가지 조항이 있다.

고조선이 BC 108년 한사군에 망해서 고조선 영토를 AD 313년까지 근 400년간 중국 한사군이 지배했다. 고조선은 무려 2,440년간을 존재했던 나라였다.

그럼에도 단군 외에 알려진 인물이 전무하다니.

단군 신화 기록은 고려시대 김부식 『삼국사기』, 승려 일연 『삼국유사』, 이승휴 『제왕운기』, 조선시대 『세종실록지리지』, 권람 『응제시주』, 노사신 『동국여지승람』에 남아 있다.

이는 우리 고대사가 지닌 큰 약점이다. 그 가장 큰 이유가 우리에겐 문자가 없어서다.

이런 일로 인해, 중국의 진시황을 다시 보게 한다.

진시황은 그동안에 세계사에서 악명을 떨친 일로만 이름이 알려진다. 진시황에 관한 기록을 한나라에서 좋지 않게 해서라고 한다.

최근 중국에서 고고학자들이 진시황 치적을 밝혀내기 시작했다. 1990년대 발견한 시안의 진시황 지하무덤 유물을 발굴하면서다. 그가 죽은 지 약 2,300년 만에 나온 엄청난 유물들을 연구하는데, 그 치적 중 하나가 한자를 중국 문자로 수립한 일이라고 한다.

이를 유심히 살필 이유는 우리가 한자문화권에 속해서다.

진시황(BC 259-210년)은 그리스의 알렉산더 대왕(BC. 356-323)보다 100년 늦게 태어났다. 동서양의 뛰어난 왕들이 둘 다 일찍 죽었다. 알렉산더는 33세, 진시황은 49세를 살았다.

이들을 견줄 수 있는가는 모르나, 하나님께서 인류에게 주신 인물들일 수는 있다고 보는 일이다.

동서양에 이름난 영웅들이 있었다는 사실은 중요해서다.

둘 다 당시 사람들 삶에 지대한 영향을 크게 끼쳐서다. 진시황의 치적을 간략히 소개한다.

중국의 진시황은 진나라 왕이던 부친이 죽자 31대 왕으로, 십대 소년의 나이에 즉위한다. 고로 그의 신하인 여불위가 14년간 섭정을 했다고 한다.

진시황이 성년이 되자 자신의 왕위를 굳히기 위해, 아래와 같은 정책들을 주관한다.

첫째. 광대한 중국 영토를 통일
둘째, 한문자를 중국어로 수립
셋째. 각종 도량형을 개량
넷째. 사회 체제를 정비
다섯째. 공평한 인재 등용, 탁월한 행정 관리능력

이처럼 그는 현재의 중국 기틀을 이룩했다는 평가를 받는다. 그는 평생 독서와 연구에 몰두하며 쉬지 않고 일했다고 한다. 그가 병이 들어 갑작스러운 죽음을 맞자 심복이 배신해서 황위를 이을 진시황의 왕자를 살해했다 한다.

학생 시절 세계사 시간에 중국사는 진시황이 만리장성 쌓느라 강제노역을 시켰고, 중국을 통일을 했고, 영생의 불로초를 구하러, 제주도까지 신하들을 보냈다는 사실만 기억난다. 지금 생각하니 그런 까마득한 2,300여 년 전에 한반도의 수려함이 거기까지 벌써 알려졌다는 사실이 놀랍다.

어쩌면 그가 초월의 신을 찾아서 죽지 않고자 사방을 찾아 헤맨 건지 모른다는 생각이 든다.
그가 어떻게 한반도의 약초 소문을 어디서 누구에게 들었는가. 교류가 있었다는 말인가. 아시아 대륙의 동쪽 끝을 그가 알고 있었다는 말이 아닌가.

그가 동양에선 보기 드문 뛰어난 명군이었다.

동양의 진시황을 서양의 알렉산더와 견줄 만하다. 알렉산더는 그 자신을 신이라고 사람들이 떠받들게 했으니, 그가 하나님 보시기엔 심히 불온한 인물이다. (『단테의 신곡 읽기 1권』 67-68쪽 참조요).

그에 비해 진시황은 자신이 죽을 존재인 줄을 알았기에 불로초를 찾아 헤매게 했으니 하나님 시야에서 좀 나을 수 있다. 좌우간 둘 다 대단히 뛰어난 고대의 인물들이다.

세계 4대 문명 발상지에 인더스 강변의 인도 문명이 있고 중국의 황허 유역이 있다. 좌우간에 서양 문화가 동양권에 스며들어 온 세계가 민주주의로 서서히 나아가는 중이다.

중국이 대국으로 부상해 온 세계가 중국을 조심하고 경계한다, 여전히 독재 공산국가여서다.

고로 고대부터 지금까지 무지막지한 그런 강대국 중국 문명과 맞서며 결코 중국에 종속하지 않고 이 땅의 주권을 지켜온 우리 단군 조상들에게 감사한다. 물론 지금도 앞으로도 우리 주권을 위해 정신 차려야만 한다.

우리는 몰랐지만 역사를 주관하시는 하나님께서 지켜주셨다. 우리는 문자가 없기에 한자를 사용하며 살았지만 중국에 굴하지 않고 한글을 만들었기 때문이다.

우리는 서기 1339년 한글을 창제한 세종대왕과 집현전 학자들을 보내주신 하나님께 감사드려야 한다.

우리가 선민들처럼 고대 민족 국가의 하나라는 자부심 이론을 가능하게 이끌어주셔서다. 230여 개에 이른다는 세계의 많은 나라 중에 이스라엘 빼고는 우리 같은 나라가 어디에도 없지 아니한가.
21세기의 대한민국이 한글로, 문화로, 예술로, 과학기술로, 다방면에서 세계만방에 굴지의 위상을 뻗어가기를.

기독자로서 역사와 정치에 민감해야만 지켜 낼 수 있다.

하나님의 구약역사에서 왕들과 그들의 치세와 악정이 엽렵한 기록에서 우리가 깨우치면 된다. 현재의 우리가 처한 위기를 파헤치며 크게 전진할 수 있어서다.

성서만이, 이 세상에선 죽어야만 사는 인간 존재의 이치를 깨닫게 알려준다.
죽어도 영원히 사는 길을 일러준다.
기독자들은 인류를 하나님께 바르게 이끌어갈 사명의 존재로 살아야 한다. 그리하면 하나님 역사 기록에 우리도 오를 수 있으리라.

구약역사 40 역대상서 6-7장

역대상 6장

대상6:1 레위의 아들들: 게르손, 코하스, 메라리. ² 코하스의 아들들: 암람, 이즈할, 헤브론, 웃지엘. ³ 암람의 아들들: 아론, 모세, 미리암. 아론의 아들들: 나답, 아비후, 엘리아잘, 이타말. ⁴ 엘리아잘은 피네하스의 부친, 피네하스는 아비슈아의 부친, ⁵ 아비슈아는 부키의 부친, 부키는 웃지의 부친, ⁶ 웃지는 제라히야의 부친, 제라히야는 메라이옷의 부친, ⁷ 메라이옷은 아마리야의 부친, 아마리야는 아히툽의 부친, ⁸ 아히툽은 자독의 부친, 자독은 아히마아즈의 부친, ⁹ 아히마아즈는 아자리야의 부친, 아자리야는 요하난의 부친, ¹⁰ 요하난은 아자리야의 부친인데(그는 솔로몬이 지은 성전의 제사장으로 봉사한 사람), ¹¹ 아자리야는 아마리야의 부친, 아마리야는 아히툽의 부친, ¹² 아히툽은 자독의 부친, 자독은 샬룸의 부친, ¹³ 샬룸은 힐키야의 부친, 힐키야는 아자리야의 부친, ¹⁴ 아자리야는 세라이야의 부친, 세라이야는 요자닥의 부친. ¹⁵ 요자닥은 하나님께서 유다와 예루살렘을 네부카드네잘 손에 추방하여 내보낼 때 추방되었다.

¹⁶ 레위의 아들들: 게르손, 코하스, 메라리. ¹⁷ 이는 게르손의 아들들 이름: 리브니, 쉬메이.. ¹⁸ 코하스의 아들들: 암람, 이즈할, 헤브론, 웃지엘. ¹⁹ 메라리의 아들들: 말리, 무쉬. 이들이 그들의 부친

들에 따라, 등록된 레위 일족이다: [20] 게르손의 아들: 그의 아들 리브니, 그의 아들 야하스, 그의 아들 짐마, [21] 그의 아들 요아, 그의 아들 잇도, 그의 아들 제라, 그의 아들 예아트레이. [22] 코하스의 후손들: 그의 아들 아미나답, 그의 아들 코라, 그의 아들 아실, [23] 그의 아들 엘카나, 그의 아들 에비아삽, 그의 아들 아실, [24] 그의 아들 타하스, 그의 아들 우리엘, 그의 아들 웃지야, 그의 아들 샤울. [25] 엘카나의 후손들: 아마사이, 아히모스, [26] 그의 아들 엘카나, 그의 아들 조파이, 그의 아들 나하스, [27] 그의 아들 엘리압, 그의 아들 예로함, 그의 아들 엘카나, 그의 아들 사무엘. [28] 사무엘의 아들들: 맏아들 요엘, 둘째 아비야. [29] 메라리의 후손들: 말리, 그의 아들 리브니, 그의 아들 쉬메이, 그의 아들 웃자, [30] 그의 아들 쉬메아, 그의 아들 하기야, 그의 아들 아사이야.

성전 음악가들

[31] 이들은 하나님 성전에 성궤가 자리한 후에 다윗이 임명한 음악 책임자들이다. [32] 이들은 솔로몬이 예루살렘에 성전을 짓기까지 만남의 장막 앞에서 음악을 책임진 자들이다. 그들이 그들을 위해 내려진 규례에 따라 그 임무를 수행했다. [33] 다음은 그 후손들과 그 임무를 했던 사람들. 코하스 가문: 음악가 헤만, 요엘의 아들, 사무엘의 아들, [34] 엘카나의 아들, 예로함의 아들, 엘리엘의 아들, 토아의 아들, [35] 줍의 아들, 엘카나의 아들, 무하스의 아들, 아마사이의 아들, [36] 엘카나의 아들, 요엘의 아들, 아자리야의 아들, 스파니야의 아들, [37] 타하스의 아들, 아실의 아들, 에비아삽의 아들, 코라

의 아들, ³⁸ 이즈할의 아들, 코하스의 아들, 레위의 아들, 이스라엘의 아들. ³⁹ 그리고 헤만의 동료 아삽이 그의 오른쪽에서 봉사했다. 아삽은 베레키야의 아들, 쉬메아의 아들, ⁴⁰ 미카엘의 아들, 바세이야의 아들, 말키야의 아들, ⁴¹ 에트니의 아들, 제라의 아들, 아다이야의 아들, ⁴² 에탄의 아들, 짐마의 아들, 쉬메이의 아들, ⁴³ 야하스의 아들, 게르손의 아들, 레위의 아들이었다. ⁴⁴ 메라리의 왼쪽 줄에 섰던 동료들: 에탄은 키시의 아들, 말룩의 아들, ⁴⁵ 하샤비야의 아들, 아마지야의 아들, 힐키야의 아들, ⁴⁶ 암지의 아들, 바니의 아들, 세메르의 아들, ⁴⁷ 말리의 아들, 무쉬의 아들, 메라리의 아들, 레위의 아들. ⁴⁸ 레위 족 친척들이 하나님의 집 장막에서 모든 봉사에 헌신했다.

⁴⁹ 또한 아론과 그의 후손들은 하나님의 종 모세가 명한 그대로 정확히 이스라엘을 위한 속죄를 위한 가장 거룩한 선물들과 관련한 모든 의무들을 수행하며, 제단의 향료와 번제물 제단 위에서 희생 제물들을 태운 자들이었다. ⁵⁰ 아론의 아들들: 그의 아들 엘리아잘, 그의 아들 피네하스, 그의 아들 아비수아, ⁵¹ 그의 아들 부키, 그의 아들 우찌, 그의 아들 제라이야, ⁵² 그의 아들 메라이옷, 그의 아들 아마리야, 그의 아들 아히툽, ⁵³ 그의 아들 자독, 그의 아들 아히마아즈.

⁵⁴ 다음은 아론의 후손들에게 할당된 구역인데 코하스 일족을 위한 정착지가 제비뽑기로 떨어졌다. ⁵⁵ 그들에게 유다의 헤브론을

주변의 농장들과 주었다. ⁵⁶ 예푼네의 아들 칼렙에겐 마을 주변에 들판이 있는 마을을 주었다. ⁵⁷ 아론의 아들들이 받은 곳: 헤브론 (피난처 도시), 리브나, 야틸, 에스테모아, ⁵⁸ 힐넨, 데빌, ⁵⁹ 아샨, 베트 세메스, 이들의 공동의 땅과 같이 주었다. ⁶⁰ 벤저민 일족의 할당은 기베온, 게바, 알레메스, 아나톳을 공동 땅과 같이 주었다. 코하티트 일족들이 할당받은 마을들 수가 열셋이다.

⁶¹ 코하스의 나머지 후손들에겐, 절반의 마나세 지파에서 열 개 마을을 할당받았다. ⁶² 게르손의 후손들은 일족별로, 바샨에서 이사갈, 아셀, 납달리, 절반의 마나세 지파에서 열세 마을을 할당받았다. ⁶³ 메라리의 후손들은 일족별로 르벤, 제블론 지파에게서 열두 마을을 받았다. ⁶⁴ 그래서 이스라엘 지파들이 레위 지파에게 그런 마을들과 초지를 주었다. ⁶⁵ 유다, 시므온, 벤저민 지파로부터 이름을 지은 마을들을 먼저 받았다. ⁶⁶ 몇몇 코하스 일족들이 받은 영토는 에프라임 족속에서 온 마을들이다. ⁶⁷ 에프라임 족이 세킴 족에게 (피난처로서)받은 도시는 게젤, ⁶⁸ 요크메암, 베스 호론, ⁶⁹ 아이야론, 게스 림몬으로 목초지도 함께다. ⁷⁰ 절반의 마나세 족에게 이스라엘이 나머지 코하스 일족들에게 아넬, 빌레암을 목초지와 같이 주었다.

⁷¹ 게르손(게르솜)족이, 절반의 마나세 지파에게서 바샨에 있는 목초지와 함께 골란과 아스타롯도 받았다. ⁷² 잇사갈 지파는 목초지와 함께 케데스, 다베랏, ⁷³ 라모스와 아넴을 받았다. ⁷⁴ 아세르 지

파는 목초지와 함께 마샬, 압돈, ⁷⁵ 후콕과 레홉을 받았다. ⁷⁶ 납달리 지파는 목초지와 함께 갈릴리의 케데스, 함몬, 키리앗타임을 받았다. ⁷⁷ (레위 지파의 마지막인)메라리 족은 목초지와 함께 욕네암, 카르타, 림모노, 타볼을 받았다. ⁷⁸ 여리고 동쪽 요단강 건너 르벤 지파는 목초지와 함께 광야의 베젤, 야자, ⁷⁹ 케데모스와 메파스를 받았다. ⁸⁰ 갓 지파에게서는, 목초지와 함께 길렛의 라모스, 마하나임, 헤스본과 야젤을 받았다.

역대상 7장
잇사갈

¹ 잇사갈의 아들들: 톨라, 푸아, 야숩과 심론, 모두 넷. ² 톨라의 아들들: 웃지, 레파이야, 예리엘, 야마이, 입삼, 사무엘, 이들 모두 가문들의 수장인데, 다윗 통치기간에 톨라의 후손들이 전사로 계보에 오른 수가 22,600명이다. ³ 웃지의 아들: 이즈라이야. 이즈라이야의 아들들: 미카엘, 왑디아, 요엘과 이쉬아. 이들 다섯은 대장들이다. ⁴ 그들의 족보에 의하면 준비된 전사가 3,600명인데, 부인들이 많아 자녀들도 많아서다. ⁵ 친척들도 모두 잇사갈 지파에 속한 전사들로 계보에 오른 수가 87,000명이다.

벤저민

⁶ 벤저민의 세 아들들: 벨라, 베커, 예디아엘. ⁷ 벨라의 아들들: 에즈본, 웃지, 웃지엘, 예리못과 이리, 이들 다섯이 가문의 수장들. 그들의 족보 기록은 전사가 22,034명이다. ⁸ 베커의 아들들: 제미라,

요아스, 엘리에젤, 엘리오나이, 옴리, 예레모스, 아비야, 아나토스와 알레메스. 이들 모두가 베커의 아들이다. ⁹ 그들의 족보 기록에 가문의 수장들이 올랐는데 전사들만 20,200명이다. ¹⁰ 예디아엘의 아들: 빌한. 빌한의 아들들: 예우스, 벤저민, 에훗, 케나아나, 제탄, 탈시스와 아히샤할. ¹¹ 이들 모두 예디아엘의 아들들로 가문의 수장들이다. 이들이 전투에 임할 전사들 17,200명이었다.

¹² 단의 아들들: 후심과 아헬의 아들들.

납달리

¹³ 납달리의 아들들: 야흐지엘, 구니, 제제르와 쉴렘. 이들이 빌하의 아들들이다.ᴵ [참고 1]

마나세

¹⁴ 마나세의 아람인 첩의 아들들: 길렛의 부친 마커. ¹⁵ 마커는 마카라는 이름의 여인과 결혼. 둘째 아들 이름이 젤로파헷, 그는 딸들을 가졌다.ᴵᴵ [참고 2] ¹⁶ 마커의 아내 마카가 아들 이름을 케레스라 지었다. 동생 이름은 쉐레스, 그의 아들들은 울람과 라켐. ¹⁷ 울람

I [참고 1]
  대상7:12-13엔 단과 납달리가 라헬의 요청에 그들의 여종 빌하가 낳은 아들이라, 그녀의 후손이라 칭함(창46:24, 민26:48-50) (NIV.)

II [참고 2]
  대상7:14-18의 여인들 기록이 특이함이 다양한 마나세 일족들 사회 위상을 나타낸다(민 26:29-34, 27:1-11, 36:1-12), (NIV.)
  젤로페핫의 다섯 딸들이 아들 없이 죽은 부친 재산 상속 문제를 제기한다.

의 아들: 베단. 이들이 마나세의 아들, 마커의 아들, 길렛의 아들들이다. ¹⁸ 그의 누이 함몰레케스는 이스홋, 아비에젤, 말라의 모친이었다. ¹⁹ 쉐미다의 아들들: 아히안, 쉐켐, 리키, 아니암.

에프라임

²⁰ 에프라임의 아들들: 슈텔라, 그의 아들 베렛, 그의 아들 타하스, 그의 아들 엘라다, 그의 아들 타하스, ²¹ 그의 아들 자밧, 그의 아들 슈텔라. 에프라임의 다른 아들들 에젤과 엘렛이, 그들에게 남은 가축에게 내려오자, 원주민 기타이트 족들이 죽였다. ²² 그들의 부친 에프라임이 그들을 위해 오랫동안 슬퍼해 친척들이 위로하러 왔다. ²³ 그때 그가 다시 아내와 동침, 임신하여 아들을 낳아 베리아라 이름 지었다. (재앙이 그 가문에 왔었기 때문) ²⁴ 그의 딸은 쉐라Sheerah, Sherah, 그녀가 상하 벳 호론은 물론 우첸과 쉐라도 지었다.ⁱⁱⁱ [참고 3] ²⁵ 그가 또한 레파라는 이름의 아들이 있다: 그

Ⅲ [참고 3]

대상7:24의 두 마을에서 세 번째 마을을 지었다는 쉐라Sheerah가 REB. 성서에는 여성이라 나오나 NIV.성서에는 없다.
쉐라가 야곱이 축복한 에프라임 족속 여성이니 이를 다음과 같이 정리해 보았다.
마나세와 에프라임은 요셉이 애급 재상으로 살며 애급 여인에게 얻은 소생일 수 있다. 이들이 부친 요셉에게 그들 조상의 신 하나님 이야기를 듣고 자랐으리라. 또한 애급 왕족 출신일 모친 영향도 컸으리라. 이처럼 이들이 애급에서 활달하게 살던 기상이 이어졌을 수 있다고 본다. 기록엔 없으나 그녀가 애급 왕의 딸이었을 가능성이 커서다. 요셉은 애급의 보디발 장군 측근이었으나 그 부인의 모함으로 애급 감옥 속에 갇혔다. 그러나 그가 애급 왕 파라오가 한밤에 꾸었던 괴상한 꿈의 해몽(7년간의 대풍년과 7년간의 대기근)을 잘 해준 계기로 애급의 명재상이 된다. 이는 하나님께서 요셉을 통해 그 꿈의 해몽을 바르게 하도록 도와주셔서다.

이로써 요셉 아내 애급 공주가 남편을 섬기며 그들의 두 아들을 잘 키웠으리라. 그래서

의 아들 레쉐프, 그의 아들 텔라, 그의 아들 타한, ²⁶ 그의 아들 라아단, 그의 아들 아미훗, 그의 아들 엘리사마, ²⁷ 그의 아들 눈, 그의 아들 요수아.

²⁸ 그들의 땅과 정착지: 베델과 주변의 마을들, 동쪽의 나란과 서쪽의 게잘, 쉐켐, 가자와 그들의 마을들. ²⁹ 마나세의 소유는 베트쉔, 타아낙, 멕기도, 돌의 마을들과 함께다. 이스라엘의 요셉 후손들이 그런 마을들에 살았다.

아셀

³⁰ 아셀의 아들들: 임나, 이스바, 이스비, 베리아, 그들의 누이 세라Serah. ³¹ 베리아의 아들들: 헤벨, 말키엘, 빌자빗의 부친. ³² 헤벨은 야플렛, 쇼메르, 호탐, 그들의 누이 슈아의 부친이다. ³³ 야플렛의 아들들: 파사크, 빔할, 아시벳. 이들이 야플렛의 아들들이다. ³⁴ 쇼메르의 아들들: 아히, 로가, 에후바, 아람. ³⁵ 그의 동생 호탐의 아들들: 조파, 임나, 쉘레스, 아말. ³⁶ 요파의 아들들: 수아, 하르네페르, 슈알, 베리, 임라, ³⁷ 베젤, 홋, 샴마, 쉴샤, 이트란, 베라. ³⁸ 예

그 7년의 기근 때문에 애굽을 찾아온 자신의 형들과 부친 야곱과도 해후를 한다. 야곱의 마지막 침상에 요셉이 두 아들을 데려오니 장자 마나세가 아닌 둘째 에프라임을 축복한다. (창48:8-22)

이에서 **신명기 33장** 소제목 '**모세의 축복**'도 되새겨 본다.
모세가 가나안에서 죽기 직전에 이스라엘 각 지파를 축복한다.
신33:16-17엔 요셉, 마나세, 에프라엠에 관한 축복이 다음과 같다.
'*에프라임의 자손은 만만이고, 마나세의 자손은 천천이리라.*'

이러한 에프라임 후손인 쉐라라는 여성의 능력이 뛰어나 고대 남성 위주 사회일지라도 인정을 받았기에 그런 기록이 남았으리라.

테르의 아들들: 예픈네, 피스파, 아라. ³⁹ 울라의 아들들: 아라, 한니엘, 레지아. ⁴⁰ 이들 모두 아셀의 후손들이고, 가문의 수장들은 능력이 뛰어난 지도급 왕자들이다. 전투군단에 등록된 그들의 총수가 26,000명이었다.

생각할 점

이러한 고대의 연대 기록과 그런 상황들이 애급 유물의 상형 문자를 학자들이 해석해서 알 수 있다. 이를 비교함은 애급 선사문명의 기록이 성서의 구약 역사 시대와 밀접해서 임을 볼 수 있다. 이런 여성들이 있어서라고, 할 수 있다.

선민들의 기상에 이들 영향이 스며듦은 단지 가깝다는 지리상 여건 때문은 아니리라. 아브라함과 사라도, 이스라엘 열두 지파도, 나중엔 아기 예수까지 애급으로 피신을 가게 하신 하나님의 일로서 알게 해주시어서다.

대상 6장은 이스라엘 열두 지파 중에 하나님께 특별 지위를 부여받은 레위 지파 자손들이 나온다. 모세5경의 저자인 모세가 속한 가문의 족보다.

모세가 야곱의 12아들 중 셋째인 레위의 세 아들 중의 하나인 코하스 가문 출신이다. 코하스가 낳은, 암람의 세 자녀 중에 하나로서 레위의 증손자 중 하나다. 암람의 세 자녀가 차례로 아론, 모세, 미리암이다.

아론의 가계가 먼저 나온다.

모세의 가계는 없어 이상하다.

모세가 미디안 제사장 딸과 결혼해서인가.

출4:18-26에는 하나님 분노에서 남편 모세와 어린 아들 생명을 순발력 있게 구하는 그의 아내 드보라 기사가 나온다.

대상 6장 후반부터 7장까지 선민들 열두 지파 족보가 나온다. 선민들의 지파별로 이어진 후손의 이름과 함께 그들이 부여받은 정착 지역의 여러 지명들이 나온다.

역대상서 연대가 기원전 400-500년대 사이인데 이 시기는 이스라엘과 유다가 망해서 바빌론 포수로 살던 때. 그럼에도 그들 선조들이 하나님 약속의 땅에 들어와서 열두 지파가 각기 땅의 몫을 나누어 가진 곳의 지명과 각 지파들 수장과 전투 병사들의 숫자까지 기록했다.

이들 중엔 토지를 나누어 가질 수 없다고, 하나님께서 정하신 레위 지파 여러 족속들에게 다른 지파 사람들이 자신들의 땅을 나누어 준 기록이 있다.

그들이 배정받은 장소 기록도 특이하다. 레위 지파 가문들이 흩어져 열한 지파 선민들과 어울려 살던 때라서 그런듯하다. 그들 열한 지파 가문에서 부여받은 지명들을 명확히 기록했다. 이는 말하자면 사제들에 딸린 가족들의 의식주까지 스스로 해결하게 했다. 그런데 이 대목에서 의문이 든다.

출 29장, 신 18장, 레 8장 '제사장 직분 위임' 에 관해 자세하다.

이들 내용을 요약해 소개한다.

  이 중에 제사장과 그 가족들이 회막 안에서 먹을 음식에 관해서는 다음과 같다.

  출29:26은 모세의 분깃, **출29:28**은 이스라엘, 아론과 그 자손들에게 돌릴 영원한 분깃에 관해 나온다.

  레8:29은 모세의 먹을 몫과 **레8:31**에는 아론과 그 아들들의 먹을 몫을 되풀이하듯 나온다.

  신18:1-8은 제사장과 레위 사람의 몫에 관한 모세5경의 마지막 기록이다.

  이러함에도 어찌해서 역대상서에 이스라엘 여러 지파들이 레위 지파들을 위해 각기 배정받은 몫에서 다 나누어주었다는 기록을 반복하는가.

  레위 지파 몫으로 바치라고 하신 하나님께서 정해주신 십일조나 화목제의 음식만으로는 생계가 힘들어서인 듯하다. 아니면 그들의 수가 너무 많기에 필요 조치를 취한 일일 수도 있다.

  역대서의 사관들이 지식층이고 사제들 계층일 테니 그들 지파의 명분에 관한 당시 현상기록을 되살리려 힘썼을 수 있다. 그래서 이를 우리 믿음의 시선으로 당시를 상상하며 해석할 명분이 커진다.

  그들이 다시 망했지만 선민들 나라를 굳건히 하려면 하나님 말씀과 규례를 알려줄 레위 지파 위상을 모세 시대처럼 높여야 해서다.

유일신 하나님 믿음으로 돌아서는 길이 최상임을 그들 족속이 가장 잘 알기 때문이다.

그리하여 주요 기록들을 새로 보전해 하나님께 의지하고자 당시 현실대로 기록했으리라.

이들 망해버린 선민들로 하여금, 하나님 믿음의 길로 인도하고 하나님께 중재할 레위 사제들 존재가 참으로 필수였다. 하나님 믿음의 가르침 안에서 살길이 열린다는 서약이 선민들에겐 항시 필요했다. 바른길로 인도할 하나님 중재자인 레위 지파 위상도 절실했다.

위의 **[참고 2]**에서 참조한 민수기 기사들이 소중하다.
대상7:14절 근거를 다음과 같이 찾았다.
민26:29-34에 마나세 자손들이 나오는데, 그 앞의 33절에서 헤펠Hepher의 아들 젤로페핫Zelophehad에겐 아들이 없고 딸들뿐이라 한다. 그의 딸들 이름이 말라Mahlah, 노아Noah, 호글라Hoglah, 밀카Milcah, 틸자Tirzah 다섯 명이다. *민27:1-11에서 이들에 관한 주요 기록을 요약해 올린다.

민 27장 '젤로페핫의 딸들'
민27:2 딸들이 회막 문 앞에서 모세와 제사장, 지휘관들과 온 회중들에게 다음과 같이 호소했다. ³ '우리 아버지가 광야에서 죽었습니다. 그러나 그가 하나님께 거역하여 함께 공모한 고라Korah의 무리

속에는 없었습니다. 그가 하나님께 거역하지 않고, 자기 죄로 죽었는데, 아들이 없다고, [4] 그의 가문에서 아버지 이름이 사라지는 게 올바릅니까? 우리가 우리 아버지 형제들처럼 우리의 몫을 갖도록 하여 주십시오.'

[5] 모세가 그들의 경우를 하나님께 가져오니 [6] 그분께서 그에게 말씀하길, [7] '젤로페핫 딸들의 문제 제기는 선하다. 너는 그들에게 그들 부친의 형제들처럼 같은 근거를 갖도록 허용해 주어야만 한다. 그들 부친의 지분이 그들에게 전해지게 하여라. [8] 이를 이스라엘에 공표해라. 한 남자가 아들이 없이 죽으면, 그의 지분을, 그의 딸에게 넘긴다. [9] 만일 그에게 딸이 없으면, 이를 그 부친의 형제들에게 주어라. [10] 만일 그에게 형제들이 없다면, 그러면 그의 가족 중에 가장 가까운 생존자에게 그 지분을 주어라. 이는 하나님께서 모세에게 명하신 만큼, 이스라엘 사람들을 위한 법의 전례로 하였다.'

*민36:1-12 '시집간 여자의 유산'

민 36장은 민수기의 마지막이다. 위와 같은 젤로페핫의 딸들의 호소를 하나님 말씀대로 이스라엘이 정당히 받아들인다고 기록했다. 그 집안 기업이 이 지파에서 저 지파로 옮기지 않고, 오직 그 조상 지파의 종족과 결혼해야 한다는 지침이다. 그러면 각 지파가 각각 자기 기업을 지킬 수 있게끔. 그래서 젤로페핫의 딸들 다섯이 그들 숙부의 아들들의 아내가 되어서, 그들 부친의 기업인 재산을 잃지 않고 고스란히 전하게 되었다는 기록이다. 사촌지간 결혼을 당시에도 금했지만 특별한 경우에는 허락했다는 기록이다.

이와는 좀 다른 내용인 **단테**의 '**신곡**'을 떠올린다.

'**지옥**' 5곡 '**사랑의 장**'에 나오는 고대 여왕들 때문이다.

이들이 고대지만 성서의 여인들과 크게 다르기에 비유해서다. 고대 세계에 이름난 여왕들 행적을 추적했다. 아시리아 여왕 세미라미스(BC 1356-1314년), 카르타고 여왕 디도(BC 20년경), 애급 여왕 클레오파트라(BC 69-30년)다.

단테의 성서 식견과 고대사를 꿰뚫어 비교하듯 낱낱이 그들 죄의 질을 알려준다. (참조. 『단테의 신곡 읽기 1』)

단테가 젤로페핫의 딸들까진 비교할 새 없었더라도 그가 고대의 기록까지 살피게 해준다.

여왕들이 연애 행각에만 이름났으니 차원이 다르다.

젤로페핫의 딸인 어린 처녀들 다섯이 중대한 여성 생존에 관한 법적 판례 근거를 성서에 남겨 놓았다.

그 시대가 일부다처주의에다 순전히 남성 위주 사회라서 더욱 감탄케 한다. 자신들 가문의 족보를 위해 모세와 장로들, 선민들 앞에 나섰다. 그 소녀들이 아버지 명예, 재산, 자신들의 미래를 걸고 하나님 앞에 나섰다. 소녀들이 오직 하나님 믿음 하나로 살고자 나섰다. 이를 살피신 하나님께서 여성 인권의 고대 기록을 남기게 해주셨다.

레위 지파의 각종 지분에 관한 기록

1. '**회막 봉사에 쓰는 속전**' (출애굽기 30:11)

생명의 속전, 20세 이상인 남자들은 속전을 내라. (출30:12)

너희 생명을 대속하기 위해 여호와께 부자나 가난하거나 반 세겔을 드려라. (출30:15)

이 속전을 회막 봉사에 써라. (출30:16)

2. '화목 제물 중에 제사장이 받을 소득' (레위기7:28-34)

아론과 아들들의 제사장 위임 의식에서 그들이 먹을 떡과 고기에 관해선 (레8:31)

제사장이 거룩한 곳에서 먹을 제물 (레9:12)

'십분의 일은 여호와의 것' (레27:30-34)

3. **제사장의 몫** (민18:8-20)

레위 인의 몫 (민18:21-24)

레위 인의 십일조 (민18:25-32)

'레위 사람에게 준 성읍' (민 35장)

이 중의 마지막인 민35:1-15 기록이 특이하다. 이스라엘 자손에게 그들이 받은 기업에서 레위 인들이 거주할 성읍과 초원과 특히 '도피 마을'the city of refuge(민35:9-11)을 주라고 명해서다. 이는 어떤 사람이 우연히 잘못해서 본의 아니게 사람을 죽게 했을 때 생기는 일의 방지책이라 해서 중대하다. 죽은 자의 가족들이 그에게 복수를 행하기 전에 살인이 그 도피자의 고의인지 우연인지 무슨 원인인가에 관한 조사를 철저히 해야 한다고 명시해서다.

그로써 그 살인사건의 정황들이 조사로써 고의임이 밝혀지면,

피신했어도 죽여야 한다고 명시했다.

　이런 인명 살상 사건에 관해 고대 관례로 남은 기록도 고대사에는 유례가 없으리라.

　십계명의 사람 생명에 관한 조항은 여섯째 계명으로서 살인을 금지하신다.
　인간만은 하나님 형상을 닮은 영의 존재들이어서다.
　인간은 서로가 서로의 생명을 존중하고 자신의 생명이 무엇보다 소중함을 알고 살아야 함을 알리신다.

구약역사 41 역대상서 8-10장

역대상 8장

대상8:1 벤저민의 아들들: 첫아들 벨라, 둘째 아스벨, 셋째 아하라, ² 넷째 노하, 다섯째 라파. ³ 벨라의 아들들: 앗달, 게라, 아비훗, ⁴ 아비슈아, 나만, 아호아, ⁵ 쉐푸판과 후람. ⁶ 에훗의 후손들로 게바에 살던 가문의 수장들이 마하나스로 추방당한 사람들: ⁷ 나만, 아히야, 게라가 추방당하고 웃자와 아히훗의 부친이 그였다. ⁸ 두 아내인 후심과 바아라와 이혼 후에 샤하라임에게 아들들이 모압에서 태어났다. ⁹ 그의 아내 오데스에게 요밥, 지비아, 메샤, 말캄, ¹⁰ 예후즈, 사키아와 밀마가 나왔다. 그의 아들들인 이들이 가문의 수장들이다. ¹¹ 후심에게서 아히툽과 엘팔을 가졌다. ¹² 엘팔의 아들들: 에벨, 미샴, 세멧(그가 주변 마을들과 같이 오노와 롯을 세웠다), ¹³ 베리야와 쉐마가 아이얄론에 살던 가문의 수장들로 게스의 거주민들을 쫓아냈다. ¹⁴ 아히오, 샤삭, 예레못, ¹⁵ 제바디야, 아랏, 에델, ¹⁶ 미카엘, 이스파와 요하가 베리야의 아들들. ¹⁷ 제바디야, 메슐람, 히즈키, 헤벨, ¹⁸ 이스메라이, 예즐리야와 요밥이 엘팔의 아들들. ¹⁹ 야킴, 지크리, 잡디, ²⁰ 엘리에나이, 질레타이, 엘리엘, ²¹ 아다이야, 베라이야, 쉼랏이 쉬메이의 아들들, ²² 이스판, 헤벨, 에릴엘, ²³ 압돈, 지크리, 하난, ²⁴ 하나니야, 엘람, 안토티야, ²⁵ 이페데이야와 페누엘이 샤삭의 아들들. ²⁶ 샴쉐라이, 쉐라이아, 아탈리야, ²⁷ 야아레쉬아, 엘리야와 지크리가 예로암의 아들들. ²⁸ 이들 모두가 가문의 수장들로 그들 족보에 등록했고, 예루살렘에 살았다.

²⁹ 기브온의 부친 예리엘이 기브온에 살았고 그의 아내 이름은 마카, ³⁰ 그의 첫아들 압돈에 이어서 줄, 키스, 바알, 넬, 나답, ³¹ 게돌, 아히오, 제켈, ³² 미크롯을 낳고, 미크롯이 시메아의 부친. 그들 또한 예루살렘의 친척들 가까이 살았다.

³³ 넬은 키스의 부친, 키스는 사울의 부친, 사울은 요나단, 말키슈아, 아비나답, 에스발의 부친. ³⁴ 요나단의 아들이 메리발, 그가 미카의 부친. ³⁵ 미카의 아들들: 피톤, 멜렉, 타레아와 아하즈. ³⁶ 아하즈가 예호앗다의 부친, 예호앗다는 알레멧, 아즈못과 짐리의 부친. 짐리는 모자의 부친, ³⁷ 모자는 비네아의 부친, 라파가 그의 아들, 엘레아사가 그의 아들, 아젤, ³⁸ 아젤이 여섯 아들인데 아즈리캄, 보케루, 이스마엘, 쉐아리야, 오바디야와 하난. 이들 다 아젤의 아들. ³⁹ 그의 형제 에쉑의 아들들: 울람이 첫아들, 예우스가 둘째, 엘리펠레가 셋째. ⁴⁰ 울람의 아들들이 용감한 전사들로 활을 잘 다루었다. 그들에게 많은 아들들과 손자들, 모두 150명이었다. 이들 모두 벤저민의 후손이다.

역대상 9장 '공동체 회복'

대상9:1 등록된 모든 이스라엘이 이스라엘 왕들 책에 기록되었다. 그러나 유다는 그들 죄 때문에 바빌론으로 옮겨 추방되었다. ² 그들의 마을들인 조상들 땅을 처음 차지하려는 사람들로 보통 이스라엘 사람들, 사제들, 레위 인들, 성전 봉사자들이 있었다. ³ 예루살렘을 부분, 부분으로 유다 인들, 벤저민, 에프라임과 마나세 사람들이 차지했다.¹ [참고1] ⁴ 암미홋의 아들 우타이, 옴리의 아들, 임리의 아들, 바니의 아들, 유다의 아들 페레즈의 후손. ⁵ 쉘라니트의 아들들: 첫째 아사이야와 그의 아들들. ⁶ 제라힛의 가문: 예우엘. 유다에서 온 사람들이 690명. ⁷ 벤저민 가문: 메슐람의 아들 살루, 하다비야의 아들, 하세누야의 아들, ⁸ 예로함의 아들 입네이야, 웃지의 아들 엘라, 미크리의 아들, 그리고 쉐파티야의 아들 메슐람, 르엘의 아들, 입니야의 아들. ⁹ 벤저민 지파 족보에 오른 사람 수가 956명. 이들 모두 가문의 수장들.

¹⁰ 제사장들: 예다이야, 예호이아립, 야킨, ¹¹ 힐키아의 아들 아자리야, 메슐람의 아들, 자독의 아들, 메라이옷의 아들, 아히툽의 아들, 성전 업무 책임자들: ¹² 예호람의 아들 아다이야, 파슐의 아들, 말키야의 아들, 아디엘의 아들 마사이, 야제라의 아들, 메슐람의 아들, 메쉴레미스의 아들, 임멜의 아들. ¹³ 가문의 수장인 사제들이 1,760명. 그들이 성전업무 책임을 지던 능력의 남자들이었다.

¹⁴ 레위 족: 하슙의 아들 쉐마이야, 아즈리캄의 아들, 하샤비야의 아들, 메라릿의 후손들, ¹⁵ 박바칼, 헤레스, 갈랄, 미카의 아들 마타니야, 지크리의 아들, 아삽의 아들, ¹⁶ 쉐마이야의 아들 오바디야, 갈랄의 아들, 예두툰의 아들, 아사의 아들 베레키야, 엘카나의 아

I [참고 1]
귀환 후에 정착한 가문 이름들을 나열한 목록, 주로 성전 종사자들. 이들 명부는 느헤미야 11장과 같은 근거에서 편집. (REB.) 모든 이스라엘인이 함께했다는 역대서 사관 관점이 당시 족보 근거 이유. (NIV.)

들, 그는 네토파티트 족 마을에 살았다.

¹⁷ 문지기들: 샬룸, 아쿱, 탈몬, 아히만과 그들의 동족 레위 족들, 그들의 수장 샬룸이 ¹⁸ 동쪽의 왕의 문에 주둔해서 현재까지 지킨다. 이들이 레위 족 막사에 속한 문지기들이다. ¹⁹ 코어의 아들 샬룸, 에비아삽의 아들, 코라의 아들, 그의 동료 문지기들은 코라힛 가문 출신, 하나님께서 거하시는 입구를 지키고자 그들 조상이 책임진 그대로 성전 현관을 책임졌다. ²⁰ 초기 시절엔 엘리아잘의 아들 피네하스가 문지기 업무 책임자니, 하나님께서 그와 함께 계셨다. ²¹ 메쉘레미야의 아들 즈카리야는 만남의 장막 입구 문지기였다.

²² 이들 선택된 현관의 문지기들이 모두 212명. 그들이 마을에 족보별로 등록되었다. 문지기들은, 예언자 사무엘과 다윗의 신임으로 그들 위치를 배정받았다. ²³ 그들과 그 후손들이 성전 문들의 수비책임자였고 그 집을 만남의 장막이라 불렀다. ²⁴ 문지기들이 동서남북 사방에 있었다. ²⁵ 그들의 동료 레위 인들이 그들 마을에 와서 일주에 한 번 규칙대로 임무를 분담했다. ²⁶ 그들의 신실함으로 뽑힌 네 명의 레위 족 사람들이 성전의 방들과 재물 창고의 책임자다. ²⁷ 그들이 항상 성전구역에 주둔해 밤에도 성전을 지켰다. 아침마다 성문들을 여는 열쇠가 그들 책임이었다.

²⁸ 그들 중 몇몇은 성전 봉사에 쓰는 용기들 책임자로 그것들을 세어서 나가고 들어오는 걸 지켰다. ²⁹ 다른 몇몇은 비품과 성스런 모든 용기의 세세한 책임자들로 특히 밀가루, 포도주, 올리브유, 향유와 향료들을 관리했다. ³⁰ 몇몇 사제들이 향료들을 섞는 책임

을 맡았다. ³¹ 레위 인, 마티티야가 코라힛 가문의 샬룸의 첫아들로, 제사 드리는 빵을 굽는 책임자로 신임받았다. ³² 그들 레위지파의 코하티스 가문 몇몇이 매번 안식일 상에 놓을 빵을 준비할 책임자들이었다.

³³ 레위 가문들의 수장들인 음악가들이 신전 방들에 머물며 다른 임무에서 제외했으니 그들이 밤과 낮 업무에 책임을 져서다.

³⁴ 이들 모두가 레위 가문 수장들로 그들 족보에 오른 자들이고 예루살렘에 살았다.

³⁵ 기브온에 살던 기브온의 부친 예리엘. 그의 아내 이름 마카, ³⁶ 그의 첫아들은 압돈, 이어서 줄, 키스, 바알, 넬, 나답, ³⁷ 게돌, 아히오, 즈카리야, 미크로스. ³⁸ 미크로스는 쉬메암의 부친, 그들이 친척들을 따라 예루살렘에 살았다. ³⁹ 넬은 키스의 부친, 키스는 사울의 부친, 사울은 요나단, 말키슈아, 아비나답, 에스바알의 부친. ⁴⁰ 요나단의 아들은 메리바알, 메리바알은 미카의 부친. ⁴¹ 미카의 아들들: 피톤, 멜렉, 타레아, 아하즈. ⁴² 아하즈는 야라의 부친, 야라는 알레메스, 아즈모스, 짐리의 부친, 짐리는 모자의 부친, ⁴³ 모자는 비네아의 부친, 그의 아들 네파이아, 그의 아들 엘라사, 그의 아들 아젤. ⁴⁴ 아젤은 여섯 아들인데, 그들 이름이 아즈리캄, 보케루, 이스마엘, 쉐아리야, 오바디야, 하난.

역대상 10장 '다윗이 사울 승계'

대상10:1 필리스틴이 이스라엘과 전투를 했고, 이스라엘이 그들에게 패주하며 길보아 산에 죽은 자들을 남겼다. ² 블레셋이 사울과 그 아들들인 요나단, 아비나답, 말키슈아를 가까이 추적해 그들을 죽였다. ³ 전투가 사울에게 불리해서 궁수들이 그를 보고 그에게 상처를 주었다. ⁴ 그가 무기전담관에게 말하길 '너의 칼을 빼서 나를 찔러라, 그래서 이 할례 받지 않은 무뢰배들이 와서 나를 조롱치 못하게 해라.' 그러나 그가 거절했다. 감히 그리하지 못했다. 그래서 사울이 자신의 칼을 빼서 그 위에 엎어졌다. ⁵ 그 무기전담관이 사울이 죽은 것을 보고 그 역시 자기 칼에 엎어져 죽었다. ⁶ 이와 같이 사울과 그의 세 아들들이 죽었다. 그의 전 가족이 함께 멸했다. ⁷ 골짜기에 있던 모든 이스라엘이 사울과 그의 아들들이 죽은 걸 보았을 때 그들 마을들을 포기한 채로 군대가 도망을 가버렸다. 필리스틴이 그곳에 들어와 점령했다.

⁸ 다음날 필리스틴 사람들이 죽은 자들을 벗기려 왔다가 사울과 그의 아들들이 길보아 산에 죽어 있는 걸 발견했다. ⁹ 그들이 그를 벗겨 머리를 베고 갑옷을 갖고 필리스틴 땅 전체에 그들 우상들과 백성들에게 그 소식을 전하는 사신들을 보냈다. ¹⁰ 그들이 그의 갑옷을 그들 신전에 두고 그의 머리는 다곤Dagon신전 안에 걸어놓았다.

¹¹ 야베스 길렛의 모든 거주민들이 필리스틴 인들이 사울에게 무슨 짓을 했는가를 들었을 때 ¹² 그들 가운데 용감한 남자들이 모두 분연히 일어나 사울과 아들들 시신을 수습해 야베스로 돌아왔다. 그들이 그 시신들을 야베스의 큰 나무 아래 장사 지내고 이레 동안 금식했다.

¹³ 사울이 하나님께 성실하지 않았기에 죽었으니 그가 하나님 말

씀을 지키지 않았고 심지어 한 중개자에게 안내를 구할 뿐 [14] 하나님께 문의를 하지 않아서다. 고로 하나님께서 그를 죽게 하고 왕국을 이새의 아들 다윗에게 넘기셨다.

생각할 점
대상 8장

벤저민 지파에 속한 가문으로 시작, 그 지파에 속했던 사울 왕의 가계가 나온다. 대상8:29에는 기브온에 살던 기브온이라는 사울 왕 가문 족보가 시작한다. 이스라엘 백성들이 사무엘을 통해 하나님께 재차 요청, 하나님께서 택해주신 첫 번 왕이 사울이기에 특별해서다. (삼상8-10)

하나님 지상왕국의 역사가 사울 왕으로 시작한다. 그러나 사무엘, 열왕기에서 보다시피 왕으로서 보인 사울의 행위가 하나님 앞에서는 물론하고 사람들 앞에서조차 바람직하지 못했다.

사울은 졸렬한 인품의 본보기다.

그 죽음조차 떳떳하지 못해 하나님 눈 밖에 날 수밖에 없음을 확인하게 한다. 그로써 어떻게 살고 어떻게 죽음을 맞이해야 하는가 하는 고민을 기독자들에게 남긴다.

인류에게 영원한 생명을 주신 하나님께 더구나 왕으로 사무엘의 기름부음을 받은 사울이 자기 생명을 끊는 죄를 범하다니. 그가 죽음마저 하나님께 배신했다.

그처럼 죽어선 아니 된다는 본보기 기록을 남겼다. (사울 왕가 몰락

기사, 삼상 31장, 삼하 1장 참조 요)

대상 9장 '공동체 회복'

소제목처럼 유다 왕국이 망하고 난 다음에 예루살렘에 돌아온 선민들의 공동체 회복에 관한 기록이다. 이의 특별함은 예루살렘에 먼저 돌아온 선민들을 논해서다. 먼 나라인 바빌론의 고잔 강변 마을까지 추방되었다가 70년 만에 돌아와, 다시 그들 조상의 땅을 차지한 선민들 지파들을 기록했다.

이는 하나님 성전이 있던 예루살렘에 수십 년 만에 돌아온 선민들의 명부다. 가장 먼저 평범한 사람들이 있고, 레위 인들, 사제들, 성전 봉사자들이다. 나라가 멸망한 기원전 586년에 먼 이국땅에 끌려가 그 우상의 나라에서 수모를 겪고 사는 동안에 태어난 자들이다. 그 타국 땅에 약 150년간 살며 속 깊이 그들 조상의 하나님을 기렸으리라.

그들이 망하고 나서야 하나님께 회개하고 하나님을 찾았다는 그 자신들의 증거를 확실하게 역대 사관들이 기록으로 남겼으리라. 자신의 후손들을 위해서다.

이는 온 세계 사람들이 선민들을 통해야만 하나님 믿음의 길을 함께 찾아갈 수 있다는 기록 같다.

구세주가 오셨으니 세계 공동체가 선민들과 한 마음으로 하나님 눈앞에서 바르게 선하게 살길을 평화롭게 합심해야 해서다.

대상 10장

사무엘상 31장의 복습 같은 내용이다.

사울 왕과 그 세 아들들의 비참한 말로를 다룬 기사다.

하나님 역사의 아픈 점을 잊어선 절대 아니 되는 뼈아픈 사실들을 되새기듯 반복하는 점에 주의한다.

왜냐면 삼상31:1-13의 기사보다 여기 대상10:1-14 기록이 훨씬 자세해서다. 이로써 사울 왕을 이어서 다윗 왕이 나와야만 했던 하나님 역사의 사유가 논리 정연하다.

성서를 진지하게 읽는 사람들로 하여금 사울과 다윗의 행위를 비교해 보게 이끈다, 성서에서 참으로 중요한 그들 두 사람의 위치에서 서로 다른 점과 좋은 점을 비교하며 생각하게 한다.

기독자로서 하나님 믿음으로 산다면서 혹여 사울처럼 행하며 사는 일은 없는가를 살피게 한다.

지금부터 약 삼천여 년 전에 각기 40년간씩 연이어 왕위에 올라서 하나님 선민들을 인도했던 동시대 인물인 사울과 다윗 가계를 상세히 기록해 놀랍다. 그들 두 사람의 왕이 하나님 눈앞에서 무슨 일이 일어났을 때마다 어떻게 서로 달리 행했는가를 기록해서다. 그리하여 역대상서를 찾아 읽는 저마다 바르게 알기를 바라는 듯하다.

사울이 속한 벤저민 지파 가문들에서 대상8:33-34과 대상9:39-40에 같은 기록이다. 사울의 조부부터 요나단의 후손들 이름이다.

　동시대를 살며 선민들을 이끌었으나 유별나게 다른 사울과 다윗의 행적에서 언제 무엇이 왜 어떻게 다른가를 참 기독자라면 깊이 찾아볼 수 있어야 하리라.
　최초의 그들 두 선민의 최고지도자들이 각각 성령의 인도를 추구했는가, 악령의 인도를 좇았는가, 살필 통찰이다.

　하나님께선 그들 두 사람의 심성에 있는 선과 악의 대비를 낱낱이 살피고 계셨다는 선명한 증거를 기록에 남기셨다. 사무엘기와 역대기의 사관들이 그들보다 앞선 하나님 역사의 기록들을 참고, 하나님 가르침과 믿음에서 우러난 왕들과 선민들 후손 행적을 그들이 남겼다.
　사울과 다윗은 나이 차가 있지만 같은 세대에 살았다.
　그 무엇보다 하나님께서 그들 두 인물을 선민들 앞에 세워주셨다는 관점에 초점을 맞추어야 한다.
　이는 그들의 삶을 통해 우리들이 영을 분별하고 식별하는 능력을 길러주시려는 하나님의 방식임을 깨닫게 한다.

　대상 11장부터 다윗의 이야기가 새로이 이어진다.
　사울의 죽음 기사를 대상10:3-14에서 사관들이 되새김을 볼 수 있다.
　하나님 눈앞에서 가장 크게 하나님을 배신한 기록이라 볼 수 있다. 마지막 순간까지 하나님께 호소하거나 회개를 하지 않아서다.

그러한 죽음의 이유가 그 자신에게 있다고, 결코 생각하지 못했다. 자신의 아들들이 그 눈앞에서 그리 죽어갔음에도, 자신의 죽음이 적들에게 모욕당할 것만 겁을 낸다.

살아계신 하나님께 부르짖고 호소할 줄 몰랐다.

하나님께서 그 자신을 선민들 왕으로 택하시어 기름을 부어주신 사실을 깨닫지 못했다. 자신 조상의 하나님을 믿지도, 두려워하지도 않았다.

그의 생각이란 믿음 없는 보통 세상 사람들과 조금도 다르지 않았다. 적들에게 모욕, 고문, 조롱, 괴롭게 죽을 것만 겁냈다.

그러한 우려는 그의 죽음에 그대로 실현되었다. 그가 자신의 칼에 엎어져 죽지 못하고 있자, 지나던 아말렉 청년에게 부탁해 그의 칼에 죽었고 왕관과 팔찌도 뺏겼다. 이에 더해 그다음엔 그들 네 부자의 시신들이 심하게 훼손당하는 치욕까지도. (삼상31:1-13, 삼하1:1-27)

우리가 다윗의 마지막 유언까지 읽어 왔기에 이를 생각할 수 있다. (왕상2:1-12)

그리하여 그와 같은 주요한 시대를 살아야만 했던, 사울과 다윗, 두 왕가 가문이 속했던 벤저민 지파와 유다 지파 후손들의 신상을 나름대로 구분할 정도의 식견은 갖춘 셈이다.

그러므로 이에서 한 걸음 더 나아가 우리가 앞으로 맞이할 죽음의 순간을 숙고하며 우리 생에 허락된 남은 날들의 소중함을 깨달아야 한다.

자신의 죽음을 두려워하지 않는 자가 세상에 그 누구인가.
우리가 죽음을 맞이할 마지막 나날들이, 우리를 세상에 보내주신 하나님을 생각하는 시간일 수 있기를.
우리 자신의 잘못을 참회하는 순간이기를.

구약역사 42 **역대상서 11-12장**

역대상 11장

대상11:1 온 이스라엘이 모여서 헤브론에 있는 다윗에게 와서 말하길, '우리는 당신의 혈육입니다.' ² 과거에 사울이 왕이었을지라도 이스라엘 군대를 전투에서 이끈 건 당신이었습니다. 당신의 신 하나님께서 당신에게 말하길, "네가 나의 백성 이스라엘의 양치기가 되어 그들의 통치자가 되리라." ³ 이스라엘의 모든 장로들이 헤브론의 다윗 왕에게 왔을 때 헤브론에서 하나님 앞에 서약하고 그들이 다윗을 이스라엘 왕으로 기름을 부어 신성하게 했으니 이는 하나님께서 사무엘에게 약속하신 그대로였다.

⁴ 다윗과 온 이스라엘이 예루살렘으로 행진했는데 거기 예부스Jebus족이 있었다. ⁵ 거기 살던 예부스 족이 다윗에게 말하길, '너는 이곳에 들어올 수 없다.' 그렇지만 다윗이 시온의 요새를 점령, 그곳은 지금 다윗의 도시로 알려졌다. ⁶ 다윗이 말하길, '예부스 남자 하나를 먼저 죽이는 자가 사령관이나 지휘관이 되리라.' 먼저 올라간 사람이 제루이아의 아들 요압이라 그가 사령관이 되었다.

⁷ 다윗이 다음으로 그 요새 안의 거주민들을 제압해 이가 다윗 시로 불린다. ⁸ 다윗이 밀로에서부터 그 도시 둘레를 둘러싸 짓되 완전히 둥글게 새로 짓고 요압이 그 나머지 도시를 복구했다. ⁹ 다윗이 점차 강해졌으니 하나님의 막강함이 그와 함께하셔

서다.ᴵ [참고 1]

¹⁰ 지금 이들이 다윗의 주요 용사들이니 그에게 강력한 왕국을 지지해 하나님께서 이스라엘에 약속하신 대로 온 이스라엘과 함께 왕으로 그를 추대한 자들이다. ¹¹ 다윗의 강한 용사들 명부다. 야소베암은 하크모니트 족으로 장교들 대장이다. 그가 창을 들고 300명과 상대해 한 번에 죽였다. ¹² 그 다음엔 아호히트 족, 도다이의 아들 엘레아잘, 그가 막강한 세 명의 용사 중 하나다. ¹³ 그가 다윗과 파스-담밈에 있었는데 필리스틴이 거기서 싸우러 모여들 때다. 그곳의 잘 익은 보리밭이 모의 장소였다. 백성들이 필리스틴에서 도망쳤으나 ¹⁴ 그와 다윗이 그 모의의 한가운데 자리 잡고 방어해 필리스틴 사람들을 죽였다. 하나님께서 그들에게 큰 승리로 구해주셨다.ᴵᴵ [참고 2]

¹⁵ 그 서른 명 대장 중에 세 명이 그 바위를 내려가 아둘람 동굴에서 다윗과 합쳤고 한편 필리스틴 인들은 레파임 골짜기에 주둔했다. ¹⁶ 그때 다윗이 요새에 있었고 필리스틴 유격대가 베들레헴에 있었다. ¹⁷ 다윗이 물이 먹고 싶어 말하길 '만일 내가 베들레헴 성문에 있는 우물에서 물을 한 모금 마실 수만 있다면!' ¹⁸ 이에 그들 세 명이 그들의 길을 필리스틴 최전선을 통과해 베들레헴 문 곁의 우

Ⅰ [참고 1]
  대상11:4-8절은 삼하5:6-12에 나온다.

Ⅱ [참고 2]
  이 구절에서 빠진 세 번째 용사 이름이 샴마shammah(삼하23:11), 하라리트 족 아기Agee의 아들이다.

물에서 물을 길어다 다윗에게 가져왔다. 그러나 그가 이를 마시길 거부했다. 그가 이를 하나님께 가져가 붓고 [19] 말하길 '신께서 금하시니 내가 이런 일을 하게 만들다니! 내가 이들 세 사람의 피를 마실 수 있겠습니까? 그들이 이를 가져오고자 그들 생명의 위험을 무릅썼습니다.' 그러면서 이를 마시지 않았다. 그렇게 그 세 영웅들의 모험이 있었다.[III] [참고 3]

[20] 요압의 형제 아비새가 이 서른 명 대장이었다. 그의 창을 휘둘러 300명을 죽인 사람이 그였다. 그 서른 명 중에 그가 유명했다. [21] 그 서른 명에서 명성이 뛰어나 그들의 대장이었으나, 그 셋 중에도 경쟁자가 없었다. [22] 캅질 출신의 예호야다의 브나이야가 많은 모험의 영웅이었다. 모압의 두 우승자를 죽인 것도 그였고, 한번은 눈 내린 날 구덩이 속에 내려가 사자 한 마리를 죽였다. [23] 그가 또한 애굽 인을 죽였는데 키가 7.5피트 거인이고 베틀의 도투마리처럼 큰 창으로 무장했었다. 브나이야가 곤봉 하나로 그를 만나자 그 애굽 인 손에서 그 창을 비틀어 뺏고 자신의 무기로 그를 죽였다. [24] 이런 것이 그 서른 명의 영웅들 사이에서 유명한 예호야다의 아들 브나이야의 모험이다. [25] 그가 나머지 서른 명 중에선 유명했으나 그 세 명 중엔 들지 못했다. 다윗이 자신의 경비대장으로 그를 임명했다.[IV] [참고 4]

[III] [참고 3]
대상11:10-19절은 삼하23:13-17을 다룬다.

[IV] [참고 4]
대상11:20-25절은 삼하23:20-23을 다루되 이보단 더 길다.

²⁶ 용맹스런 다윗의 전사들: 요압의 형제 아사헬, 베들레헴 출신 도도의 아들 엘하난, ²⁷ 하로리트의 샴모스, 펠로니트의 헬레즈, ²⁸ 테코아 출신 익케스의 아들 이라, 아나토스 출신 아비에젤, ²⁹ 후샤티트의 십베카이, 아호히트의 일라이, ³⁰ 네토파티트의 마하라이, 네토파티트 바나의 아들 헬렌, ³¹ 벤저민 족 기베아 출신 리바이의 아들 이타이, 피라토니트의 브나이야, ³² 가아스 골짜기 출신의 후라이, 아라티트의 아비엘, ³³ 바하루미트의 아즈마베스, 샬보니트의 엘리아바, ³⁴ 기조니트의 아솀의 아들들, 하라리트의 샤기의 아들 요나단, ³⁵ 아라리트의 사칼의 아들 아히암, 우르의 아들 엘리팔, ³⁶ 메케라티트의 헤펠, 펠로니트의 아히야, ³⁷ 칼멜리트의 헤즈로, 에즈바이의 아들 나래, ³⁸ 나탄의 형제 요엘, 하그리의 아들 밉발, ³⁹ 암모니트의 젤렉, 베로티트의 나하라이, 제루이야의 아들 요압의 갑옷드는 자 ⁴⁰ 이트리트의 이라, ⁴¹ 히타이트의 우리야, 아흘라이의 아들 자받, ⁴² 르벤 지파의 대장인 르베니트의 쉬자의 아들 아디나와 그와 함께한 서른 명, ⁴³ 마카의 아들 하난, 미트니트의 요샤팟, ⁴⁴ 아스테라티트의 우찌아, 아로에리트의 호탐의 아들들 샤마와 예이엘, ⁴⁵ 심리의 아들 예디아엘, 그의 형제 티지트의 요하, ⁴⁶ 마하비트의 엘리엘, 엘라암의 아들들 예리바이와 요샤비아, 모아빗의 이트마, ⁴⁷ 메조바이트의 엘리엘, 오벳과 야아시엘.ⱽ [참고 5]

Ⅴ [참고 5]
    대상11:26-39절은 삼하 23장 전체를 다룬다. 이방족속 장수들의 기록에 주목을 하게 한다. 이방 민족 군사들을 포용하는 다윗의 모습을 통해 이웃을 사랑하는 관대함을 보여주는 기록임을 자세히 밝힌다.

역대상 12장

대상12:1 이들은 지클락Ziklag에서 다윗과 함께한 사람들인데, 그가 키스의 아들 사울의 면전에서 추방당한 동안이다. 그들이 전투에서 용맹한 전사들 반열에 있었다. ² 그들은 활을 들고서 돌을 던질 수 있고 화살을 좌우 양손으로 쏠 수 있었다. 그들은 벤저민 지파로 사울의 친척들이었다. ³ 그 선두에 아히에젤과 요아스, 기베아의 쉐마의 아들들 예지엘과 펠레, 베트아즈못의 남자들, 베라카와 아나톳 출신 예후, ⁴ 기브온의 아스마이아, 그 서른 명 가운데 막강해서 그들의 대장, 예레미야, 야하지엘, 요하난, 게데라 출신 요자받, ⁵ 엘루자이, 예리못, 베알리아, 쉐마리아, 하루피트의 쉐파티아, ⁶ 엘카나, 이쉬아, 아자렐, 요에젤, 코라티트의 야소베암, ⁷ 게돌 출신 예로함의 아들들 요엘라와 제바디야.

⁸ 게디트 사람들 몇이 황야의 요새로 다윗과 합세했는데 전투에 훈련된 전사들로 무거운 방패와 창의 숙련가들로 사자처럼 불굴의 의지와 산의 영양처럼 민첩했다. ⁹ 에젤이 그들 대장, 오바디야 둘째, 엘리압 셋째, ¹⁰ 미스만나 넷째, 예레미아 다섯째, ¹¹ 앗타이 여섯째, 엘리엘 일곱째, ¹² 요하난 여덟째, 엘자받 아홉째, ¹³ 예레미아 열 째, 마크바나이 열하나째다. ¹⁴ 이들이 군에서 게디트 가문 대장들인데 적어도 그들은 일당백으로 일천 명도 맞설 만큼 가장 대단했다. ¹⁵ 이들이 요단강을 첫 번째 달에 건넜던 남자들로 모든 물길이 홍수로 가득 차올랐을 때다. 그들이 골짜기의 동쪽과 서쪽을 깨끗이 하였다.

¹⁶ 벤저민과 유다 지파 사람 얼마가 다윗의 요새에 왔다. ¹⁷ 다윗

이 그들에게 가서 말하길 '만일 너희들이 나를 도와서 함께하러, 왔으면 환영한다. 그러나 만일 나를 적들에게 배신하러 왔다면 무슨 난폭한 죄에 순결하다 할지라도 우리 조상들 신께서 보고 심판하시리라.' [18] 이에 영 하나에 사로잡힌 30명 중 대장인 아마새가 말하길

> '우리는 당신 편입니다, 다윗이여!
> 우리는 이새의 아들인 당신과 함께합니다!
> 모든 성공이 당신에게
> 그리고 당신을 돕는 그분께,
> 왜냐면 당신의 하나님께서 당신을 도우시기 때문입니다.'

그래서 다윗이 그들을 환영하고 그의 기습 부대에 그들을 배치했다.

[19] 다윗이 사울에 대항해 필리스틴에게 갔을 때 마나세 남자들 몇몇이 그를 저버렸다. 실은 그가 그렇진 않았으나 겉보기엔 필리스틴 쪽에서 싸운 듯 보여서다. 필리스틴 군주들이 다윗을 해산시키라고 함은 그가 그의 주인 사울을 위해 그들을 저버릴 수 있고 그들 머리로 대가를 치를 수 있다고 말해서다.[VI] [참고 6] [20] 그를 떠났다 지클락으로 돌아온 마나세 남자들; 아드나, 조자반, 예디아엘, 미카엘, 조자반, 엘리후, 질레타이, 이들은 각기 일천 명의 마

VI [참고 6]
 대상12:19에 블레셋 사람들이 다윗을 좋아하지 아니한 이유가 삼상 27장보다 명확함을 볼 수 있어 비교된다.

나세 지휘자들이다. ²¹ 기습부대들에 대항해 다윗 곁에서 맹위를 떨친 자들이 이들이니 용맹한 전사들로 그들 부하들이 있었다. ²² 날마다 남자들이 다윗을 도우러 왔으니 그가 막강한 군대를 이루기까지다.

²³ 이들이 헤브론에서 다윗과 함께했던 무장한 군대들 수인데 사울을 승계하게 그에게 주권을 넘겼으니 하나님께서 말씀하신 대로다. ²⁴ 무거운 창과 방패에 능한 유다 지파, 전투 징발자 6,800명, ²⁵ 시므온 지파, 전투 징발 7,100명, ²⁶ 레위 지파의 4,600명, ²⁷ 아론 가문의 지도자 예호야다Jehoiada와 3,700명, ²⁸ 그리고 젊고 용감한 전사, 자독과 그 가문의 장교 22명을 포함, ²⁹ 벤저민 지파가 사울의 친족들 3,000명, 비록 그들 대부분이 그때까지 사울 가문에 충성했을지언정 ³⁰ 에프라임에선 그들 가문에 이름난 20,800명의 용감한 전사들, ³¹ 절반의 마나세 지파에선 임명된 18,000명이 와서 다윗을 왕으로 세웠다. ³² 잇사갈 지파에선 이스라엘이 어떤 길을 취할지 시간의 징조를 잘 읽는 데 능한 200명의 남자들과 그들 명령을 따른 모든 친척들, ³³ 제블론 지파는 50,000명인데, 다양한 종류의 무기와 전투에 능해서 다윗을 충성으로 도왔다. ³⁴ 납달리 지파는 100명의 장교들, 방패와 창에 능한 37,000명이 모였다. ³⁵ 단 지파는 전투 준비 갖춘 28,600명, ³⁶ 아셀 지파는 전투에 능한 40,000명, ³⁷ 르벤 지파, 게디트, 절반의 마나세는 모든 전투 무기들로 무장한 120,000명.

³⁸ 이들 모두 전투에 훈련된 용맹한 남자들이 헤브론으로 또한 한 마음으로 다윗을 왕으로 세우고자 왔다. ³⁹ 이들이 거기

서 다윗과 사흘을 보내고 먹고 마셨으니 그들의 친척들이 그들을 위해 식량을 제공해서다. ⁴⁰ 또한 그들 주변에서 아주 먼 잇사갈, 제블론, 납달리 지파까지 음식을 당나귀, 낙타, 노새와 황소들에게 지고 왔다. 식량, 무화과 케이크, 포도주, 기름, 황소와 양들을 풍성히 바쳤다. 왜냐면 이스라엘의 큰 기쁨이 거기에 있어서다.

생각할 점
역대상서 11-12장

대상11:1-3의 시작이 삼하5:1-5의 내용과 같다.

그런데 전체 내용은 삼하보다 훨씬 자세한 기록임을 보여준다. 이유는 후세들이 나라가 망하고 나서, 그들의 가장 영광스런 역사 사실을 기록해서라고 볼 수 있다.

사울이 죽은 후에 다윗에게 다윗이 속한 유다 지파 외의 다른 이스라엘 지파들이 다윗을 왕으로 추대하러 헤브론에 왔다는 기사다. 이는 다윗에게 열두 지파 선민들에게 가장 영광스런 순간일 수 있다.

대상 11-12장은, 다윗이 사울을 이어 하나님 선민들을 이끄는 이스라엘 왕국의 왕위에 오른 기록이다. 이는 사무엘서와 열왕기서의 주요 부분들을 모아서 정리 편집한 듯 다윗의 권위를 되새기게 한다. 사무엘서와 열왕기서의 저자들 그리고 역대기를 쓴 저자들이 서로 크게 다른 시대에 살던 사가들임에도 주요한 대부분 기록이 일치한다. 마치 그들 자신을 위해 복습하는 듯하다.

당대 최고 율법 학식과 교양, 그리고 무엇보다 하나님 믿음이 돈독한 서기관들이나 사가들이 기록을 해서다.

이스라엘 선민들 역사엔 하나님 존재하심의 기록이 주제이니, 하나님께서 계획하신 인류 구원의 원대하신 과정의 일환이다.

성서는 성서로서 해설함이 가장 정확한 방식임을 보여주는 본보기가 이러한 기록들이다.

현재를 바로 살기 위해선 반드시 과거사를 되짚어보라는 지침서 같다. 그래서 이를 현재의 시선으로 봐야 할 필요가 크다.

이유는 이들 사가들이 사무엘서를 곧이곧대로 옮기지 않아서다. 사무엘이 남긴 기록과 열왕기를 기본으로 삼되, 그들 당대의 사관에다 중점을 두었다. 나라가 흥할 때의 기록인 사무엘서, 열왕기서와 다른 시기에 썼기 때문이다. 북이스라엘과 남유다가 모두 망한지 150여 년 지난 후에 강대국 식민치하에서 기록했다. 이를 감안하고 봐야 한다. 과거 그들 영광의 시대를 살던 영웅담 후기와 그들 가문, 그들 주변의 영향력이 있던 사실 증명에 자세히 집중해 기록했다. 간단히 주요 기록을 남겼다. 고로 그들 가문 후손들이 하나님 믿음의 용기와 자부심을 갖게 이끈다.

이로써 이들이 그처럼 그들 역사 안목을 키우듯이 현대의 우리도 우리의 역사 안목을 이들처럼 키울 수 있어야 한다.

하나님 눈에서 바르기에 오늘까지 이런 기록이 전해지고 미래에도 영원히 이어질 기록들이니까.

우리도 근현대사가 크게 바뀌는 전환점에 산다. 우리 과거사의 맹점도 하나님 안목에서 바르게 볼 줄 알아야 우리 민족과 나라가 산다.

[참고 1]의 내용을 참고하면 다윗이 사울과의 기나긴 압박과 고난의 도주와 고투 끝에 왕에 오른다. 다윗이 처음엔 그가 속한 유다 지파가 주로 살던, 헤브론에서 단지 유다 지파의 왕이 된다. 그로부터 7년 후 온 이스라엘 지파 장로들과 선민들의 진정한 추대를 받는 이스라엘 왕이 된다.

그가 추대받자 즉시 행한 일이 다윗 시로의 진입이다.

요즘 말로 천도라고 할 수 있다. 사울이 있던 장소가 아니다. 아마도 다윗이 사울에게 쫓겨 다니던 동안이나 7년 반을 헤브론에서 지나는 시기에 염두에 두었던 듯하다. 거기 살던 원주민 예부스 족을 몰아내고 진압, 다윗 시로 불린다. 이때 앞장선 용장이 요압이라서 그가 이후엔 다윗의 군대 총사령관으로 지낸다. 사무엘서와 열왕기에는 이처럼 명단이 자세하지 않다.

다윗의 예루살렘 입성이야말로 지상에서의 하나님 왕국의 본격 도래라고 볼 수 있다. 왜냐면 애초에 선민들이 사무엘을 통해, 하나님께 고집하고 주장해서 왕을 달라고 간청해서 시작한 일이기 때문이다. 세상의 왕들이 대체로 사울과 같다는 사실을 선민들에게 하나님께서 긴 세월에 걸쳐서 깨우쳐주신 사실임을 그들만 아닌 우리도 보아야 한다.

하나님께서 선민들이 원한 그들의 왕국을 사울 다음에 다윗에게 이루어주신 셈이다. 이는 역대상의 사관들 결론이다. 왜냐면 선민들이란 애초부터 하나님께서 하나님의 사람들을 통해 지도해 오신 하나님의 지상 백성들이어서다.

그 선민들이 어리석게도 하나님 약속의 땅에 들어와 살면서 보았던 이방의 많은 나라들처럼 왕을 세워달라고, 장로들이 와서 늙은 사무엘에게 청했다. 선민들 지도자인 장로들이 하나님 믿음이 없었다고 볼 수 있다. 그 장로들이 하나님께서 사무엘 대신에 누군가를 택해주기까지 함께 기도하며 기다렸어야 했다. 사무엘은 그 전의 대제사장 엘리 가문과는 크게 다른 선지자다.

선민들이 왕을 거듭 요구, 늙은 사무엘이 슬퍼하자 하나님께서 그에게 답하셨다.

'선민들이 나를 버리고 하나님을 왕으로서 믿지 않는 거다.'
즉 그들의 하나님을 믿지 아니하고 불신이란 말씀을 들려주신다. (삼상8:6-9)

이로서 현재의 우린 다윗의 예부시트 족 도시 진입이 당시엔 다윗 시로 불리다 나중에 예루살렘으로 불린다는 사실도 배웠다.

그래서 이 기사는 예수 그리스도의 예루살렘을 떠올린다.

역사의 기원이신 예수 그리스도의 예루살렘 입성은 다윗의 입성과는 다름에도 이러한 다윗의 이스라엘 열두 지파의 왕위 정식 계승 기록을 통해 깨닫는다.

메시아의 역사 진입 과정을 살펴보는 안목을 기르게 한다.

왜냐면 메시아는 다윗 후손으로 역사에 오셔서다.

예수 그리스도의 예루살렘 입성은 하나님 왕국의 진정한 도래를 만방에 알리는 하나님 인류 구원의 완성이라는 정점의 행보시다.

그리스도께선 당신이 사랑하신 다윗의 도시 예루살렘 입성 후에 3년간의 공생애를 갈릴리와 하나님의 집을 오가시며 선민들과 지상에서 실제로 통치하셨다.

그리스도께서 그 얼마나 험한 여정인 예루살렘으로 여러 차례를 갈릴리에서부터 걸어오고 걸어가셨는가.

예수 그리스도의 지상의 생애 33년간은 선민들과 인류를 위한 하나님께서 실재하신 지상천국의 시간이었다.

다윗이 예루살렘에 들기까지 여러 신고를 겪지만 하나님 사랑을 듬뿍 받은 그가 먼 훗날에 구세주께서 그곳에 오실 줄을 알고서 감격했다.

그 자신이 하나님의 사람으로 세상을 살았기에 그 많은 시편을 남긴 하나님의 사랑을 기록으로 남겼다. 이로써 인류의 사랑과 존경을 영원히 받는 하나님의 사람이 되었다.

다윗이 33년간을 예루살렘에서 이스라엘 열두 지파 선민들 왕으로 살다가 하나님 부르심을 받고 그곳에 묻혔다.

그리스도께서는 3년간의 공생애를 마치신 33세에 예루살렘에서 돌아가셨다.

그리스도께서 생을 마치고 돌아가신 장소가 하나님 이름이 머무는 성전인 하늘로 예루살렘 외곽임을 주시한다.

가장 중요한 하나님 언약궤가 놓인 지성소 제단이 있던 장소가 예루살렘 성전 안이다.
그리스도께서 그 지성소 제단의 마지막 거룩한 하나님 희생 제물로서 오셔야 하셨다.
그래서 그리스도께서 숨을 거두신 그 순간에, 성전 지성소의 휘장이 위에서 아래로 찢어졌다. (마27:51)
그러니 그 후에는 더 이상 지상에는 지성소가 없다.

예수 그리스도께서 삼위일체 하나님으로 항상 계셔서다.
우리들 중에 두세 명이 예수 그리스도 주님 이름으로 모여, 하나님 아버지께 예배드리면 그 자리에 함께하신다고 말씀해 주셨다.
우리가 그렇게 모이는 세상 어디나 주님의 이름으로 모이면, 그 어디든 간에 우리와 함께하시는 장소가 지성소다.

예수 그리스도는 당신 스스로 하나님 언약의 본질이심을 인류에게 알리셨고 지금도 참된 기독자들을 통해 전 세계에서 삼위일체의 한 위로 활동하며 알리신다.

다시 세상에 오시는 그날까지 늘 우리와 함께하신다.

[참고 6]에 관한 내용은 삼상 29장보다 앞장인 삼상 27장부터 시작한다.

다윗이 사울에게 잡혀 죽지 않으려 고심하다 이스라엘 영토를 벗어나야 사울의 추적에서 벗어나리라 여긴다. 그래서 필리스틴의 땅인 갯Gath의 왕 아키스Achish를 찾아간다. 다윗이 부하 600명과 같이 간다. (삼상27:1-7)

다윗이 1년 4개월을 그곳에 머물 때 생긴 일들의 요약은 다음과 같다. (삼상 27-29장)

다윗이 갯에서 아키스 왕의 요청으로, 유다와의 전투에 나가려 하나, 아키스의 부하들이 심히 반대해 못 간다.

이야말로 하나님의 도우심이 완연한 사건이다.

참으로 그런 전쟁에서 어떻게 다윗과 부하들이 동족인 선민들과 맞서 싸우겠는가!

아키스 왕의 다른 부하 장수들 의견이 백번 옳다. 그래서 그 전쟁에 못 가고 그가 머물던 장소인 지클락에 부하들과 돌아오자 뜻밖의 상황이 전개된다. 이스라엘과 오랜 적인 아말렉 족들과 싸워야만 해서다. 이들이 여호수아 때에 완전 몰살시키지 못한 악한 이방종족이다. 다윗이 하나님 도우심에 대승한다. 다윗이 무사히 이방인 갯의 아키스 왕의 곁을 떠나서 온전히 본국 유다 땅 헤브론에 돌아오는 계기가 된다.

이러한 모든 일련의 사건들이 하나님께서 다윗과 선민들에게 역사하신 사실이다.

아키스 왕의 부하들이 다윗과 같이 싸우지 못하겠다고 했던 그들이 필리스틴 군대가 과연 사울 왕과의 전투에서 선민 군사를 패망케 한다. 사울 왕가의 마지막 전투로 사울과 아들들이 다 죽었다.

온전히 하나님께서 이스라엘 선민들에게 행하신 일이다.

사람을 외모인 겉으로 판단하지 말기를 선민들에게 가르치신 일이다.

허우대가 훤칠하게 컸다는 사울이 왕이 되던 모습 (삼상10)과 사무엘이 선지자로서의 직위를 사울에게 넘기며 선민들에게 마지막 연설하던 장면이 겹쳐진다. (삼상12).

구약역사 43 **역대상서 13-16장**

역대상 13장

^{대상13:1} 다윗이 불거지는 매 사건마다 100명의 대장 혹은 1,000명의 대장들과 의논했다. ² 그런 다음에 이스라엘 전체 모임에서 그가 말하길, '만일 여러분이 찬성하고 우리의 신 하나님께서 뜻하시면 우리 이스라엘 모든 영토의 나머지 백성들에게, 그들과 함께 있는 마을의 제사장들과 레위 사람들에게 우리와 합류하라는 전갈을 보냅시다. ³ 우리의 하나님 언약궤를 우리에게 가져오자고, 왜냐면 사울의 통치 기간엔 우리가 하나님께 의뢰하지 않았기 때문입니다.' ⁴ 전체 모임이 이에 동의하니 모든 백성들에게 이가 바르게 보여서다.

⁵ 그래서 다윗이 온 이스라엘을 애굽의 시홀Shihor(나일 지류의 하나) 강부터 레보 하마스까지 소집, 키리앗 예아림에 있는 하나님 궤를 가져 오려 했다. ⁶ 다윗과 온 이스라엘이 발라Baalah¹ ^[참고 1]로 가서 유다에 속한 키리앗-예아림에서 하나님께서 그분 이름the Name을 품은 그 궤 위의 지품 천사the cherubim 사이에 임하시는 언약궤를 가져오려 했다. ⁷ 그들이 그 궤를 아비나답 집에서 새 손수레 위에 옮겨 웃자와 아히오가 호위했다. ⁸ 다윗과 온 이스라엘이 하나님 앞에서 기뻐 춤추며 하프, 류트, 탬버린, 심벌즈, 트

I [참고 1]
　발라Baalah는 키리앗 예아림의 가나안 명칭이며 키리앗 발Kiriath Baal이라고도 한다. (수18:14)

럼펫과 노래 소리를 크게 했다. ⁹ 그들이 키돈Kidon의 타작마당에 왔을 때 암소들이 비틀거려 그 궤를 안정시키려 웃자가 손을 댔다. ¹⁰ 하나님 분노가 웃자에게 향해 그를 죽이니 손을 궤에 얹었기 때문이다.[참고 2] 그가 그렇게 하나님 앞에서 죽었다. ¹¹ 다윗이 크게 놀랐으니 하나님 분노가 웃자에게 돌발하셔서 이날까지 거길 페레즈 웃자라 부른다.

¹² 다윗이 그날 하나님께 두려워 '어떻게 내가 하나님 궤를 가져올 수 있겠는가?' 했다. ¹³ 그가 다윗 시에 그 궤를 가져오지 못했다. 대신에 기타이트의 오벳 에돔의 집에 이를 모셔 두었다. ¹⁴ 하나님 궤가 오벳 에돔 집에 석 달간 있는데 하나님께서 그의 전 가족과 그가 하는 모든 것을 축복하셨다.

역대상 14장

대상14:1 타이어의 히람 왕이 다윗에게 사절들을 보내면서 그를 위한 집을 지으라고 삼나무 목재들, 석공들, 목수들을 같이 보냈다. ² 다윗이 그때 하나님께서 그의 백성 이스라엘을 위해, 그를 왕으로 세우시고 왕권을 강화하신 것임을 알았다.

³ 다윗이 예루살렘에서 더 많은 아내들과 결혼해 많은 아들들과 딸들이 태어났다. ⁴ 예루살렘에서 태어난 이들의 이름: 샴무아, 쇼밥, 나탄, 솔로몬, ⁵ 입할, 엘리슈아, 엘펠레, ⁶ 노가, 네펙, 야피

II [참고 2]
    삼상 6-7장의 반복 기사. 하나님 언약궤는 레위 인들의 어깨에 막대를 걸어 운반해야 함. 웃자와 아히오가 레위 인이 아니라 한다. (NIV.)

아, ⁷ 엘리샤마, 베엘리아다, 엘리펠렛.

⁸ 필리스틴이 전체 이스라엘을 다스릴 왕으로 다윗이 기름부음을 받은 소식을 듣자 그들이 전 군대로 그를 찾아 올라온다기에, 다윗이 이를 듣고 그들과 맞서려고 나갔다. ⁹ 필리스틴 군이 와서 르파임 계곡을 공격할 때 ¹⁰ 다윗이 하나님께 의뢰하길 '만일 필리스틴 군을 내가 공격하면 그들을 당신께서 나의 손에 넘기십니까?' 하나님께서 답하길 '가라, 내가 그들을 너의 손에 넘기겠다.' ¹¹ 그가 가서 그들을 공격하고 발 페라짐에서 패배시켰다. 그가 말하길 '**하나님께서 나의 적들을 내 손에 넘기시어 마치 강둑이 물에 부서지듯이 해주셨다.**' 그것이 발 페라짐이라 부른 이름의 유래다. ¹² 필리스틴 사람들이 그들의 신들을 거기에 버려서 다윗이 명령해 이를 불태웠다.

¹³ 필리스틴이 그 계곡의 또 다른 곳을 공격했다. ¹⁴ 그래서 다윗이 다시 하나님께 의뢰하니 그분께서 말하길 '**아니다, 그들 뒤쪽에서 네가 공격해야만 한다, 그들과 만나지 않고 우회하여 그들 뒤로 가서 포플러나무와 마주서도록 해라. ¹⁵ 네가 나무 꼭대기에서 부스럭대는 소리가 들리자마자, 그때 즉시 전투를 해라, 왜냐면 하나님께서 필리스틴 군을 패하려고 너희 앞에서 가실 것이기 때문이다.**' ¹⁶ 다윗이 하나님께서 명하신 대로 해서 필리스틴 군대가 기브온과 게젤까지 가는 모든 길로 도망쳤다. ¹⁷ 다윗의 명성이 온 땅을 통해 퍼져 모든 나라들이 그를 두려워하게끔 하나님께서 영향을 끼치셨다.

역대상 15장

대상15:1 다윗이 다윗 시에 그 자신을 위한 건물들을 지은 후에 하나님의 궤를 위한 장막을 칠 장소를 준비했다. ² 그가 오직 레위 지파만이 하나님 언약궤를 운반하게 공포하니 이는 하나님께서 그들에게 영원히 이를 운반하고 그분을 섬기라고 택하셨기 때문이라 했다. ³ 다윗이 온 이스라엘을 예루살렘에 하나님 궤를 준비해 둔 장소에 모시자고 소집했다. ⁴ 그가 아론과 레위의 후손들을 모았다. ⁵ 코하스의 후손들, 친족 120명의 지도자 우리엘, ⁶ 메라리의 후손들, 친족 120명의 지도자 아사이야, ⁷ 게르손의 후손들, 친족 130명의 지도자 요엘, ⁸ 엘리자판의 후손들, 친족 200명의 지도자 쉐마이야, ⁹ 헤브론의 후손들, 친족 80명의 지도자 엘리엘, ¹⁰ 웃지엘의 후손들, 친족 112명의 지도자 아미나답.

¹¹ 다윗이 제사장 자독과 아비아달을 레위 인들인 우리엘, 아사이야, 요엘, 쉐마이야, 엘리엘, 아미나답과 같이 소환해서 ¹² 그들에게 말하길 **'너희가 레위 지파 가문의 수장들이다, 너희 자신들, 너희와 너희 가족들을 신성하게 하라, 이스라엘 신 하나님의 궤를 위하여 내가 준비한 장소까지 운반해라. ¹³ 이는 우리의 신 하나님께서 우리에게 화를 내신 것이 처음이 아니시기 때문이다. 왜냐면 우리가 꼭 해야만 하는 그분의 안내를 구하지 않았기 때문이다.'** ¹⁴ 그때 제사장들과 레위 인들이 이스라엘 하나님 궤를 가져오고자 자신들을 거룩하게 하고 ¹⁵ 하나님 궤를 레위 인 그들의 어깨에 막대로 메어 운반했으니 이는 모세가 하나님께 지시받은 그대로였다.

¹⁶ 다윗이 레위 수장들에게, 그들 인척 중에 하프lutes, 칠현금lyres, 심벌즈cymbals로써 기쁜 음악을 연주할 악사들을 배치하라고 명했다. ¹⁷ 레위 인들이 그 친척 중에 요엘의 아들 하만과

베레키야의 아들 아삽, 메라리의 친척에서 쿠샤이야의 아들 에탄, ¹⁸ 그들과 같이 두 번째 등급의 친척들로 즈카리야, 야아지엘, 쉐미라모스, 예히엘, 운니, 엘리압, 브나이야, 마아세이야, 맛티야, 엘리펠레후, 미크네이야, 그리고 문지기 오벳에돔과 예이엘을 임명했다. ¹⁹ 그들이 악사들인 헤만, 아삽, 에탄을 청동 타악기bronze cymbals, 연주자로, ²⁰ 즈카리야, 야지엘, 쉐미라모스, 예히엘, 운니, 엘리압, 마아세이야, 브나이야를 하프 연주자로, ²¹ 마티티야, 엘리펠레후, 미크네이야, 오벧에돔, 예이엘, 아자리야를 칠현금 연주자로 임명했다. ²² 레위 인 장교 케나이야가 특출한 책임인 성가 선창자를 맡았다.

²³ 메레키야와 엘카나는 그 궤의 문지기들, ²⁴ 사제들이 쉐바니아, 요샤팟, 네타넬, 아마사이, 즈카리야, 브나이야, 엘리에젤은 하나님 궤 앞에서 나팔trumpets을 불었고, 오벳에돔과 예히야 또한 그 궤의 문지기였다.

²⁵ 그때 다윗과 이스라엘 장로들과 천부장의 대장들이 기쁨으로 오벳 에돔의 집에서 하나님 언약궤를 가져오려고 올라갔다. ²⁶ 왜냐면 하나님께서 하나님 언약궤를 운반하는 레위 인들을 도우셨기 때문이니 이들이 일곱 마리 황소와 일곱 마리 숫양들을 희생했기 때문이다.

²⁷ 다윗과 그 궤를 운반하는 모든 레위 인들, 음악가들, 성가 선창자 케나이야가 좋은 베옷으로 성장했다. 다윗이 베로 만든 제의를 입었다. ²⁸ 온 이스라엘이 하나님 언약궤를 환호 소리와 뿔고동과 나팔들을 불고, 타악기들, 하프, 칠현금을 치며 호위했다.

²⁹ 하나님 언약궤가 다윗 시에 들어오는데 사울의 딸 미갈이 창문에서 내려다보며 다윗 왕이 기쁨으로 춤추는 것을 마음속으로 경멸했다.

역대상 16장

⁽ᴰᵃᵉˢᵃⁿᵍ ¹⁷:¹⁾ 그들이 하나님 궤를 가져온 후에 다윗이 이를 위해 세운 장막 안에 모셔 놓고, 그 앞에서 전 제물과 나눔 제물을 바쳤다. ² 이러한 희생 제물들을 바친 후에 다윗이 하나님 이름으로 백성들을 축복하고 ³ 음식을 분배하여 빵과 고기 한 덩이, 건포도 케이크를 이스라엘의 남자와 여자에게 모두 주었다. ⁴ 그가 몇몇 레위 인들을, 하나님 궤 앞에서 축복하고 감사드리고 이스라엘의 신 하나님을 찬양하게 임명했다. ⁵ 그들의 지도자가 아삽, 다음이 즈카리야, 다음에 야아지엘, 쉐미라모스, 예히엘Jehiel, 마티티야, 엘리압, 브나이야, 오벳에돔, 예이엘Jeiel이 하프와 칠현금 주자들, 아삽은 타악기를 소리 냈고 ⁶ 브나이야와 야하지엘은 사제들인데 하나님 언약궤 앞에서 정기적으로 나팔을 불었다.

감사의 노래

⁷ 다윗이 하나님께 아삽과 그 친척들이 연주하는 첫 감사 찬양을 그때 올린다.

⁸ *하나님께 감사를, 그분의 이름을 불러서*
그분의 행동을 백성들 사이에 알리도록.

⁹ 노래와 시로 그분께 영예를 그분의 모든 놀라우신 행적들의 말들로서.
¹⁰ 그분의 거룩하신 이름 안에서 기뻐하라,
하나님께 도움을 찾는 자들은 마음속으로 기뻐한다.
¹¹ 하나님을 바라보면 강해지니 항상 그분의 현재하심을 찾도록.
¹² 그분께서 하신 놀라운 일들을 기억하라,
그분께서 주셨던 전조portents와 심판judgements들을.
¹³ 너희가 이스라엘의 후손들, 그분의 종들,
너희가 야곱의 자녀들, 그분의 선택받은 자들!

¹⁴ 그분께서 우리의 신 하나님, 그분의 심판이 전 세계에 걸친다.
¹⁵ 그분께서 그의 언약을 항상 마음 가득 두시어
그분께서 규정한 그 약속을 천 세대 동안을 위하니,
¹⁶ 아브라함과 맺으신 그 서약은 그분의 맹서를 이삭에게 주셨고,
¹⁷ 야곱을 위한 신의 법칙으로 이스라엘을 위한 영원한 계약으로 확약하시다.
¹⁸ 그분께서 말하길
'내가 가나안 땅을 너희에게 주리니,'
'너희가 가질 배당대로다.'

¹⁹ 이는 적은 무리에다 수도 적고 그 땅에선 나그네들로서
²⁰ 이 나라에서 저 나라로 한 왕국에서 다른 나라로 방황하리니,
²¹ 그러나 그분께서 그들을 누구도 압박치 못하게 하시고,

그들의 책임을 진 그분께선 왕들을 질책하신다.
22 '내가 기름 부은 종들을 건드리지 말라,'
그분께서 말하길 '내 예언자들을 해치지 말라.'

23 하나님을 찬양하라, 지구의 모든 이들아, 날마다 그분의 승리를 선언하라.
24 그분의 영광을 나라들 사이에 그분의 놀라운 행적을 만백성에게 선언하라.
25 하나님은 위대하시니 찬양의 최고 가치를,
그분께선 모든 신들보다 훨씬 두려운 분이다.
26 왜냐면 그 나라들의 신들이란 모두 하나같이 우상들이어서다.
그러나 하나님께서 그 하늘들을 지으셨다.
27 장엄과 광휘로 그분께 시중드니 위대한 기쁨이 그분 계신 속에 거한다.

28 하나님을 기술하라, 너희 나라들의 가족들이여,
하나님 영광과 위대함을 기술하라.
29 하나님 이름에 맞게끔 그분 영광을 기술하라
제물 하나를 가지고 그분 앞으로 나오라.
하나님께 거룩한 성장을 하고 경배하라.
30 그분 앞에서 떨어라, 지구의 모두여.
그분께서 지구를 확고하게 지으셨다.
31 하늘들이여 기뻐하라, 땅들아 기뻐하라,

그것을 그 나라들 사이에서 말하게 하라, '하나님께서 왕이시다!'
³² 바다여 노호하라, 그 안의 모든 것들로서,
들판이여 기뻐하라, 그 안의 모든 것들로서.
³³ 숲의 나무들이여 기쁨을 외쳐라, 하나님 앞에서,
그분께서 지구를 심판하러 오실 때.

³⁴ 그 하나님께 감사드림이 선하니,
그분의 사랑은 영원하시기 때문이다.
³⁵ 울부짖어라, '우리 구세주 하나님 우리를 구원하소서,
우리를 그 나라들에서 구원하사 안으로 모아 주소서,
그로써 당신의 거룩한 이름에 감사하고
당신 찬양을 우리 자랑으로 삼게 하소서.'

³⁶ 이스라엘의 신 하나님께선 영원에서 영원까지 축복받으시리라.

이에 모든 백성들이, **'아멘, 하나님께 찬양을'**이라 외쳤다.
³⁷ 다윗이 하나님의 언약궤 앞에 아삽과 그 친척들을 남기고 떠났으니 그 궤 앞에서 매일의 의무대로 정규봉사를 행하라 요구하고서다. ³⁸ 문지기로서 예두툰의 아들 오벳 에돔과 호사를 남겼다. 오벳 에돔과 그 친척들이 68명이었다. ³⁹ 자독 제사장과 친척들을 기브온의 신전에 하나님 장막을 남겼는데 ⁴⁰ 거기서 하나님께 전제물의 제단을 아침과 저녁에 정규로 올리되 하나님께서 이스라엘

에 주신 그 율법에 쓴 그대로 정확히 하라고 했다. ⁴¹ 그들과 더불어 그가 헤만과 예두둔, 그리고 이름대로 뽑힌 다른 사람들을 하나님께 감사를 드리도록 남겼으니 **'그분의 사랑을 영원히 지키기 위해서'**다. ⁴² 그들이 연주자들을 위하여 나팔들, 타악기들을 준비했고 그 악기들은 거룩한 노래를 위해 사용했다. 예두둔의 아들들이 그 문을 지켰다.

⁴³ 그래서 모든 백성들이 집으로 가고 다윗이 돌아와 가족들과 인사했다.

생각할 점

대상 13-16장은 사무엘서에 나온 다윗의 일대기 중에서 주요 부분을 발췌해서, 이를 후대에 새로이 알리고자 역대 상 사가들이 재편집하듯 썼다고 볼 수 있다. 다윗의 위업에 대한 정리를 명확히 해서 후세에 남긴 기록이다.

선민들이 하나님과 다윗의 관계를 바르게 알아야만 하나님을 바로 믿고 바로 섬기고 살아야 한다는 목표다.

당시의 다윗에 충성했던 선민들 명단인데 하나님 예배 의식을 위한 실제 각 분야 임무를 다윗이 부여한 대로다. 다윗이 어렵게 다윗 시로 모신 하나님 언약궤를 위한 하나님 모시는 모세 율법 규례대로 행하게 지시한다.

대상 13장

삼하6:1-11의 반복 기사임을 알 수 있다.

하나님께서 다윗의 깊은 성심을 인정하셨다는 기사다.

하나님 언약궤에 감히 손을 댄 웃자의 죽음은 다윗과 선민들에게 하나님 외경심을 깨닫게 해주신 기록이다.

이를 위해선 이보다 이전의 기록인 삼상(4-7장)을 알아야 한다. 왜냐면 하나님 언약궤가 필리스틴 적에게 빼앗겨 7개월을 그 이방 땅에 머문 일이 있어서다. 그때 그들 이방의 신전 신상들이 부서져서 이를 옮기는 마을마다 변고가 생겨 사람들까지 죽어갔다. 고로 그들이 하나님 언약궤가 너무나 겁나서 다시 돌려보내기로 결정한다.

금으로 만든 쥐와 속건 제물을 암소 두 마리가 끄는 수레에 실려 이스라엘로 그들이 돌려보낸다. (삼상6:1-12)

그 우마차가 절로 이스라엘 접경지인 벳세메스로 들어간다. 그런데 거기서도 사건이 생겨 선민들이 다시 키리앗 예아림으로 언약궤를 옮겨 20년을 지낸다고 한다. (삼상7:1-2)

웃자 사건은 제아무리 훌륭해도 사람 생각대로 하나님을 섬긴다는 생각은 하지 말라는 경고시다.

그 이유를 생각해 볼 수 있다.

하나님 언약궤와 이를 모신 장막 집을 옮기는 일을 어쩌자고 다윗이 혼자 결정했는가.

그토록 그 시각에 언약궤를 모심이 시급한 일이었는가.

어찌하여 그가 하나님께 직접 이에 관해 의논 올리지 아니했는가. 동시에 어찌하여 레위 사제들이 이에 관한 일을 다윗에게 충고하지 아니했는가.

하나님께서는 다윗이 사울에게 피신 다닐 때나 어디서나 그가 다급히 하나님께 기도하고 찾으면 항상 응답해 주셨기 때문이다.
 어찌하여 하나님 언약궤를 이방인들에게 빼앗겼는가를 다윗이나 선민들이 고려하지 않은 셈이다. 하나님 언약궤가 키리앗 예아림에 그때껏 머무는가 생각지 않은 듯하다.
 하나님께선 당신이 사랑하신 다윗조차 이처럼 엄히 가르치신 사실을 볼 수 있다. 다윗, 선민들, 사제들, 오늘의 우리까지 깨닫게 해주신다.

대상 14장

대상 14장은 **삼하5:11-25**의 반복이다. (참조. 삼하 3-5)
 삼하의 기록을 순서를 바꾸어 대상 13장과 14장으로, 역대서 기자가 편집했다. 삼상과 삼하의 기록 중에서 주제를 뽑아 다루되 순서를 달리한 이유를 찾아야 한다. 그리해야 하나님 역사 관점을 바르게 길러주려는 역대서 사가들의 깊은 숙고와 배려를 알 수 있다고 본다.
 역대서 사가들이 필리스틴 전투에서 다윗 군대가 이긴 사실은 하나님께서 하신 일이라고 중점을 둔다.
 그런 승리가 하나님에 의한, 선민들을 위한 하나님의 전투라고 강조한다.
 이런 초점에서 다윗이 **'하나님께 먼저 문의를 올렸음'**을 그들이 강조하고자 순서를 바꾸어 기록한 듯하다.

대상 15장

삼하6:12-19, 6:20-23의 반복이다.
역대서 사관들이 사무엘하서의 기사를 기술하되 요약했다.
대상15:12-13절로써 알 수 있다.
이는 삼하 기록에는 없는 구절이다.
이로써 우리는 선민 사관들이 자신들 역사를 보는 안목을 배울 수 있다. 하나님 관점을 항상 그들이 우선해서인데 다음처럼 우리도 이 사건을 나름대로 생각해 볼 수 있다.

첫째, 다윗이 웃자의 그런 죽음 이후에 하나님께 그가 깊이 그의 죽음에 잘못을 깨달았을 수 있다. 왜냐면 그 일에서 하나님 영광보단 다윗 시가 이스라엘 중심이란 존재감을 내세우려 했을 수 있어서다.

둘째, 하나님 언약궤를 자신의 도시에 모신다는 다윗의 자만에 속할 수 있으니 언약궤 자체가 하나님과 선민들의 언약을 의미해서다.

셋째, 하나님 언약궤가 하나님 약속 자체임을 다윗이 고려하지 않았을 수 있다. 왜냐면 바로 그 순간에 다윗조차 하나님 언약궤를 거룩하게 신성시만 했을 수 있어서다.

그리하여 하나님께서 노하시어 웃자를 치셨다. 웃자도 하나님 언약궤를 하나님 상징물로만 보아서 수레가 흔들려 떨어질까 감히 손을 댔다.

웃자 자신도 그 하나님의 언약궤가 20년 전에 그 자신의 집안에 어떻게 모시게 되었는가를 전혀 생각하지 않고 살았다는 증거를 이로써 나타낸다.

하나님에 관해선 그 무슨 일이든 사람 생각대로 해선 아니 된다는 본보기가 이 사건이다. 이는 다윗만 아니라 온 선민들도 현재의 기독자들도 계속 깊이 고려할 사인이다.

이로써 하나님을 바로 뵐 수 있게 역대서 사가들이 우리를 돕는다.

하나님 믿음이란 명목 아래 일개인이든 공동체든 자만이 틈타선 절대 용납이 아니 된다는 믿음의 기본이다. 우리는 오직 악의 유혹에서 구해주시기를 주님의 이름으로 하나님 아버지께 기도하며 매사에 분별하며 살아야 한다.

다윗에겐 하나님의 영성을 사무치게 깨닫는 사건이었으리라. 그런 다음에야 시간이 흐르자 다윗이 겸손히 레위 제사장들과 의논해서 모세의 가르침들을 다시 새겨 이를 수행해서 알 수 있다. 당시는 정교일치 시대였으니 정치하는 다윗 왕 자신이 할 일과 레위 사제들이 하나님께 행할 일이 달랐음을 역대서 사가들이 이처럼 보여준다.

다윗이 그간에 고생이 심했다. 사울 왕과 다른 이스라엘 열 지파 선민들에게 십여 년간이나 생명의 위협과 압박을 받았다. 헤브론에서 7년 반을 유다 지파의 왕 노릇만 했다. 마침내 열두 지파가 모두 그에게 와서 온전한 이스라엘 열두 지파의 왕이 되었다.

그가 왕으로서도 심히 감개하지 않았겠는가.

우리는 다윗을 충분히 이해할 수 있다.

대상 16장

대상 16장 후반에 나온 다윗의 하나님 찬양은 삼하 22장의 승전가(시편18)를 떠올리게 한다. 이는 다윗 생애의 마지막이 가까운 장에 나온다. 이를 모두 참조하기를. (삼하22-24 참조요. NIV. 성서주해는 대상16:8-22, 23-33, 34-36을, 시편105:1-15, 96:1-13, 106:1, 47-48과 비교)

구약역사 44 역대상서 17-20장

역대상 17장 '다윗의 신전 건축 계획'

^{대상17:1} 일단 다윗이 궁전을 짓자 예언자 나단에게 말하길 '나는 여기 삼목으로 지은 집에 사는데 하나님 언약궤는 장막에 있구나.' ² 나단이 답하길 '당신 마음속에 있는 대로 행하십시오, 하나님께선 당신과 함께하시니까요.' ³ 그러나 같은 날 밤 하나님 말씀이 나단에게 왔다. ⁴ '가서 나의 종 다윗에게 말해라, 하나님 말씀은 이거다. 내가 머물 집을 지을 사람은 네가 아니다. ⁵ 내가 애급에서 이스라엘을 데려온 이후 이날까지 한 집에 머물지 않았다. 내가 한 장막의 막사에 살았다. ⁶ 내가 이스라엘과 여행하는 어디서나 내 백성의 양치기들을 지명하고 항상 그 사사들의 요청이 무엇이든 간에 행했는데 어째서 그들이 내게 삼목 집을 지어주지 않았겠냐?'

⁷ '그러니 나의 이런 말을 나의 종 다윗에게 해라. 만군의 하나님 말씀이다. 내가 너를, 내 백성 이스라엘을 다스릴 왕자로 그 양들을 치던 그 초원에서 택했다. ⁸ 네가 어디를 가든 내가 너와 있어 너의 길에 있는 모든 적들을 멸했다. 내가 지구상의 위대한 자들의 명성과 같은 명성을 너에게 주리라. ⁹ 내 백성 이스라엘을 위한 한 장소를 주리라. 거기가 그들 자신의 땅이 되어 그들이 살도록 내가 세우리라.^{I [참고 1]} 그들이 더는 침해받지 않으리라. 다시는 그들을 마멸시

I [참고 1]
삼하 7장과 같다.

킨 그 사악함이 절대 없으리라, ¹⁰ 이는 과거에 내 백성 이스라엘을 다스리게 사사들을 임명했던 그날부터다. 내가 너희 모든 적들을 정복하리라.' ⁿ [참고 2]

'그래서 내가 너를 위대하게 할 것이고 너의 왕궁을 짓게 하리라. ¹¹ 너의 생명이 다해 네 조상들에게 돌아갈 땐 내가 너의 가족에서 하나를 세우리니 너 자신의 아들들 하나가 너를 잇게 해서 내가 항상 그의 왕국을 세우리라. ¹² 내게 집을 지을 자가 바로 그이니 내가 그의 보좌를 항상 세우리라. ¹³ 내가 그에게 아버지가 되며, 그가 내 아들이 되리라. 내 결코 그에게서 내 사랑을 너의 선대들에게서 철수했듯이 철수하지 않으리라. ¹⁴ 내가 그에게 나의 집과 왕국에서 항상 확실한 장소를 주리니, 그의 왕좌가 영원히 굳건하리라.'

¹⁵ 나단이 다윗에게 그가 들은 모든 것과 계시하신 모든 것을 자세히 말했다. ¹⁶ 그래서 다윗 왕이 하나님 면전에 들어가 그의 자리를 잡고 말하길 '**하나님이시여, 나는 누구이고 내 가족이 무엇이기에, 당신께서 그렇게까지 데려오십니까?** ¹⁷ 하나님, 지나간 긴 날들에 당신 종의 집을 위하여 계획하신 것과 지금 당신께서 벌써 고위직에 오른 남자로 보시니 하나님이시여, 당신 시야에서 이는 작은 일입니다.' ¹⁸ 당신께서 당신의 종을 영예롭게 해주심에 무엇을 더 말할 수 있습니까? 당신께선 당신 스스로 당신 종을 아십니다. ¹⁹ 당신 종을 위하여 하나님, 당신의 목적을 위하여, 당신께선 이 위대한 일을 행하셨고 다가올 위대한 모든 것들을 보여주셨습니다.'

Ⅱ [참고 2]
    삼하 7장과 같으며 선민들 역사의 반복임을 알 수 있다.

²⁰ '하나님, 당신과 같은 분은 아무도 계시지 않습니다. 오직 당신 이외엔 신이 없으니, 우리가 들은 모든 것을 증언할 수 있습니다. ²¹ 그리고 당신 백성 이스라엘을, 누구와 비교할 수 있습니까? 지구상에 하나님 당신께서 노예 신분에서 해방하여, 당신 백성으로 세우신 어떤 나라가 있습니까? 당신께선, 애급에서 대속하신 당신 백성을 위한 길을 내고자, 나라들을 몰아내는 위대하고 두려운 일들의 명성으로 승리했습니다. ²² 당신께선 당신 백성 이스라엘을 영원히 당신 자신 것으로 하시어, 하나님, 당신이 그들의 신이 되셨습니다.'

²³ '그러니 지금, 하나님, 당신 종과 그의 가문에 하신 당신 약속을 항상 굳게 지켜주십시오, 당신께서 약속하신 대로 선을 이루게 해주십시오. ²⁴ 이것이 굳게 지켜져, 당신 명성을 영원히 위대하게 해주십시오, 백성들이 말하길 "이스라엘의 신, 만군의 하나님께서 이스라엘의 신이십니다." 그리고 당신의 종 다윗 가문이 영원히 당신 앞에 세워지게 해주십시오. ²⁵ 나의 신, 당신께서 당신의 목적을 보이셨으니, 당신 종의 가문을 세우시는 겁니다. 그러므로 나는 당신 앞에서 기도할 수 있습니다. ²⁶ 하나님, 당신은 신이신데, 당신께선 당신 종에게 이러한 고귀한 약속을 하셨습니다. ²⁷ 지금 당신 종의 가문을 축복하심에 축복받으시기 바랍니다, 그래서 이러한 축복이 항상 당신 앞에서 지속할 겁니다, 당신께서 이를 축복하신 분이니 영원히 축복받으십시오.'

역대상 18장 '다윗의 전투들'

대상18:1 이후에 다윗이 필리스틴 인들을 공격하고 정복해서 갯

Gath을 그 마을들과 같이 차지했다. ² 그가 모압 인들을 패배시켜 그에게 복종시켜 공물을 바치게 했다. ³ 그가 또한 조바 하마스의 하다데졸 왕을 패배시켰는데 유프라테스 강 곁에 자신의 승전비를 세우러 가던 길에서다. ⁴ 그에게서 다윗이 1,000대의 전차들, 7,000의 기병들, 20,000명의 보병을 사로잡았다. 그가 100마리만을 남겨두고 마차를 끄는 모든 말들의 뒷다리 힘줄을 끊어 절름발이로 만들었다. ⁵ 다마스쿠스의 아람 인들이 조바 하마스의 하다데졸 왕을 도우러 왔을 때 다윗이 그들 22,000명을 죽이고 ⁶ 이들 아람 인들 사이에 유격대를 주둔케 했다. 그들을 복종시켜 공물을 바치게 했다. 이처럼 하나님께서 다윗에게 그가 어디로 가든 승리를 주셨다. ⁷ 다윗이 하다데졸의 종들이 지녔던 황금방패들을 취해 예루살렘으로 가져왔다. ⁸ 그가 또한 하다데졸의 도시인 팁하스와 쿤에서 막대한 양의 청동을 가져와 솔로몬이 청동대야, 기둥들, 청동 집기를 만들게 했다.

⁹ 하마스의 투Tou 왕은 다윗이 조바의 하다데졸 왕의 전 군대 섬멸 소식을 듣자 ¹⁰ 그의 아들 하도람을 다윗 왕에게 보내 그 전쟁의 승리 축하 인사를 했는데, 하다데졸이 투Tou와 전쟁을 했었기 때문이다. 하도람이 금과 은과 청동 집기들을 가져왔다. ¹¹ 이들을 다윗 왕이 하나님께 바쳤다. 그 금, 은들과 다윗이 에돔, 모압, 암몬, 필리스틴, 아말렉 인들 모든 국가에서 가져온 것까지 바쳤다.

¹² 제루이야의 아들 아비새가 소금 골짜기에서 에돔 인들 18,000명을 죽였다. ¹³ 그가 유격대를 전부 에돔에 주둔시켜, 모든 에돔 인들이 다윗에게 복종하게 했다. 하나님께서 다윗이 가는 어디든

지 승리를 주셨다.

¹⁴ 다윗이 이스라엘 전체를 다스렸는데 모든 백성들 사이에선 율법과 정의가 유지되었다. ¹⁵ 제루이야의 아들 요압이 군대 사령관이었다. 아히툽의 아들 예호사팟은 국무장관이었다. ¹⁶ 자독과 아히멜렉의 아들 아비아탈, 아히툽의 아들은 사제들이었다. 샤브샤는 고급 부관이었다. ¹⁷ 예호야다의 아들 브나이야가 케레티트 족과 펠레티트 족 호위병들을 지휘했다. 다윗의 가장 나이 든 아들들이 왕의 측근이었다.

역대상 19장

¹ 그로부터 얼마 후에 암몬 족의 왕 나하시가 죽어서 그의 아들이 승계했다. ² 다윗이 말하길 '내가 나하시의 아들 하눈에게 그의 부친이 내게 보인 것과 같은 충성스런 우정을 지켜야겠다,' 하며 그 부친 죽음에 조의를 표하는 사절들을 보냈다.

다윗의 사절들이 하눈에게 조의를 표하러 암몬 족 나라에 들어갔을 때 ³ 암몬 족 왕자들이 하눈에게 말하길 '너는, 다윗이 너의 부친을 영예롭게 하려고 네게 조문 사절들을 보냈다고 생각하느냐? 이 사절들은 어떻게 이 나라를 쳐부술까 알아보라고, 그가 보낸 스파이들이다.' ⁴ 그래서 하눈이 다윗 부하들을 잡아다 수염을 깎고 그들 옷 절반을 엉덩이 위까지 잘라버리고 쫓아냈다. ⁵ 그들이 대접받은 방식을 들은 다윗이 그들 만나기를 명하니, 그들이 대단히 수치스러워해서다. 그가 그들에게 여리고에서 기다리되 수염이 다 자라기까지 돌아오지 말라 했다.

⁶ 암몬 인들이 다윗에게 무례를 저지른 걸 깨닫자, 하눈과 암몬 인들이 은 1,000달렌트로 아람 나하림, 마아카, 아람 조바에서 마차와 기병들을 고용하러 보냈다. ⁷ 그들이 마아카의 왕과 백성들, 마차 32,000대를 고용해서 메데바에 진을 치는 한편, 암몬 족들이 그들 도시에서 전쟁하러 소집해 왔다. ⁸ 이를 다윗에게 보고하자, 그가 요압을 그의 모든 군사들과 나가게 했다. ⁹ 암몬 족들이 와서 그 도시 입구에 위치를 잡는 한편에 그와 연대한 왕들은 너른 들판에 자리 잡았다. ¹⁰ 요압이 이를 보니, 그가 앞과 뒤 양쪽에서 위협받기에, 그가 얼마의 이스라엘 군사를 뽑아서 머물게 하며 아람 인들과 마주서게 배치했다. ¹¹ 그가, 군대의 나머지를 그의 동생 아비새 휘하에 두었는데 암몬 인들과 마주보는 위치에 자리 잡고 있었다. ¹² **'만일 아람 인들이 내게 너무 강한 게 판명나면,'** 그가 말하길 **'네가 나를 구하러 와야 한다. 그리고 만일 암몬 인들이 네가 상대하기에 너무 강한 게 판명나면 내가 너희에게 갈 거다. ¹³ 용감하자! 우리 백성들을 위하여, 우리 신God의 도시들을 위하여, 우리가 용감히 싸우자. 하나님의 뜻이 이루어지시기를.'**

¹⁴ 요압과 그의 부하들이 아람 인들과 치열한 교전으로 그들을 패주시켰다. ¹⁵ 암몬 인들이 도주하는 아람 인들을 보자 그들이 요압의 동생 아비새 앞에서 도망쳐 도시 안으로 철수했다.

¹⁶ 아람 인들이 그들이 이스라엘에게 추적당한 걸 보자, 다른 아람 인들을 소환하고자 사신들을 유프라테스의 대 군단 하다데졸 군 사령관 쇼파크에게 보냈다. ¹⁷ 다윗이 그들의 이동을 보고받자 즉시 이스라엘 전 군대를 소집해 요단을 건너 그들을 향해 진군

해 전투 위치를 잡았다. 아람 인들도 마찬가지로 다윗과 마주해 자리 잡고 그와 싸웠으나 ¹⁸ 이스라엘 군에게 쫓기게 되었다. 다윗이 군 사령관 쇼파크를 죽이며 7,000의 마차병과 40,000명의 아람인 기병들을 죽였다. ¹⁹ 하다데졸 부하들인 그들이 이스라엘에게 최악에 놓인 것을 보았을 때 다윗에게 평화를 간청하고 항복했다. 아람 인들이 다신 암몬 인을 도우려 하지 않았다.

역대상 20장

¹ 해가 다시 바뀌어 왕들이 전쟁에 나갔을 때 요압이 군대를 이끌고 나가서 암몬을 공격하는 동안 다윗은 예루살렘에 머물렀다. 요압이 라바Rabbah에 와서 이를 포위하고 좁혀 들어가, 그 바닥까지 휩쓸었다. ² 다윗이 밀콤의 머리에 있는 왕관을 가졌으니, 금 1달렌트 무게에 귀한 보석들로 장식한 걸 발견해 자신의 머리에 놓았다. 그가 또한 그 도시에서 막대한 양의 전리품을 벗겨왔다. ³ 그가 거주민들을 데려와서 톱을 쓰는 일과 다른 철 무기들을 다루는 일에 배치했다. 다윗이 이를 모든 암몬 족 마을들에서 행했다. 다음에 그와 모든 군대가 예루살렘으로 돌아갔다.

⁴ 얼마가 지난 후에 게젤에서 필리스틴 인들과 싸웠다. 이때 후샤티트Hushathites 족 시베카이Siebbekai가 시파이Sippai를 죽였는데, 르파이트Rephaites^{III} ^[참고 3] 족이라서 필리스틴 인들이

III [참고 3]
  역대상20:4-8에 기록한 르파임(REB.)은 Rephathite(NIV.) 족이다. 우리 성서엔 이들 종족이 나오지 않는다.
  창세기14:5에는 여러 고대 거인 족들 명칭이 나온다.

항복했다. ⁵ 필리스틴 인들과 싸운 또 다른 전투는 야이어의 아들 엘하난이 갯의 골리앗 형제 라미를 죽였는데, 그의 창은 베틀의 도투마리 같은 축을 가졌다. ⁶ 아직 갯에서 또 다른 전투에는 양 손가락과 양 발가락이 여섯씩, 모두 스물넷을 가진 거인이 있었다. 그도 르파이트 족 후손이었다. ⁷ 그가 이스라엘을 경멸할 때 다윗의 형제 쉬메아의 아들 요나단이 죽였다. ⁸ 이런 거인들이 갯에 있는 르파이트 족 후손들로 그들 모두 다윗과 그의 부하들 손에 쓰러졌다.

생각할 점

역대상 17장부터 20장은 사무엘하의 7장부터 12장과 겹친다. 역대상서를 쓴 사관들이 사무엘하서의 주요 부분을 발췌 요약해 새로 정리했다고 볼 수 있다.

이 기록들은 모두가 하나님께서 다윗과 그의 장교들이 용감히 싸우도록 도와주신 놀라운 사건들에 초점을 두었다.

이들이 사무엘하서와는 약간 다른 시선에서 이스라엘 왕국 연대기를 참조해 작성한 기록인 셈이다. 그 당시엔 과거인 사무엘하서에 근거를 두되, 역대기를 쓰던 당시 상황과 맞물리게 선민들을 위해 쓴 것임을 볼 수 있다.

역대상 20장에는 필리스틴 남동부에 거주하던 특이한 거주민에 관해 기술을 하는데 그들의 비정상인 모습에 관해서다.
이런 기록들은 다윗의 수하에 다양하게 모여든 이방 장수들을 포섭하고 기용해서 함께 살았기에 나온 기록임을 알 수 있다.

역대상에는 이스라엘 왕국 설립과 왕권의 확실을 기하기까지의 중요한 과정이 나온다. 이스라엘 국가에서 하나님과 얽힌 여러 주변 이방의 왕국들과 얽힌 사건 기록 중 가장 중대한 내용들이다. 이는 주로 전쟁이니 이스라엘 왕의 국권을 위해 하나님께서 도우신 전쟁기록이다.

선민들이 약속의 땅 가나안에 안착해 왕권을 수립하기까지 하나님께서 선민들과 다윗이 주변의 각종 이방 족속 강국들의 침공들은 선지자를 통해 지시해 물리치게 도와주신다.

선민들이 하나님 중개자 모세(BC 1526-1406년)를 통해 그들의 하나님을 뵙고, 믿고 그분만 섬긴다는 거룩한 약속을 맺은 뒤로 약 500년이 지난 뒤의 기록이다.

그들의 후손들이 하나님께서 세우신 다윗 왕(BC 1010-970년 재위)의 현명한 통치와 선도로 믿음의 생활을 지속한다. 다윗이 선민들 지도자로서 직접 하나님께 문의하는 모범을 보임으로써 하나님 말씀을 듣고 활동했다.

하나님께선 다윗이 조금이라도 엉뚱한 생각이나 불의를 행하면 선지자 나단을 통해 꾸중하고 징벌하셨다. 하나님께선 다윗의 행동과 마음을 헤아리며 지도하셨다.

다윗은 하나님께 의지하며 그분 가르치심대로 선민들 왕으로, 지도자의 참된 길을 걷는 모범을 보인다. 선지자 나단도 하나님의 사람이니 다윗이 존중하고 신뢰했다. 그가 전하는 하나님 말씀대로 다윗이 왕으로서 이행했다.

선민들이 살기 위해선 모세와 아론 같은 사제들의 계층과 나단처럼 하나님의 영이 함께하는 하나님의 사람이 있어야 했다. 그에 더해 다윗도 하나님께서 평생을 함께해주신 믿음과 용맹을 갖춘 정치 지도자로 살았다.

다윗의 기록이 열왕기와 역대기에 반복된다. 다윗에게 생겼던 일들이 선민들만 아니라, 현재의 우리와 미래의 후손들에게도 귀중하다는 증거다.

요즘은 종교보단 정치가 훨씬 폭넓게 일상에 직접 영향을 주는 세상이다. 당시의 선민들 세상은 종교와 정치가 함께했던 세상이다.

하나님께서 선민들에게만 특별히 역사하셨다는 종교가 제왕의 정치보다 우세한 하나님 주관의 세상이었다.

대하 17장 내용이 중대해 보인다.

왜냐면 선지자 나단을 통한 하나님 말씀에서 다윗 가문에서 구세주가 나오게 하신다고 다윗에게 약속해주셔서다. 나단의 전갈을 듣고 난 다윗이 곧바로 하나님께 올리는 감사 기도가 소중하다.

이를 통해 다윗이 성서에 그리 많이 남긴 시편의 많은 찬송들이 하나님을 향한 무한 감사의 표현이자 인류를 위한 감사의 전언임을 볼 수 있다.

다윗은 하나님 왕국이 인류에게 영원히 도래함을 믿고, 후손에서 구세주가 오시리라는 말씀에 한없이 감사하며 지상의 시간들을 보냈으리라.

다음은 대상 17-20장까지 겹치는 내용인 사무엘하서의 부분들이다. 이들을 비교하면 후대의 사가들이 역점과 방점을 찍는 부분을 다음과 같이 참고할 수 있다.

　　대상 17장(삼하7:1-17)
　　대상 18장(삼하8:1-18)
　　대상 19장(삼하10:1-19)
　　대상 20장(창14:5, 신2:10, 삼하21:16, 삼하12:26-36)

이중에 대상 17장의 주요점을 두 가지 살핀다.
1. 대상17:9 전반 *'선민을 위한 예루살렘 땅 건설을 위한 하나님 예고'*
대상 17장은 다윗이 나단에게 하나님 언약궤를 모실 집을 짓겠다니 왕의 뜻대로 하라고 나단이 말한다. 그날 밤 하나님께서 다윗에게 전할 말씀을 나단에게 오시어 해주신다. 이 기록에서 하나님을 신전에 모실 생각을 다윗과 나단도 동시에 했음을 볼 수 있다. 그들 두 사람이 이방 신전들을 보며 같은 생각을 했기에 동감했으리라.
　사람의 생각이고 하나님께는 아님을 알려주신다.
　오늘의 예루살렘 성전을 떠올리면 충분히 알 수 있다.

어쨌건 하나님께선 다윗을 사랑하시어 그가 아닌 다음 대에 이를 짓게 하신다.

대상17:9에서 하나님 말씀이 뜻하신 바가 미래의 암시로 보인다.

이 구절을 쓴 역대서 사관은 바빌론 포수로 살다가 예루살렘에 돌아온 저자들이다. 그 당시에 나라는커녕 예루살렘에 돌아온 일만도 감사할 일이었다. 그리고 파괴된 성전을 보며 성전 재건축을 위한 소망에 불타 이를 기록했으리라.

역대서 사관들이니 잘 알았으리라. 선민들을 위한 믿음의 사제들과 사회 지도층이 선민들과 한 마음으로 하나님께 부르짖으면 항상 하나님께서 도와주셨음을.

그리하여 활기에 차서 소망이 가득한 이런 기록으로 정리하며 썼으리라.

겨우 귀향했으나 힘든 상황인 만큼 선민들에겐 하나님 믿음에서 오는 활력소가 필수였으리라.

그래서 하나님께서 선민들이 영원히 사는 땅인 예루살렘 이라고 기술하게 하셨으리라.

예언서들 중에서 이사야서를 읽었으리라.

이로써 당시 선민들이 위대한 조상 다윗에게 하신 하나님 말씀에 소망을 걸고 예루살렘 복구를 위해 힘썼다.

그들에게 주신 하나님 기업의 땅이기 때문이다.

이는 장차 오실 그리스도 재림의 땅이기도 하다.

이는 요한 계시록 21:2에 새 하늘과 새 예루살렘 성전을 뜻하

기도 하다.

2. 대상17:9 후반-10 '선민들 타락시킨, 악의 척결 위한 하나님 예고'

'그들이 더는 침해받지 않으리라. 내 백성 이스라엘을 통치하게 사사들을 내가 임명했던 날부터 그들을 마멸시킨 그 사악함이 다 신 절대 없으리라, 내가 너희의 모든 적들을 진압하겠다.'

악을 멸하시겠다는 하나님 결심이시다.
요한 계시록의 예고 말씀들과 같은 말씀이다.
구약과 신약이 이어지는 말씀으로 들린다.
하나님 말씀은 믿는 자로 하여금 활동하게 이끄신다.
하나님께서 구세주를 예루살렘에 보내주신다는 예고시다.

3. 대상20:1-8에는 삼하 10-12장의 밧세바와 우리아 기사를 생략했다. 우리아가 37명의 장수였으나 생략했다
다윗의 치세를 그리면서도 그의 인생 실수는 뺐다.

역대기의 사관들이 수십 년 만에 예루살렘에 돌아온 신세대인 당시 선민들에겐 다윗 치세에 이름난 이방 출신 장수들 활동 기록이 보다 생기를 주고 소중해서다.
또한 선민들이 그러한 여러 이방 장수 후손들과도 하나님 믿음

안에서 선민의 삶을 고수해 와서라고 볼 수 있다.

이들이 혹시 그 옛날에 모세가 열두 명의 정탐꾼을 가나안에 보냈을 때 덩치가 커서 싸울 수 없다고 선민들 대표 열 명이 선민들에게 보고로서 겁을 먹게 했던 족속의 후손들일 수 있다.

그때 그들의 겉모습에 겁내지 말자고 모세에게 올바르게 보고를 했던 두 지파의 대표가 유다 지파의 예푼네 아들 칼렙과 에프라임 지파의 눈의 아들 여호수아다. (민13:1-33)

역대기 사가는 다윗과 골리앗 기사도 뺐다.
그러나 다윗이 죽인 거인인 골리앗의 동생들까지 기록을 남겼기에 흥미롭다. (REB. 성서주해 참조)

이들도 하나님께서 창조하신 인류의 고대 족속들이기 때문일 수 있다.

구약역사 45 역대상서 21-23장

역대상 21장 '다윗의 인구조사'

대상21:1 지금 사탄 자신이 이스라엘과 대항하고자, 다윗이 백성들 인구조사를 하게 유혹했다. ² 왕이 요압과 군 장교들에게 브엘쉐바에서 단까지 가서 이스라엘의 수를 세어 와서 그 수를 보고하라, 명령했다. ³ 요압이 답하길 **'하나님께서 그의 백성 이스라엘을 백배로 증가하실지라도, 왕은 폐하일 테고, 모든 백성들이 당신의 종이 아닙니까? 어찌하여 폐하가 이를 원하십니까? 이는 오로지 이스라엘에 죄를 가져올 따름입니다.'** ⁴⁻⁵ 그러나 요압에게 왕이 위압을 가했다. 그가 출발하여 위에서 아래에 이르기까지 나라 전체를 다녔다. 그런 다음에 예루살렘에 와서 다윗에게 기록한 숫자대로 보고했다. 이들은 무기를 다룰 수 있는 자들로서 이스라엘에 1,200,000명, 유다에 470,000명이었다. ⁶ 레위와 벤저민 족을 요압이 세지 않았으니, 그토록 왕의 명령에 대한 반감이 깊었다.

⁷ 하나님 또한 그 명령이 불쾌하시어 이스라엘에 벌을 주기로 착수하셨다.ᴵ **[참고 1]** ⁸ 다윗이 하나님께 말씀 올리길 **'내가 몹시 사악하게**

I [참고 1]
이스라엘 인구조사가 민수기에 두 번 나오는데, 이는 하나님 지시로 이루어진다.
1. 민1:1-46 이스라엘이 애굽에서 나와 홍해를 건넌 후에 처음 실시한다.
2. 민26:1-51 시나이 광야에서 40년간 방황 후 가나안 진입 직전 실시한다.
이스라엘의 1, 2차 국세조사가, 하나님께서 20세 이상 성인 남자로 전쟁에 나갈 모든 자라고 지시하셨다. 처음엔 모세와 아론에게, 다음엔 아론이 죽은 후라서, 아론의 아들 엘레아잘에게 명하신다.

행동했습니다. 당신께 기도 올리니 당신 종의 죄를 제거해주십시오. 이 모든 건 몹시 어리석기 때문입니다.' ⁹ 하나님께서 다윗의 선지자seer 갯Gad에게 말씀하길 ¹⁰ '가서 다윗에게 말해라, 이는 하나님 말씀이다,' "내가 세 가지를 제안한다, 하나를 택해라, 이에 대한 답을 네가 가져오너라." ¹¹ 갯이 다윗에게 와서 말하길 '이는 하나님 말씀이니 하나를 택하라. ¹² 3년간의 기근, 가까운 적들 칼날의 석 달간 추적, 혹은 하나님 자신의 칼날에 온 땅에 역병을 가져와 하나님 천사들이 이스라엘 온 영토를 멸망시키는 일이다. 지금 생각해라, 나

단, 레위 지파는 계수하지 말라고 이르셨다.

이에서 요즘 국세조사로 불리는 인구수의 조사가, 최초에는 하나님 지시라는 사실을 깨닫는다. 인구조사인 국세조사를 매 10년인가, 5년 만에 행하니 많은 경비가 드는 일인 듯하다. 인구조사조차 성서에서 최초로 행한 사실이 놀랍다.
하나님 명령 없이는 사람 수를 세어선 아니 된다는 말씀과 진배없다. 그 당시엔 홍해를 건너 애급을 탈출한 이스라엘이 약속의 땅인 가나안에 가려면 갖은 이방 족속들과 부딪쳐 싸워야 했기에 아녀자와 노약자를 보호할 전사들 숫자가 반드시 필수였다.
선민들에게 족속의 사활과 생존이 걸린 시급한 조치였다.

동시에 선민들이 이방과 싸울 때는 겉으로 보인 그 적들의 수가 문제가 아님을 이로써 일러주심을 알 수 있다. 막강 애급을 물리쳐주신 그들의 하나님이심을 믿어서 의지하라는 기록이다. 기원전 1,400년 전의 선민들의 인구조사라서 특별하다. 김교신의 『성서개요』에는 어린이, 노인, 여자들을 합치면, 2백만은 족히 되리라고 한다. 그리고 그들의 수가 40년간임에도 크게 늘거나 줄지도 않았음을 주시해야 한다고 했다.
그럼에도 하나님께서는 그들을 광야에서 떠돌다가 다 죽게 하셨다('단테의 신곡' '연옥' 19곡 40-60, 18곡 133-135, 참조).
하나님께선, 그 광야의 방랑 생활 40년간에 거기서 나고 자란 선민들만, 약속의 가나안 땅에 여호수아가 이끌고 들어가게 하셨다. 그들의 불신 때문이다.

이는 하나님께서 언제든지 이들을 다 멸하시고 새로 사람들을 만드실 수 있음을 우리들이 깨닫기를 바라는 기사라서 두렵다.
모세조차 가나안 땅을 밟지 못하고, 비스가 산에서 가나안 땅을 바라보고 죽게 하셨다.
모세가 하나님 말씀을 어겨서다. 그조차도 악마의 유혹에 넘어간 셈이다. (『단테의 신곡 읽기 4, 히브리서』 252-254쪽 참조).

를 보내신 그분께 답을 갖고 돌아가야 하니까.' ¹³ 다윗이 갣에게 답하길 '나는 지금 절망의 궁지에 있소. **내가 하나님 손에 떨어지게 해주시오. 그분의 자비가 매우 크기 때문입니다. 내가 사람 손에 떨어지지 않게 해주시오.'**

¹⁴ 하나님께서 이스라엘에 전염병이 번지게 하니 70,000명의 이스라엘 사람들이 죽었다. ¹⁵ 하나님께서 한 천사에게 예루살렘을 멸망하라 보내셨다. 그래서 그가 이를 멸망시키는 동안에 하나님께서 보시고 그 악에 대해 후회하시고 그 멸하는 천사에게 말씀하셨다, 그 천사가 예부시트 족 오난의 타작마당에 서 있을 때니 **충분하다! 너의 손을 멈추어라.'**

¹⁶ 다윗이 위를 바라보다 하나님 천사가 땅과 하늘 사이에 섰는데 그의 손이 칼을 빼서 예루살렘 위로 내뻗친 것을 보았을 때 그와 장로들이 베옷을 걸치고 땅바닥에 쓰러져 엎드렸다. ¹⁷ 다윗이 하나님께 말씀 올리길 '백성들을 세라고 명령한 것은 납니다. 죄를 진 것은 납니다. 양치기로서 잘못을 범했습니다. 그런데 이 불쌍한 양들이 무엇을 했습니까? 나의 신 하나님, 당신 손을 나와 가족에게 올리시고 이 백성들 위의 역병은 오로지 멈춰 주십시오.'

¹⁸ 하나님 천사가 Gad의 입을 통해 다윗에게 예부시트의 오난의 타작마당에 가서 하나님 제단을 세우라고 명했다. ¹⁹ 갣이 다윗에게 하나님 이름으로 지시한 곳으로 다윗이 올라갔다. ²⁰ 오난의 네 아들들이 천사를 보고 그들 자신은 숨겼으나 오난이 밀을 터르라 바빠서 돌아보다가 천사를 보았다. ²¹ 다윗이 다가갔을 때 오난이 위를 보다가 왕을 보자 타작마당에서 나와 그의 앞에 엎드렸다. ²² 다윗

이 오난에게 말하길 '내가 타작마당 자리를 갖게 해라, 그래서 내가 이 위에 하나님 제단을 세우도록 충분한 가격에 팔라, 그래야 백성을 공격하는 역병이 그칠 수 있다.' [23] 오난이 답하길 '이를 가지시고 폐하께서 맞는다고 생각하신 대로 행하십시오. 보십시오, 여기에 전 제물을 위한 황소들, 연료로서 타작썰매들, 곡식 제물인 밀이 있습니다. 모두 다 당신께 드립니다.' [24] 그러나 다윗 왕이 오난에게 말하길 **'아니다, 내가 충분한 가격을 주어야만 한다. 내가 하나님 앞에 너의 것으로 나갈 수 없고 또한 내가 지불하지 않은 전 제물은 올릴 수 없다.'** [25] 그래서 다윗이 오난에게 그 장소를 위해 금 6백 세겔을 주었다. [26] **그가 거기에 하나님께 제단을 세워 번제물과 나눔 제물을 올렸다. 그가 하나님을 부르자 그분께서 하늘에서 제단의 번제물 위에 불을 내리시어 그에게 답하셨다.** [27] 그때 하나님 명령에 천사가 그의 칼을 칼집에 꽂았다.

[28] 다윗이 하나님께서 예부시트 족 오난의 타작마당에서 답하신 것을 보았을 때 희생제물을 제공했다. [29] 하나님 장막과 모세가 광야에서 만든 전 제물 제단이 그때 기브온에 있었다. [30] 그러나 다윗이 거기 가서 하나님 안내를 구할 수 없었으니 천사의 칼 광경에 그리 충격 받아 떨었기 때문이다.

역대상 22장

[1] 그때 다윗이 말하길 **'이것이 신이신 하나님 집이 되는 거고 이것이 이스라엘을 위한 전제물의 제단이 되는 거다.'**[II] [참고 2]

II [참고 2]
대상21:28-30 '오난 타작마당의 하나님 제단'

'성전을 위한 준비'

² 다윗이 현재 이스라엘에 거주하는 이방인들을 소환하라 명하고 그가 하나님의 집을 짓기 위해 단단한 돌들을 다듬을 석공들을 두었다. ³ 그가 문들을 위한 못들과 꺾쇠를 만들 막대한 양의 철과 잴 수 있는 것보다 많은 동과, ⁴ 한이 없는 삼목을 쌓아 두었다. 시돈과 타이어 사람들이 다윗에게 충분한 양의 삼목을 가져왔다. ⁵ 다윗이 말하길 **'내 아들 솔로몬이 열 살 소년이나 하나님을 위한 집을 지어야 하는데 그 집이 유명해지고 엄청나게 장관이라 모든 땅에서 축하를 받아야만 한다. 그러니 내 스스로 이를 위한 준비를 해야만 한다.'** 그래서 다윗이 죽기까지 대단한 예비를 해 놓았다.

⁶ 그가 아들 솔로몬을 불러서 이스라엘의 신, 하나님을 위한 집을 지을 책임을 맡겼다. ⁷ **'내 아들, 솔로몬아,'** 그가 말하니 **'나의 신 하나님 이름을 위한 집을 짓는 일이 내 의도였다. ⁸ 그러나 하나님께서 나에게 금하는 말씀을 하길 "네가 내 시선에서 큰 전쟁들을 하느라 많은 피를 흘렸다. ⁹ 그러나 네가 아들 하나를 가지면 그가 평화의 사람이 되리라. 내가 그에게 온 사방의 모든 적들에게서 평화를 주리라. 그의 이름은 솔로몬으로 '평화의 남자', 내가 그의 날들엔 이스라엘에 조요한 평화를 허락하리라. ¹⁰ 나의 이름을 위한 집을 지을 자는 그가 되리라. 그가 나의 아들이 되고 나는 그에게 아버지가 되어 내가 그의**

오난은 예부시트 족으로 예루살렘에 살던 이방의 원주민이다. (대상11:4-7, 삼하5:5-10).
그런데 그러한 오난의 타작마당에 하나님 제단을 세우게 명하시어 다윗이 행하자, 하나님께서 그 희생 제물들을 태우시어, 그들의 기도를 들어주셨다.
하나님께서 다윗에게 화염으로 내려오신 사실을 주시해야 한다.
다윗과 장로들이 한 마음으로 회개하고 하나님께 제단을 쌓아서다.
하나님께서 먼저 후회하신다는 거룩한 기록이다. (대상21:15)

왕좌를 이스라엘을 위해 영원히 세우리라."

¹¹ '지금, 내 아들아, 하나님께서 너와 함께 계신다! 너는 번창하니 그분께서 네게 약속하신 대로 너의 신 하나님 집을 지어라. ¹² 하나님께서 네게 통찰과 이해심을 허락하시리니 그리하여 그분께서 네게 이스라엘에서 권위를 주셨을 때 너의 신 하나님 율법을 네가 지키기를. ¹³ 네가 오직 하나님께서 이스라엘을 위해 모세에게 명하신 법규와 규례들을 신중히 지키기만 한다면 번성하리라. 마음이 약해지거나 당황해하지 말고 강하고 단호해라.'

¹⁴ '몇 가지 말썽의 대가를 치르고 내가 여기에 하나님의 집을 위한 준비를 하였으니, 금 100,000달렌트, 은 1000,000달렌트, 많은 양의 쇠와 동인데 무게가 상당하다. 또한 목재와 석재들도 준비했다. 네가 거기에 더할 수 있다. ¹⁵ 게다가 너는 많은 노동자들, 석공들, 조각가들, 목수들, 각 종류의 숙련된 ¹⁶ 금과 은, 청동과 쇠의 장인들을 부릴 수 있다. 일을 착수하라, 그러면 하나님께서 너와 함께 계시리라.'

¹⁷ 다윗이 이스라엘의 모든 장교들에게 그의 아들 솔로몬을 도우라고 명령했다. ¹⁸ '너희의 신 하나님께서 너희와 함께 계시지 않느냐? 그분께서 너희에게 사방의 평화를 주시지 않느냐? 왜냐면 그분께서 나의 권력 안에 그 땅의 주민들을 주셨기 때문이다. 그 땅이 하나님과 그의 백성들에게 복종할 거다. ¹⁹ 그러므로 너희들 자신의 마음과 영혼이 너희의 신 하나님 안내를 찾도록 헌신해라, 그리고 그분의 신전 짓기에 착수해라, 그래서 하나님 언약궤와 하나님의 거룩한 집기들을 그분 이름을 위한 건물 안으로 가져오게 해라.'

역대상 23장

¹ 다윗이 어느새 세월의 무게에 눌린 노인이라서 그의 아들 솔로몬을 이스라엘 통치자로 지명했다. ² 그가 모든 이스라엘 장교들, 사제들, 레위 인들을 소집했다. ³ 레위 인 남성 30세 이상인 38,000명이 모두 등록했다. ⁴ 이들 중에 24,000명은 하나님 집에서 봉사하고 유지하고, 6,000명은 장교들과 문관(혹은 치안판사)들이고, ⁵ 문지기는 4,000명, 그리고 하나님 찬양은 다윗이 찬양봉사를 위해 만든 악기들로 4,000명이 책임지게 하였다. ⁶ 다윗이 그들을 개별적으로 조직하되, 레위 아들들인 게르손, 코하스, 메라리, 그 이름대로 조직했다.

⁷ 게르손의 아들들; 라단과 쉬메이. ⁸ 라단의 아들들; 대장 예히엘, 제탐, 요엘과 셋. ⁹ 라단 아래 그 가문의 수장들 무리다. ¹⁰ 쉬메이의 아들들; 야하스, 지자, 예우스, 베리아, 4명. ¹¹ 야하스는 대장, 지자는 둘째, 예우스 베리아, 자녀들이 적으나 의무에선 단일 가문으로 간주했다.

¹² 코하스의 아들들; 암람, 이즈할, 헤브론, 웃지엘, 4명. ¹³ 암람의 아들들; 아론과 모세. 아론이 분가, 그와 그 아들들은 영속 위계로 하나님 앞에서 그분을 섬기도록 가장 거룩한 선물들을 바치고 희생물을 태워서 영원히 그분의 이름 안에서 축복을 주는 헌신을 하게 했다. ¹⁴ **그러나 하나님의 사람인 모세의 아들들이 레위 인의 이름을 지키게 했다.** ¹⁵ 모세의 아들들;Ⅲ [참고 3] 게르솜과 엘리에젤. ¹⁶ 게르솜의 아들

Ⅲ [참고 3]
    대상23:15 '모세의 후손'

들; 대장 슈바엘. ¹⁷ 엘리에젤의 아들들; 대장 르하비야. 엘리에젤은 다른 아들들이 없었으나, 르하비야는 매우 많았다. ¹⁸ 이즈할의 아들들; 대장 쉘로못. ¹⁹ 헤브론의 아들들; 대장 예리야, 둘째 아마리야, 셋째 야하지엘, 넷째 예카메암. ²⁰ 웃지엘의 아들들; 대장 미카, 둘째 이쉬야.

²¹ 메라리의 아들들; 말리와 무쉬. 말리의 아들들; 엘레아잘과 키스. ²² 엘레아잘이 죽자, 아들들 없이 딸들만 남아서 그들의 사촌인 키스의 아들들과 결혼을 시켰다. ²³ 무쉬의 아들들; 말리, 에델, 예레못, 3명.

²⁴ 이들이 레위 인들인데 부친 가문의 수장들 이름으로, 무리 지은 대로 상세 목록을 지었다. 그들이 20세 이상이면 하나님 집에서 봉사할 의무를 지고 이를 수행하였다. ²⁵ **왜냐하면 다윗이 '이스라엘의 신 하나님께서 그의 백성에게 평화를 주시고 예루살렘에 영원한 그분의 거처를 만드신다. ²⁶ 레위 인들이 그 장막과 그 봉사를 위해 그 무슨 집기도 더 이상은 운반하지 않게 되리라.' 말해서다.** ²⁷ 이에 따른 다윗의 레위 인

레위 지파에 속한 모세의 기사를 성서에서 살피니 다음과 같다.
창49:5-7 요셉의 마지막 유언 중에 레위 지파를 언급한 대목이다.

'시므온과 레위는 형제요, 폭력의 도구들이 그들의 칼들이다.'

이는 요셉의 이스라엘 열두 지파의 마지막 유언에 나온다. 그 내용이 축복이 아닌 저주에 가깝기에 생각할 문제다. 왜냐하면 이런 와중에 세월이 흘러서 모세가 레위 가문에서 애굽 바로 왕의 악정 아래 400년 후에 태어나서 활동하게 하나님께서 행하셔서다.

*출6:14-27 모세와 아론의 조상.
*출6:23-25 아론의 아들만 나오고, 모세의 아들이 안 나온다.
*민26:57-62 레위 인 등록에 아론의 아들만 있고, 모세의 아들이 나오지 않는다.
더구나 대상 6장 레위의 후손에 모세만 있고 그 후손이 없다.

그런데 **대상23:14-17**에는 다윗 기록인데 모세의 후손들이 자세히 나와서 매우 기쁘다.

들에 대한 마지막 지침이 20세 이상이면 등록하라는 거다. [28] 그들의 의무는 하나님 집에서 섬기는 아론의 후손들을 돕는 거다. 그들이 그 마당들과 방들을 관리해야 하고 모든 거룩한 물건들을 깨끗이 해야 하고 그 신전 안에서 일반 봉사를 위한 책임을 져야 해서다. [29] 상설병의 진열을 위한 곡물 제물을 위한 밀가루, 누룩 없는 와플, 그릴에 구운 케이크와 페스트리의 무게와 척도를 위해서다. [30] 그들이 하나님 앞에서 매일 아침과 저녁에 의무로서 감사와 찬양을 꾸준히 그분께 드리고 [31] 언제나 하나님 앞에서 그들이 안식일, 새 달, 정해진 절기마다 그들에게 기록된 수대로 전 제물을 올렸다. [32] 레위 인들이 만남의 장막과 그 제단의 책임을 갖고 있었으나 아론의 후손들과 그들의 친척들은 하나님 집 안에서 섬기고 숭배하는 책임이 있었다.

생각할 점

대상 21장, 22장, 23장 내용들이 세세하다.

다윗의 노년기 중에도 말년에 있었던 주요 사건들의 상세한 기록이다.

대상 21장 '다윗의 '인구조사'

다윗 왕 일생에서 하나님께 가장 큰 과오라고 할 수 있는 인구조사에 관한 하나님 징벌 기록이다.

다윗의 인구조사 실시는 사탄의 유혹에 그가 넘어가서다. 이로써 주께서 가르쳐주신 주기도문과 밀접한 유대감을 곧바로 연상하게 된다.

'우리를 시험에 들지 말게 하시고 오로지 악에서 구해 주십시오.'

하나님 사랑을 평생 받고 평생 하나님 믿음을 지킨 다윗조차 그 말년에 사탄 유혹에 빠져들었다.

이로써 당시 선민 중의 7만 명이 이름 모를 역병으로 며칠 만에 죽어나갔다.

다윗이 밧세바와 저지른 불륜과는 급이 다르다, 그때의 하나님 징벌은 그들의 첫아기만 죽게 하셔서다.

그러나 다윗이 안정된 왕권 토대가 굳어가자 인구조사를 명령함은 왕권 이상의 월권이다. 군사령관인 최측근 요압조차 하나님께 위배임을 충언했다. 그러나 묵살하고 강행한다. 악의 유혹에 다윗이 크게 넘어간다.

인구조사에 9개월 이상 걸렸다니 국력 낭비다.

다윗이 후회하나 늦었다. 큰 지도력을 가진 통치자가 오판하면 그의 국민들이 죽게 된다는 본보기다.

하나님 앞에선 모두 평등하니까 우리 지도자가 겸손한 가를 늘 살펴야 한다.

사무엘하 24장 복습을 통해 역대기 사가들 관점에 주시하게 한다. 지도자의 건전한 정신과 겸손함을 계몽하는 세상 지도자들에게 보내는 경고여서다.

하나님께서 불로써 응답하심에 엘리야의 갈멜 산 제단에 오신 하나님 화염불이 떠오른다. 아브라함에게 오신 하나님께서 그 화염 불 속에서 말씀으로 약속해주신 사실도.

대상 22장 '성전 건축 준비'
대상21:30과 연이은 구절임을 명시한다.

대상22:1에서 다윗이 그 예부시트 족 타작마당에 세운 제단을 보고 말한다.

'이것이 신이신 하나님의 집이 되고, 이스라엘을 위한 전제물의 제단이 되는 거다.'

이를 생각할 수 있다. 하나님 당신께선 당신 신전이 필요하지 않다는 의미로 해석할 수 있다. 하나님께선 사람들 목숨을 구하기 위해선 때와 장소를 가리지 않으시며 진심으로 하나님을 찾고 회개하기를 촉구하셔서다.

하나님께선 예루살렘에 본래 살던 원주민 이방인을 택하시고, 그 집 마당에 제단을 짓게 하셨기에 이를 볼 수 있다.

다윗이 짓고자 원하는 하나님 성전에 관해 굳이 이런 방식으로 선민들과 우리에게 하나님께서 세세히 일러주신다는 느낌이 강해서다.

대상22:2부터 하나님 성전을 위한 다윗의 진지한 결심과 이에 관한 준비물에 관한 내용이다. 하나님께선 다윗의 결심인 하나님 성전 짓기를 그의 아들에게 맡긴다 하시어 이를 위한 만반 준비를 다윗이 그의 생애 동안 해둔다.

그리고 솔로몬을 위한 간절한 당부를 다윗이 하나님께 그리고 선민 지도자들에게 청한다. 하나님 성전 짓기를 당부하며 명령도 겸한다.

대상 22장 내용은 삼하 24장, 왕상 5장에 기록과 같다.

이들의 기록을 비교하면 다윗의 하나님 감사 표현이 정당하고 당당하다. 하나님께 지상 최상의 성원을 받은 다윗이 하나님 성전을 위한 만반의 준비를 솔로몬과 다음 세대에 넘긴다.

대상 23장 '하나님 예배 의식, 규례 제정, 책임자 임명'

다윗이 성전에서 행하는 하나님 예배의식을 지도한 사례가 소상하다.

모세가 정해 놓은 규례를 따르며 찬양 예배를 소중히 여긴 기록이라 다윗이 시편의 저자라는 느낌이 가득해진다.

레위 사제 계층이 대대로 해오던 의무들에다 다윗이 장엄한 음악을 곁들인다. 더구나 그런 기록인 대상23:14-17에 모세의 후손 **[참고 3]**이 나와서 뜻이 깊다.

이를 보면 레위 지파가 그들의 임무에 따라 두 부류로 나뉜다는 점이 특별하다.

하나는 하나님께 제사를 올릴 제사장들인 아론의 후손들과 둘째는 이들을 성전 안팎에서 보필할 제반 직무를 맡을 모세의 후손들로 나뉜다는 점이다.

  다윗이 이들이 선민들을 대신해 하나님께 행해야 할 성전의 업무들을 분명히 구분한 기록이 세심하다. 애초에 모세가 형님 아론의 도움으로 하나님 일을 행했기에 아론의 아들들이 제사 올리는 일이 바르다고 볼 수 있다. (레9-10장. 『단테의 신곡 읽기 4』에서 '레위기에서 보는 선민들의 과오' 참조 요망).

  모세와 아론의 후손들이 하나님을 섬겨왔다는 사실을 중시한다. 그래야 오래전 성서 기록을 통해 근현대사의 가치를 대입해 가며 미래를 읽을 가치가 커진다.

  왜냐면 역대서의 저자들이 다윗의 주요 사실 기록만을 사무엘과 열왕기에서 발췌하고 또한 세월이 흐르자 자신들 안목으로 재정립해서 기록했다고 볼 수 있어서다.

  그들의 신 하나님 앞에서 선대들의 과오를 철저히 분석하듯이 기록했다.

  그런 과오를 되풀이 않기를 하나님 앞에서 간구하며 썼다고 볼 수 있다.

  하나님 역사 진실을 통찰하기를 전심으로 바랐기에 이를 위해 그들이 힘썼다고 볼 수 있다.

구약역사 46 역대상서 24-27장

역대상 24장 제사장들

대상24:1 아론의 아들들 구분; 그의 아들들이 나답, 아비후, 엘레아잘, 이타말이다. ² 나답과 아비후는 부친에 앞서 아들을 남기지 않고 죽었다. 그래서 엘레아잘과 이타말이 그 제사직의 업무를 지켰다. ³ 다윗이 엘레아잘의 아들들인 자독과 이타말의 아들들인 아히멜렉과 활동하며, 그들의 의무 직위를 구분하고 임무를 부과하도록 조직했다. ⁴ 가문들의 남자 수장이 이타말 가문보다 엘레아잘 가문에 수가 많아서 엘레아잘 가문에 16명 수장들, 이타말 가문에 8명 수장들로 무리 지었다. ⁵ 그가 그들 사이에서 제비뽑기로 조직했는데, 엘레아잘 가문과 이타말 가문에 하나님의 거룩한 사무직들이 있었기 때문이다.

⁶ 레위 지파 네타넬의 아들인 사무장 쉐마이야가 왕의 면전에서 그 사무관들 이름을 썼는데 사제 자독, 아비아탈의 아들 아히멜렉, 레위 지파 가문들의 사제들 수장들, 엘레아잘 가문과 이타말 가문에서 택한 가문의 사제들이었다. ⁷ 첫 제비뽑기에 예호야립 다음에 예다이야, ⁸ 셋째 하림, 넷째 세오림, ⁹ 다섯째 말키야, 여섯째 미야민, ¹⁰ 일곱째 학코즈, 여덟째 아비야, ¹¹ 아홉째 예슈아, 열째 쉐카니야, ¹² 열한째 엘리아쉽, 열두째 야킴, ¹³ 열셋째 훕파, 열넷째 예쉐베압, ¹⁴ 열다섯째 발가, 열여섯째 임머얼, ¹⁵ 열일곱째 헤질, 열여덟째 헤프제스, ¹⁶ 열아홉째 페타이야, 스물째 예헤즈켈, ¹⁷ 스물

하나째 야킨, 스물둘째 가물, ¹⁸ 스물셋째 딜라이야, 스물넷째 마지야. ¹⁹ 이는 하나님 집에 들어갔을 때 그들에게 부과된 봉사를 위한 의무 순서로, 그들을 위해 그들 조상 아론이 이스라엘의 신 하나님께 받은 지시를 기술한 법대로다.

²⁰ 나머지 레위 인들: 암람의 아들들; 슈바엘. 슈바엘의 아들들 예데이야. ²¹ 르하비야의 아들; 이시야, 르하비야 아들들의 수장. ²² 이즈할의 가문은 쉘로모스. 쉘로모스의 아들들 야하스. ²³ 헤브론의 아들들; 수장 예리야, 둘째 아마리야, 셋째 야하지엘, 넷째 예카메암. ²⁴ 웃지엘의 아들들; 미카. 미카의 아들들 샤밀, ²⁵ 미카의 형제들; 이시야. 이시야의 아들들 즈카리야. ²⁶ 메라리의 아들들; 말리와 무시와 또한 그의 아들 야지야. ²⁷ 메라리의 아들들; 야지야: 베노, 쇼암, 자쿨, 이브리. ²⁸ 말리에 관해 엘레아잘은 아들이 없다. ²⁹ 키스에 관해, 키스의 아들들, 예라밀, ³⁰ 무시의 아들들; 말리, 에델, 예리모스. ³¹ 이들이 또한 그들의 친척들, 아론의 후손들과 나란히 다윗 왕, 자독, 아히멜렉과 사제들과 레위 가문 수장들, 그리고 노장 가문들 면전에서 나란히 추첨해 제비를 뽑았다.

역대상 25장 음악가들

¹ 다윗과 그의 주요 참모들이 아삽, 헤만, 예두툰의 아들들에게 칠현금, 현악기, 타악기를 수반해서 예언의 영감을 인도하는 특별 임무를 부여했다. 성전에서 이 작업을 수행하는 이들 명단은 다음과 같다. ² 아삽의 아들들; 자컬, 요셉, 네타니야, 아세렐

라. 이들이 아삽 아래서 예언의 영감을 왕 아래서 인도했다. ³ 예두툰의 아들들; 게달리야, 이즈리, 이사야, 쉬메이, 하샤비야, 마티티야, 이들 여섯은 예두툰 아래서 칠현금으로 예언의 영감에 감사하고 하나님께 찬양 드렸다. ⁴ 헤만의 아들들; 부키야, 마타니야, 웃지엘, 슈바엘, 예리모스, 하나니야, 하나니, 엘리아타, 기달티, 로맘티에젤, 요스베카샤, 말로티, 호티일, 마하지옷. ⁵ 이들 모두 왕의 예언자 헤만의 아들로 왕에게 하나님의 약속들을 통해 더 위대한 영광을 주었다. 하나님께서 헤만에게 열네 아들과 세 딸을 주셨고 ⁶ 그들 모두 하나님 집에서 부친의 지휘 아래 찬양으로 봉사했다. 그들이 하나님 집에서 타악기, 현악기, 칠현금의 봉사를 맡는 한편, 아삽, 예두툰, 헤만은 왕의 아래 있었다. ⁷ 그들의 친척으로 인정받아 하나님의 가수들로 훈련받은 그들이 데려온 숙련된 음악가들의 총수가 280명에 달했다. ⁸ 그들이 그들의 의무를 위해 노소 막론 최고 가수와 초심자들이 나란히 제비를 뽑았다.

⁹ 첫 추첨이 요셉에게 떨어졌다, 그와 그의 형제, 그의 아들 열둘. 두 번째 게달리아, 형제와 아들 열둘. ¹⁰ 셋째 자컬 아들과 형제 열둘. ¹¹ 넷째 이즈리 아들과 형제 열둘. ¹² 다섯 네타니야 아들과 형제 열둘. ¹³ 여섯 부키야 아들과 형제 열둘. ¹⁴ 일곱 아사렐라 아들과 형제 열둘. ¹⁵ 여덟 이사야 아들과 형제 열둘. ¹⁶ 아홉 마카니야 아들과 형제 열둘. ¹⁷ 열째 쉬메이 아들과 형제 열둘. ¹⁸ 열한째 아자렐 그의 아들과 형제 열둘. ¹⁹ 열두째 하샤비야 아들과 형제 열둘. ²⁰ 열셋째 슈바엘 아들과 형제 열둘. ²¹ 열넷째 마타티야

아들과 형제 열둘. ²² 열다섯 에레못, 아들과 형제들 열둘. ²³ 열여섯째 하나니야, 아들과 형제, 열둘. ²⁴ 열일곱째 요스베카샤, 아들과 형제, 열둘. ²⁵ 열여덟째 하나니 아들과 형제 열둘. ²⁶ 열아홉째 말로티 아들과 형제 열둘. ²⁷ 스무째 엘리아타 아들과 형제 열둘. ²⁸ 스물한 번 호티일 아들과 형제 열둘. ²⁹ 스물둘 기달티 아들과 형제 열둘. ³⁰ 스물셋 마하지옷 아들과 형제 열둘. ³¹ 스물넷 로맘티 에젤 아들과 형제 열둘.

역대상 26장 문지기들

¹ 문지기들의 구분. 코라히트; 에비아삽의 아들, 코아의 아들 메쉘레미야. ² 메쉘레미야의 아들들, 첫째 즈카리야, 둘째 예디엘, 셋째 즈바디야, 넷째 야트니엘, ³ 다섯째 엘람, 여섯째 예호하난, 일곱째 엘리오에나이. ⁴ 오벳 에돔의 아들들; 맏이 쉐마이야, 둘째 예호사밧, 셋째 요아, 넷째, 사칼, 다섯째 네타넬, ⁵ 여섯째 암미엘, 일곱째 잇사갈, 여덟째 페울타이. (하나님께서 오벳 에돔을 축복하셔서다.) ⁶ 쉐마이야, 그의 아들이 그들 가문에서 권위를 가진 아들들의 부친인데 대단한 능력의 사람들이어서다. ⁷ 쉐마이야의 아들들, 오트니, 르파엘, 오벳, 엘자밧, 그리고 그의 형제들, 엘리후, 쉐마키야는 능력 있는 사람들이다. ⁸ 이들 모두 오벳 에돔 가문에 속, 그들과 그 아들들과 형제들이 능력의 사람들이라 성전 봉사에 적합. 총 62명. ⁹ 모두 능력의 사람인 메쉘리미야의 아들과 형제, 16명. ¹⁰ 메라리트 족, 호사의 아들들; 수장 쉼리. 그가 첫째 아니나 부친이 지명, ¹¹ 둘째 힐키야, 셋째 테발리아, 넷째 즈카리야. 호사의 아

들과 형제 총수, 13명.

¹² 이런 가문 수장들이 문지기 구분을 하나님 집에서 맡은 임무대로 수행했다. ¹³ 젊은이와 노인, 가문들마다 성전 문들에 관한 제비뽑기를 했다. ¹⁴ 셸레미야가 동쪽 문을 추첨했다. 다음 제비뽑기는 그의 아들인 뛰어난 상담사 즈카리야가 해서 북문을 추첨했다. ¹⁵ 오벳 에돔에겐 남문이 할당, 그 아들들이 망루를 맡았다. ¹⁶ 호샤는 서문을 둑길로 내려오는 샬레체트 문과 함께 배정받았다. 경계와 파수를 일치했다. ¹⁷ 레위 인들이 매일 여섯은 동쪽, 넷은 북쪽, 넷은 남쪽, 각 망루마다 둘씩 지켰다. ¹⁸ 서쪽 마당엔 넷이 둘은 주랑에 둘은 약간 높은 데를 지켰다. ¹⁹ 이들이 코라히트, 메랄리트 가문의 망루 구획이었다.

²⁰ 나머지 레위 인들이 신전 저장소와 신성한 선물들 저장 책임을 맡았다. ²¹ 라단의 자녀들, 라단을 통한 게르손의 후손들, 게르손 지파 라단 무리의 가문 수장들; 예히엘과 ²² 그의 형제들 제탐과 요엘이 하나님 집 저장소의 책임자였다. ²³ 암람, 이즈할, 헤브론과 웃지엘의 가문들, ²⁴ 게르솜의 아들 슈바엘, 모세의 아들이 그 저장소들 감독이었다. ²⁵ 엘리에젤 가문의 그의 형제; 그의 아들 르하비아, 그의 아들 이사야, 그의 아들 요람, 그의 아들 지크리, 그의 아들 쉘로모스. ²⁶ 쉘로모스와 그의 친척들이 모든 신성한 선물을 저장하는 저장소 책임자였는데 다윗 왕, 가문의 수장들, 군대의 천 부장, 백부장, 다른 장교들이 헌납한 거다. ²⁷ 그들이 하나님 집을 유지할 전쟁의 노획물 얼마도 취해서 헌납했다. ²⁸ 모든 것이 선지자 사무엘, 키스의 아들 사울, 넬의 아들 아브넬, 제루이야

의 아들 요압이 헌납했던 거로서, 간단히 하면 모든 신성한 선물은 쉘로모스와 그의 친척들이 책임졌다. [29] 이즈할의 가문; 케나니야와 그의 아들들이 이스라엘의 세속 업무에서 행정관과 사무관들로 활동했다. [30] 헤브론의 가족들; 하샤비야와 그의 친척들, 능력의 남자들 1,700명이 이스라엘 서쪽 요르단에 관해 하나님 일과 왕을 섬기는 일 양쪽을 감독했다. [31] 또한 헤브론의 가문은 예리야가 수장이었다. 다윗의 통치 40년째 조사에 헤브론 지파 가족사와 그들 중 길렛Gilead의 야젤Jazer에서 발견한 큰 능력의 남자들에 관해서다. [32] 그의 친척들, 모든 능력의 남자들 2,700명이 루벤 족, 게딧 족, 절반의 마나세 족의 감독을 다윗 왕에게서 종교와 세속 업무를 똑같이 책임 맡았다.

역대상 27장 군사 조직

[1] 이스라엘의 사람 수를 말하면 가문의 수장들, 천부장, 백부장 단위의 장교들로서 왕을 섬기는 일을 분담해 일 년간 매달 번갈아 다양한 구분별로 책임진 자들이 각 구분마다 2,400명이었다.

[2] 첫째 잡디엘 아들 야쇼베암이 그의 구분 몫인 24,000명을 첫째 달을 위해 구분해 지휘했다. [3] 페레즈 가문 일원인 그가 첫째 달, 신전 참모step의 주임장교였다. [4] 아호히트 가문 도다이의 아들 엘레아잘이 둘째 달에 24,000명의 그의 구분을 지휘했다. [5] 셋째, 대장 사제인 예호야다의 아들 브나이야가 군 사령관인데 그의 구분 24,000명과 같이 셋째 달을 위한 장교였다. [6] 브나이야는 서

른 명 전사들 중의 하나로 그 서른 중에 대장이었으나 그의 아들 암미나자밧이 그 구분을 지휘했다. [7] 넷째, 아사헬, 요압의 형제가 넷째 달에 그의 구분에서 24,000명을 위한 지휘 장교였다. 그리고 그의 후계자는 아들인 제바디야. [8] 다섯째, 제라히트의 샴무스는 다섯째 달에 그의 구분인 24,000명을 위한 지휘 장교였다. [9] 여섯째, 테코아의 사람, 익케스의 아들 이라Ira는 그의 구분 24,000명을 여섯째 달에 지휘하는 장교였다. [10] 일곱째, 장소가 알려지지 않은 에프라임 족 헤레즈는 일곱째 달에 그의 구분 24,000명을 일곱째 달에 지휘하는 장교였다. [11] 여덟째, 제라 가문의 후샤 출신 시베카이는 여덟째 달에 그의 구분 24,000명을 지휘하는 장교였다. [12] 아홉째, 벤저민 지파 아나톳 출신 아비에젤은 아홉째 달에 그의 구분 24,000명을 지휘하는 장교였다. [13] 열째, 제라 가문의 네토파티트, 마하라이는 열째 달에 그의 구분 24,000명을 지휘하는 장교였다. [14] 열한 번째, 에프라임 출신 피라토니트 가의 브나이야는 열한째 달에 그의 구분 24,000명을 지휘하는 장교였다. [15] 열두째, 오트니엘 가문의 네토파티트, 헬다이는 열둘째 달에 그의 구분 24,000명을 지휘하는 장교였다.

[16] 이스라엘 지파를 책임진 중요한 장교들은 다음과 같다. 루벤에 관해선 지크리의 아들 엘리에젤, 시므온에 관해선 마아카의 아들 쉐파티아, [17] 레위에 관해선 케무엘의 아들 하샤비야, 아론에 관해선 자독, [18] 유다에 관해선 다윗의 친척 엘리후, 미카엘의 아들 옴리, [19] 제블론에 관해선 오바디야의 아들 이스마이야, 납달리에 관해선 아즈리엘의 아들 예리모스, [20] 에프라임에 관해선

아자지야의 아들 호세아, 므나세 절반의 지파에 관해선 페다이야의 아들 요엘, ²¹ 길렛에 있는 므나세 지파 절반은 즈카리야의 아들 잇도, 벤저민에 관해선 아브넬의 아들 야아시엘, ²² 단에 관해선 예로함의 아들 아자렐. 이들이 이스라엘 지파들을 책임진 장교들이었다.

²³ 다윗은 인구조사에서 20세 이하는 세지 않았는데 하나님께서 하늘의 별처럼 이스라엘을 많이 주신다고 약속하셔서다. ²⁴ 제루이야의 아들 요압이 인구조사를 시작했으나 이를 마치지 않았다. 그 인구조사가 이스라엘에 분노를 가져왔고, 이는 다윗 왕 연대기에 넣지 않았다.

²⁵ 아지엘의 아들 아즈못이 왕의 저장소 책임자였다. 우찌야의 아들 요나단은 국가, 지방, 도시, 마을, 요새들 저장소 책임자였다. ²⁶ 켈룹의 아들 에즈리는 그 땅의 일꾼들을 감독했다. ²⁷ 라마출신 쉬메이는 포도주 주조 책임자, 쉐펨 출신 잡디는 포도주 저장소를 위한 포도원들의 생산 책임자였다. ²⁸ 게데리트 사람 바알 하난이 쉐펠라에서 야생 올리브와 무화과를 총괄했다. 요아스는 기름저장소를 책임졌다. ²⁹ 샤론 출신 시트라이는 샤론에서 목축을 책임지고, 아드라이의 아들 샤팟은 골짜기의 가축을 책임졌다. ³⁰ 이스마엘 사람인 오빌은 낙타를, 메로노티트 사람인 예데이아는 나귀를 책임졌다. ³¹ 하가리트 사람 야지즈는 그 무리들의 책임자였다. 이들 모두가 다윗 왕 소유물의 책임을 진 장교들이었다. ³² 다윗이 사랑하는 조카 요나단은 학식 있는 신중한 고문관으로 하크모니트 사람 예히엘과 왕의 아들들 스승이었다. ³³ 아히토펠은 왕의 고

문관이었다. 알키트 사람 후샤이는 왕의 친구였다.[1] **[참고 1]** 아히토펠은 브나이야의 아들 예호야다와 아비아탈에게 계승되었다. 요압이 그 군대의 사령관이었다.

생각할 점

대상 24장부터 27장의 명단들은 열왕기상에서 근거한다.

대상 24장 제사장들의 자세하고 대대로 이어온 명단임을 보여 준다.

대상 25장 음악가들은 하나님 경배 절기와 축제에 행사한 가문들 명단이다.

대상 26장 문지기들의 명단은 추첨에 의해서 정확히 구분해 지정한 명단이다.

대상 27장 군사 조직, 명단인데 이스라엘 방어를 위한 국방조직이다.

이들이 앞으로 다윗을 이은 솔로몬을 보좌, 장차 지을 예루살렘 성전 운영의 제반 업무를 총괄할 담당자들 명단이라 할 수 있다.

이들이 하나님을 모시는 성전 건축과 성전 예배와 성전 관리를 책임지고 선민들을 지도해야 한다. 이는 솔로몬을 위해서 모든 선민들을 통솔할 책임을 후손들 대대로 갖게 한다는, 세습 권력 책

---

1 [참고 1]
　(대상27:30) 알키트 족Archit 후샤이Fushai에 관한 기록은 삼하15:30-37, 16:16-19, 17:5-16에 자세하다. 가장 다윗 인생이 비통할 때 그를 따랐던 이방인 출신의 충신이다.

임 제도라고 할 수 있다.

아직은 하나님 성전의 초석조차 놓지 않은 상태지만 만반에 대비한 각종 작업과 직업에 따른 책임을 맡을 수장들을 다윗이 정해주어 얼마나 큰일인가 알 수 있다.

그리 정해진 가문들이 대대로 하나님 성전 건축을 위한 제반 업무에 진심을 다해 일을 했던 가문들이라 볼 수 있다. 유의할 일이 있다.

제사장 가문인 레위 지파가 가진 그들 가문의 고유한 직분대로 총 책임자를 선정하되 제비뽑기로 그들의 수장을 추첨했다는 점이다. 제비뽑기란 공평하고 공정하고 신속한 결정 방식이고 불평이 없어서다.

선민들 인구가 대단히 많았다는 사실도 간과할 수 없다.

다윗이 평생을 하나님께 기도하고 응답받은 사제와 같은 능력의 왕이지만 하나님 제사의식을 조상 대대로 섬겨온 레위 지파를 존중했다. 다윗 그 자신처럼 앞으로는 이스라엘 왕들과 사제들과 장로들이 항상 한마음으로 하나님을 섬기며 살기를 바라는 지침서임을 볼 수 있다.

다윗은 최고 책임자로서 최고위직 임명에 따른 부작용과 불평 등을 없이 일하게 했다.

평소에 나타난 능력대로 선출해서 책임지게 하는, 행정가로서의 능력을 발휘하게끔 현명하게 공평하게 사람들을 임명해 앞날을 밝혀놓았다.

이스라엘에서 가장 중대한 성전 예배를 책임질 레위 인들 스스로 맡아서 할 일을 추첨하게 행한 일이 특별하고 중요해 보인다. 그들이 하나님께 각종 절기에 맞추어 모세의 규례대로 예배드리고, 선민들에게 하나님 믿음을 가르칠 중차대한 책임이 있어서다. 다윗이 이끌던 선민들이 장차 죽느냐 사느냐 하는 하나님 영원한 미래의 약속 보증서 같은 임무다.

하나님께선 모세와 선지자들을 통해 당신 선민들을 지도하셨다. 그때는 정치와 종교가 일치하던 신정체제였다. 다윗 왕이 모세보다 500년 후의 선민들 지도자다.

다윗 자신이 선지자급 인물이었다.

다윗 이전과 그 이후가 마치 주께서 역사 이전과 이후에 서 계신 사실과도 밀접해 보인다.

돌아보면 아브라함에게 하나님께서 약속하실 때 이삭이 나오지도 않았을 때다. 이삭의 아들 야곱이 그의 열한 번째 아들인 요셉의 두 아들을 축복하고 나서도 430년 후에 모세가 애굽에서 태어났다. 그때 선민들은 왕이 없었다.

요셉이 애굽 재상 시절에서 수백 년 흐르자 선민들이 애굽의 노예 상태지만 인구가 하늘의 별처럼 늘었다.

아브라함에게 하신 약속대로 그분 약속이 이루어진다. 야곱(이스라엘)의 열두 아들이 열두 지파로 70만에 이르렀다.

하나님께서 모세를 지도자로 선민들에게 택해서 가나안 약속의 땅으로 향하게 하신다. 이는 아브라함과의 약속이셨다. 하나님께서 모세를 이은 다음의 선지자들도 계속 보내시어 그들이 살도록 주관하셨다.

이런 하나님 신정체제가 사무엘 시대에 깨진다.

선민들이 왕을 요구해서다. 하나님께서 사울 왕을 선민들에게 보내주셨다. 사울은 세상 어리석은 왕들의 표상이다.

가장 큰 사울의 잘못은 하나님을 진심으로 믿고 섬기지 않은 무능이다. 이런 사울을 대신할 유능한 다윗을 보내주셨다. 하나님께선 다윗이 왕의 역량을 갖추게 긴 세월 사울을 통해 시험받게 하셔 그의 신앙과 인성을 단련하셨다.

다윗이 여러 유혹의 시험을 선한 믿음으로 이겨내 하나님과 선민들에게 사랑받는 왕이 되었다. 다윗이 솔로몬과 선민들을 위한 국정 정비 체제를 죽기 전에 갖추어 준다.

위의 기사들이 노련한 정치가 다윗이 선민들을 다스리는 왕정체제로의 전환임을 보여준다. 선지자들의 신정 체제를 벗어난다. 당시의 세상 관행을 따른 셈이다.

다윗 치세가 이스라엘 역사 최고 절정기다.

동서고금에 다윗과 선민들처럼 자신들 신의 섬김에 관해 각기 할 일과 책임자 명단을 남긴 사례가 있는가.

다윗은 종교 관리는 물론하고 정치 행정, 재정 경제, 군사 조직의 관리는 물론하고 사회, 예술 분야까지 총망라한 인사 기록을 남겼다.

그가 인류 최고 성군의 기록을 남겼다.

다윗 왕을 평생 따르며 충성을 다한 이방 출신 장교들의 사실 기록에 유념한다. 이들이 다윗을 따른 것은 그의 공평한 명망이 높아서다. 이들이 충성해서 당연히 선민들과 하나님을 섬기며 같이 살고 결혼까지 했으리라.

다윗의 휘하에 들어와 오랜 기간 충성을 다한 여러 이방의 무사들이다, 그들은 이스라엘 적들과 싸웠다. 그들이 다윗에 충성해서 솔로몬까지 대를 이어 충성했으리라.

이런 기록을 눈여기는 지도자들이 늘어나면 하나님께 바르고 평화로워 전쟁이 사라지는 세상이 오리라.

구약역사 47 역대상서 28-29장

역대상 28장

대상28:1 다윗이 예루살렘에서 모든 장교들을 왕에 종사한 그 봉직의 구분별로, 천부장과 백부장 단위의 장교들, 왕과 아들들의 재산과 가축 책임의 환관들은 물론, 영웅들과 능력자들을 책임진 모든 장교들을 소환했다.

² 다윗 왕이 서서 그들에게 연설했다. '내 말을 들으시오, 내 친척들과 백성들이여. 우리의 신God을 위하여 하나님 언약궤가 머물 장소인 집을 하나 짓고, 앝은 단에서 섬기고자 이를 마음에 두고 준비했습니다. ³ 그러나 하나님께서 내게 말씀하길 **"네가 내 이름으로 집을 짓지 말라, 왜냐면 너는 투사였기에 피를 흘렸기 때문이다."** ⁴ 그럼에도 이스라엘의 신 하나님께서 나의 부친의 모든 가문에서 나를 택하시어 영원히 이스라엘 왕이 되리라고 하셨습니다. 그분께서 유다를 다스릴 지파로 택하심은 유다가 나의 부친 가문이기 때문입니다. 그분께서 내 부친의 아들들 중에 온 이스라엘을 다스릴 왕으로 나를 만드시어 그분을 기쁘시게 한 자가 나였습니다. ⁵ 내 모든 아들들 중에 하나님께서 많은 아들을 주셨는데 그분께서 솔로몬을 택하시어 이스라엘을 통치할 하나님 주권의 보좌에 앉게 하셨습니다. ⁶ 그분께서 말하길 **"너의 아들 솔로몬이 나의 집과 궁정을 지을 사람이다, 왜냐면 내가 그를 나의 아들로 택했으니, 내가 그에게 부친이 되리라. ⁷ 내가 그의 통치권을 영원히 세우리라, 만일 그가 꾸준히 지금 행하듯이 나의 계명과 규례들

에 순종한다면 말이다."

⁸ '그러므로 지금 온 이스라엘 눈앞에서 하나님의 집회에서 내가 당신들에게 말하는 우리의 신께 들으시오. 당신들의 신 하나님의 모든 계명을 주의해서 공부하시오, 당신들이 이 좋은 땅을 소유하고 당신들 자녀들에게 항상 이것이 전해지도록 들어주십시오.'

⁹ '그리고 너, 솔로몬 내 아들아, 네 부친의 신을 인지해라, 그리고 그분께 온 마음과 뜻을 다해 섬겨라, 왜냐면 하나님께선 모든 마음들이 무슨 계획을 고안하든 간에 살피시기 때문이다. 만일 네가 그분을 찾으면 그분께서 네가 그분을 찾게 하실 터이지만 만일 네가 그분을 저버리면 그분께서 너를 영원히 버리시리라. ¹⁰ 기억해라, 그러니까 하나님께서 너를 택하시어 신성한 집을 짓게 하신다는 사실을 이를 꾸준히 행하여라.'

¹¹ 다윗이 그의 아들 솔로몬에게 신전의 현관, 그 건물들, 저장소들, 다락방들, 안마당들, 지성소에 관한 기획안을 주었다 ¹² 또한 그 하나님 집의 마당들과 이를 둘러싼 방들, 신의 집의 저장소, 신성한 선물들의 저장소에 대해, 그의 마음에 가졌던 계획들도 주었다. ¹³ 그가 사제들과 레위 인의 구분들, 하나님 집의 봉사와 연관한 모든 일들, 그 봉사에 쓸 모든 집기들에 관한 지시도 주었다. ¹⁴ 그가 다양한 봉사에 쓸, 금 그릇들을 위한 금의 무게, 은그릇들을 위한 은의 무게를 기술했다, ¹⁵ 금 등잔과 금 등을 위한 무게, 은 등잔과 은 등을 위한 무게, 이 등들을 각각의 용도에 따라 기술했다. ¹⁶ 하나님 전의 상설병을 위해 각 식탁들의 금의 무게, 은 식탁들의 은의 무게도 기술했다. ¹⁷ 그가 또한 포크, 돌리는 잔들, 컵들의 순금 무게, 황금 접시들의 각각의 무게, 은 접시들의 각

각의 무게를 기술했다. [18] 또한 향 제단을 위한 정제한 금의 무게와 하나님 언약궤를 가리며 날개를 펼친 지천사가 있는 그 마차 모양의 정제 황금에 대해서 기술했다. [19] **'이 모든 일이 하나님 자신의 손으로 초안하신 그대로다.'** 다윗이 말했다. **'내 쪽에선 그 계획에서 나온 상세한 작업을 생각했다.'**

[20] 그 다음에 다윗이 그의 아들 솔로몬에게 말하길 '이를 행하기 위해 꾸준히 하고 단호히 해라, 절대로 약한 마음을 갖거나 불안해하지 말라, 왜냐하면 나의 신 하나님께서 너와 함께 계셔서다. 그분께서 네가 하나님 집의 봉사를 위해 필요한 작업을 마치기까진 절대로 네가 실패하거나 너를 저버리지 않으시리라. [21] 여기에 하나님 집의 모든 봉사에 준비를 한 사제들과 레위 인들의 구분이 있다. 모든 작업에서 무슨 업무든 간에 모든 열렬한 숙련공들의 도움을 네가 받으리라. 그리고 장교들과 온 백성들이 전적으로 너의 명령에 따를 것이다.'

역대상 29장 솔로몬이 왕으로 다윗을 승계

[1] 다윗 왕이 전 회중에게 말하길 '나의 아들 솔로몬을 신께서 택하셨습니다, 오로지 어린 나이의 소년 솔로몬을. 그리고 이는 위대한 일로서 사람을 위한 관습이 아닌 오직 신이신 하나님을 위해서입니다. [2] 지금 내 최대 능력으로 내가 나의 신의 집을 위해 황금 작업을 위한 황금, 은 작업을 위한 은, 청동 작업을 위한 청동, 목재 작업을 위한 목재, 이와 함께 홍옥과 다른 보석들, 모자이크 작업을 위한 돌들, 모든 종류의 귀한 돌들, 그리고 다량의 대리석을 준비해 놓았습니다. [3] 그에 더해 나의 신의 집에 기뻐서 신의 집을 위한 내 개인 저장고의 금

과 은을 둔 것은 -모든 저장고에 넘치고 넘쳐 이가 그 제단을 위한 수집이니- [4] 이를 불러보면 오펄에서 3,000달란트의 금, 7,000달란트의 은을, 그 건물 벽들에 장식할 건데 [5] 숙련된 장인이 금은으로 만들 무슨 용도에나 제공할 겁니다. 오늘 하나님께 드리려고 지금 누가 손을 열겠습니까?'

[6] 그러자 가문의 수장들, 이스라엘 지파들을 다스리는 장교들, 천부장과 백부장들, 왕의 봉사를 책임진 장교들이 자원해 응답하며, [7] 하나님 집의 작업에 5,000달란트의 금, 10,000데릭darics과 10,000달란트의 은, 18,000달란트의 동, 100,000달란트의 쇠를 주었다. [8] 그에 더해 귀한 보석들을 소유한 사람들이 하나님 집 저장고에 이를 냈는데, 게르손 가의 예히엘이 책임자였다. [9] 백성들은 이 자원의 반향이 그들의 하나님께 충성스런 마음을 드린 일이라 기뻐했다. 다윗 왕 역시 기쁨이 충만했다.

[10] 다윗이 모든 회중 앞에 하나님을 축복하며 말했다.

'우리 아버지 이스라엘의 신 하나님,
당신께선 오래전부터 영원히 축복받으십니다.
[11] *하나님, 그 위대하심과 권능이 당신께 있음은*
그 영광, 광휘, 장관, 하늘과 땅, 모두 당신 것이기 때문입니다,
하나님, 그 통치권자시니 만사의 수장이신 당신께선 기쁘십니다.
[12] *부와 영예가 당신에게서 옵니다,*
당신께서 모두 관장하십니다,

당신께서 막강한 권세를 관장하십니다,
당신의 것으로 모두에게 강한 힘을 주십니다.
[13] *지금, 우리의 신이시어, 우리가 당신께 감사하며*
당신의 영광스런 이름을 찬양합니다.

[14] '그런데 나는 누구며 내 백성은 누구기에, 우리가 이처럼 뜻을 모아 드릴 수 있습니까? 왜냐면 모든 게 당신에게서 오기에 우리가 당신께 드릴 것이 오직 이뿐이기 때문입니다. [15] 우리가 모든 아버지들이 그랬듯이 당신 앞에서 이방인이자 거주자입니다. 지상의 우리의 날들은 그림자 같아 거주할 장소가 없습니다. [16] 우리의 신 하나님, 우리가 당신의 거룩한 이름의 영예로 지으려는 그 집을 위해 쌓은 이 모든 재물이 당신에게서 나오니 이 모두가 당신 겁니다. [17] 당신께서 마음의 청렴함을 시험하심을 아오니 당신, 나의 신께서 기뻐하심은 이 모든 선물이 정직한 마음으로 자원해서 올려섭니다, 그러니 지금 여기, 당신 백성들이 당신께 자원해 드리는 선물을 보시고 기뻐하십시오. [18] 아브라함, 이삭, 이스라엘, 우리의 조상들의 신 하나님이시여, 영원히 당신 백성들의 생각이 이를 추구해 그들 마음이 당신께 향하도록 지시하고 유지해 주십시오. [19] 내 아들 솔로몬이 당신의 계명과 당신의 엄숙한 요구인 당신의 규례들을 충성스레 지켜 그가 그 모두를 이룰 수 있게 내가 제공한 것으로 궁전을 짓게 허락해 주십시오.'

[20] 전체 회중을 향해 돌아선 다윗이 말하길 '지금 너희들의 신 하나님을 축복하여라.' 그러자 온 회중이 그들 조상들의 신 하나님께 절하려고 낮추어 하나님과 왕에게 그들 자신을 엎드렸다. [21] 그다

음 날 그들이 하나님께 전 제물을 바쳤다, 1,000마리 황소, 1,000마리 숫양, 1,000마리 어린 양, 그와 기술한 음료 제물과 온 이스라엘을 위해, 막대한 희생을 바쳤다. [22] 그래서 그들이 하나님 앞에서 그날에 큰 기쁨으로 먹고 마셨다.

그때 그들이 다윗의 아들 솔로몬을 왕으로 두 번째 하나님의 왕자로 지명해서 사제 자독이 행했다. [23] 그래서 솔로몬이 왕으로 부친 다윗의 자리인 하나님 보좌에 앉으니, 온 이스라엘이 그가 융성하게 그에게 복종했다. [24] 모든 장교들과 전사들은 물론 다윗 왕의 모든 아들들이 솔로몬 왕에게 충성을 맹세했다. [25] 하나님께서 모든 이스라엘 눈에서 솔로몬을 매우 높이시어 그 이전에 이스라엘 왕에 없던 통치권을 수여하셨다.

[26] 이새의 아들 다윗이 전체 이스라엘을 다스렸으니 [27] 그 이스라엘 통치 기간이 40년인데 7년은 헤브론에서 33년은 예루살렘에서. [28] 그가 충분히 늙은 나이로 충만한 날들에 부와 영예를 누렸다. 그의 아들 솔로몬이 그를 승계하여 대신했다. [29] 다윗 왕 통치 기간의 사건들이 처음부터 끝까지 예언자 사무엘, 선지자 나탄, 예언자 갯의 책들에, [30] 그의 통치의 충분한 책임, 그의 용맹, 그와 이스라엘, 그리고 그 세계 모든 왕국들로 통했던 과거에 관해서 기록했다.

생각할 점

역대상 28-29장은 다윗 왕의 마지막 행사 기록이다.

대상 28장에서 다윗이 주요한 군사 장교들, 국가 행정 주요 관리자들, 성직 종사 책임자들을 소집해 연설한다. 그들에게 예루살렘 성전 건축을 당부한다.

자신의 왕위를 이을, 아들 솔로몬에게 그리고 선민들에게 당부를 한다.

다윗이 하나님의 성전을 짓기 위해 준비한 여러 사실들을 낱낱이 그들 모두에게 보고하며 마지막 당부를 한다.

이 중 다윗의 선한 언급이 대하28:7이라 할 수 있다.

하나님께서 유다 지파를 언급, 영원한 축복을 주신다 하셨으니, 하나님 눈에서 말씀대로 살기를 왕이 된 아들과 선민들에게 당부하고 있어서다.

다윗은 이스라엘 왕국 굳건함이 하나님께서 오니 그분을 위한 성전 짓기와 그분의 믿음 고수를 다음처럼 당부한다.

첫째, 하나님 성전 건설, 준비 사항 과정을 공개한다. 그 자신이 그간에 준비한 내역의 세세한 내용을 밝힌다.

둘째, 솔로몬 왕과 그를 보필할 관리들이 오직 하나님만 믿고, 그분 가르침 안에만 벗어나지 않고 살길 당부한다.

셋째, 예루살렘 성전 신축을 위한 집행을 힘껏 추진, 그와 하나님 기획대로 시행하길 당부한다.

넷째, 하나님 성전을 지을 책임자 솔로몬을 위해 이를 수행할 각종 지도급 인사들에게 총 기획안을 선포한다.

이처럼 나이 든 다윗이 하나님 앞에서 선민들을 대신해 올리는 진심을 다한 기도와 소망의 연설이다.

이를 읽는 우린 마음이 복잡하다. 왜냐면 이때의 다윗은 그의 아들 솔로몬 왕 말년에 생길 일까지는 몰라서다. 또한 이렇듯 고대에 하나님 성전 신축을 위한 각종 재료와 대량의 물량과 이를 능숙하게 다룰 수 있는 만반의 인력까지 준비했다는 기록이 대단하다. 지상 유일의 하나님 나라였던 이스라엘 당시 국력에 머릴 숙이게 한다.

선민들 삶의 근원인 그들의 신 하나님을 위해 모세가 지은 장막집 대신에 지붕이 있는 성전을 짓기 위해서다. 하나님 언약궤를 모실 성전을 합심해 지어야만 했다.

다윗의 성전 건축 기획이 하나님지시니 하나님 설계라는 말씀이다. (대상28:11-20).

그로써 성전의 위상을 누구나 상상하게 이끈다.

다윗이 성전 설계도를 하나님 지시대로 그렸다.

기타 상세 내용은 다윗 자신이 준비했다니 하나님 지시에 준해서 준비를 했으리라.

선민들이 애초에 하나님과 계약을 맺고 하나님께서 주신 십계명을 보관할 언약궤를 짓고 이 궤를 모실 장막을 짓는 과정이 출 25-30장에 자세하다.

이로써 성전이란 하나님께 필요하신 공간이 아니었다. 선민들이 지킬 하나님 약속을 위한 선민들의 공간이었다. 왜냐면 선민들이 이동해야 해서다. 다윗 시대는 선민들 위상이 모세 시대와 크게 달라졌다.

하나님께서 하실 일을 선민 지도자들에게 지시하여 그분 의도대로 선민들을 인도하게 주도하셨다.

하나님 제단은 믿음의 조상 아브라함이 가장 먼저 하나님께 제단을 쌓았다. 아브라함이 하나님의 여러 말씀과 많은 도우심을 받고 감사하여 하나님께 직접 제단을 쌓은 기록이 최초다. (창12:6-8, 13:4, 13:16-18)

그런데 하나님께서도 아브라함에게 제단을 준비하라고 말씀하신 기록이 특별하니 이는 **창 15장**이다.
이때 하나님께서 아브라함과 약속하시고자 제물의 준비를 그에게 지시하신다. 그리고 그날 저녁 어둠이 깃들자 그에게 내려오신다. 하나님께서 불타는 화염으로 오시어 아브라함이 준비한 희생 제물 사이로 지나자 이들이 불탄다.
하나님께서 그때 아브라함에게 그의 후손에 관한 축복을 약속하며 모세가 나올 수백 년 후까지도 들려주신다.

이는 선민들을 위한 하나님 약속의 첫 거룩한 장면이다.
이처럼 아브라함에게 하늘에서 내려오셔 말씀하셨다.

하나님과 선민들의 두 번째 약속은 **출 20장**에 나온다.

하나님께서 시온 산 정상에서 선민들과 약속하시러 직접 오신다. 선민들이 유일신 하나님만 믿고 살기를 약속하게끔 하나님께서 직접 말씀하시러 오신다.

천둥과 번개와 화염 속에 그분께서 선민들에게 오셨다.

하나님께서 아브라함에게 불과 화염으로 오신 때와 같다.

하나님께서 지상에 처음 오신 때는 아브라함 혼자였다.

두 번째 시온 산 정상으로 모세를 부르실 때는 온 선민이 그 산 아래서 하나님을 뵙고 듣고 알고 느끼게 해주셨다. 선민들이 천둥 벼락, 불의 화염, 짙은 구름 속에 오신 하나님 뵙기를 죽을 만큼 두려워했다. 그래서 모세가 하나님 앞에서 선민들을 대신해, 여러 말씀을 들어야 했다.

하나님께서 모세를 중재로 선민들과 직접 약속하셨다. 십계명이 그때 모세가 받아온 하나님께서 돌에 새겨주신 약속이다. 이는 선민들에게 생명만큼 소중했다.

하나님께서 모세에게 이르시길 궤를 하나 만들라 지시하신다. (출25:10-30)

모세가 하나님 지시대로 만든 궤 안에 십계명 석판 두 개를 넣으라 하신다. 그 언약궤를 덮을 장막을 만들라 지시하신다. (출26-27:8, 36:8-38)

그 후엔 언약궤가 놓인 장막 안에서 하나님께서 모세와 아론을 만나신다. 선민들은 그 장막 앞에 모여 서 있어야 했고 밖으로 나온 모세와 아론을 통해 하나님 전갈을 들어야 했다. 아론과 모세가 죽은 후엔 아론의 아들들이 제사장 직을 대대로 이어서 언약궤와 장막을 지켰다.

모세 이후엔 여호수아가 하나님께 직접 지시를 받아 선지자로서 선민들을 지도하였다. 여호수아 이후엔 여러 사사들이 하나님 지시를 받고 선민들을 인도했다. 선민들의 초대 역사는 그렇게 흘러갔다. 이는 선민들이 하나님 약속의 땅 가나안에 들어와서 자리를 잡기까지다.

언약궤의 장막을 대신할 하나님 성전을 짓기에는 조건이 하나 있다. 지도자와 사제들도 선민들도 일평생 다윗처럼, 하나님을 향한 믿음이 한결같아야만 한다.
일심으로 하나님의 길에서만 살아야 한다는 조건이다.

다윗에게 답하시는 하나님 말씀에서 이를 이해할 수 있다. 하나님께서 집을 원하지 않는다 하셔서다. (대상17:3-6, 삼하7:4-7)

이로서인가 세상이 한때 교회 신축, 증축이 마치 믿음의 증표 같이 보였다. 이 원인이 다윗에 있는지라 착잡하다.
그러나 하나님 역사니 과거 기록은 소중하다.
바람직하지 못한 일들의 근원을 본 셈이다.

다윗의 열변에 선민들이 호응해 성전 헌금이 많았다는 기록이 그런 일들의 시초로 보일 수 있으니 부흥회다.

이는 역사 공부가 주는 귀감이다.
다윗은 하나님께서 성전 구조를 알려주시어 성전의 장관을 그 자신도 충분히 상상했으리라. (대상28:19)

장차 지어질 예루살렘 성전 위용과 선민들이 예배하며 축복받으리라 상상하고 감사하며 세상을 떠났으리라.

구약역사 48 역대하서 1-5장

역대하서 소개 (REB. NIV.)

역대하서는 유다왕국의 이상적인 선민의 역사에 관한 기록이다. 역대하서는 솔로몬 왕부터 이스라엘 선민들의 왕국이 패망해서 바빌론 추방을 초래하기까지 나온다.

역대하서의 큰 특징이 신실한 왕들과 선지자들의 연설(대하13:5-12, 20장)에 기인해서 기록했다. 왕정 시대에 간혹 가치 있는 인물들의 연설을 후대에 편집하여 기록했다.

역대 사가들이 그 추방 후에 빈번하게 예루살렘에서 번영했던 그 경건함의 빛 안에서 과거 왕정 시대 역사를 해설한다. 예를 들면 역대상서에서 인류의 족보와 선민의 족보가 자세히 다음의 순서로 나온 것과 유사하다.

'아담부터 사울 왕'까지, '다윗이 사울 승계'까지, '다윗의 성전 기획'과 '솔로몬이 다윗 승계'까지다.

역대하서 1-5장
역대하 1장 '솔로몬의 통치'

대하1:1 다윗의 아들 솔로몬의 왕권이 날로 강화되니, 그의 신 하나님께서 함께하여 그를 매우 위대하게 하셔서다.

² 솔로몬이 천부장, 백부장, 장교들, 사사들, 온 이스라엘의 지도자들, 가문의 수장들에게 연설했다. ³ 그가 온 회중과 기브온의 높

은 곳에 갔는데 하나님의 종 모세가 광야에서 만든 만남의 장막이 있어서다. ⁴ 하나님 언약궤를 다윗이 키리앗 예아림(삼상5-7)에서 가져다 이를 위해 준비한 장소에 모셨다. 그가 예루살렘에 이를 위해 장막을 쳤다. ⁵ 훌Hur의 아들, 우리Uri의 아들 베자렐(출31:1-11, 38-1-2)이 만든 청동제단 또한 하나님 장막 앞인 기브온에 있었다. 솔로몬과 회중이 거기에 자주 갔다. ⁶ 솔로몬이 그곳에 올라가서 만남의 장막인 하나님 앞의 청동제단에 1,000의 번제물을 바쳤다.

⁷ 그 밤에 하나님께서 솔로몬에게 나타나 말하길 **'내가 너에게 무엇을 주랴? 내게 말해라.'** ⁸ 그가 답하길 '당신께서 나의 부친 다윗에게 위대하게 지속하는 사랑을 보이시어 그 자리에 나를 왕으로 만드셨습니다. ⁹ 지금 주 하나님, 나의 부친 다윗에게 하신 당신 약속이 이루어지게 하소서, 왜냐면 당신께서 그를 지상의 먼지처럼 수많은 가운데서 한 백성을 다스릴 왕으로 만드셨기 때문입니다. ¹⁰ 지금 지혜와 지식을 허락해 주시어 이 백성을 이끌게 하소서. 그렇지 않으면 누가 이 위대한 당신 백성을 다스릴 수 있겠습니까?'

¹¹ 신God께서 솔로몬에게 말하길 **'네가 내게 부, 소유, 영예, 적개심 가진 자들의 생명, 심지어 너의 긴 수명조차 청하지 않고 오직 내 백성 이스라엘을 다스릴 지혜와 지식을, 너를 왕으로 만든 내게 청하다니, ¹² 지혜와 지식을 너에게 허락한다. 내가 또한 부와 소유와 영광을 주리니 너와 같은 왕이 너의 이전에도 이후에도 없으리라.'** ¹³ 그래서 솔로몬이 기브온에 있는 만남의 장막 신전 앞에서 예루살렘으로 돌아와 이스라엘을 다스렸다.

¹⁴ 솔로몬이 수레들과 말들을 추정했다. 1,400대의 수레와 말

12,000두가 있었다. 이를 그가 마을들 몇 군데에 주둔시키고, 다른 것들은 예루살렘 가까이 두었다. ¹⁵ 왕이 금과 은을 예루살렘에서 돌처럼 흔하게 삼목은 쉐펠라의 무화과나무처럼 흔하게 하였다. ¹⁶ 애급의 쿠에Kue에서 솔로몬을 위한 말들을 수입했다. 왕의 상인들이 쿠에에서 그것들을 구입해 손에 넣었다. ¹⁷ 수레들은 애급에서 한 대에 은 600세겔 말은 두당 150세겔로 수입했다. 같은 방식으로 상인들이 이것들을 히타이트와 아람의 모든 왕들에게 수출했다.

역대하 2장

¹ 솔로몬이 하나님의 이름을 위한 집과 자신을 위한 왕궁을 짓고자 결심했다. ² 그가 70,000명의 일꾼과 80,000명의 석공들을 감독할 3,600명을 고용했다. ³ 그가 타이어의 후람 왕에게 이런 전갈을 보냈다. '당신은 나의 부친 다윗에게 왕의 주거지를 짓도록 삼목을 보낼 만큼 친밀했습니다. ⁴ 지금 내가 나의 신 하나님의 이름을 위한 집을 지어서 그분께 봉헌하고자 합니다, 그래서 그분 앞에서 향기로운 향을 태우고, 정규로 상설 병을, 아침과 저녁에 전 제물을, 안식일과 새달에 우리의 신 하나님께서 정하신 절기들에 올리고자 합니다. 왜냐면 이는 이스라엘에 영원히 내리신 의무이기 때문입니다. ⁵ 내가 짓고자 하는 그 집은 반드시 위대해야만 하는데, 왜냐면 우리의 신께선 모든 신들보다 훨씬 위대하기 때문입니다. ⁶ 그러나 어느 누가, 하늘 그 자체시고, 가장 높은 하늘이신 그분을 위한 집을 하나 지을 수 있겠습니까? 내가 누구이기에 그분 앞에 제물을 태우는 이외에 감히 그분께

서 머무르실 집을 지을 수 있겠습니까? ⁷ 지금 나에게 금은, 동과 쇠에 관해, 자주, 진홍, 보라색 방모에 관해, 숙련된 장인 한 사람을, 또한 숙련된 제판사(조각사) 한 사람도 보내 주십시오, 나의 부친 다윗이 준비한 나의 숙련된 기술자들과 유다와 예루살렘에서 함께 작업을 할 것입니다. ⁸ 또한 나에게 레바논에서 삼목, 소나무, 백단향을 보내주십시오, 왜냐면 내가 당신 부하들이 레바논 숲에서 생활하여 벌채에 능함을 알기 때문입니다. 나의 부하들이 당신의 부하들과 일할 터이고, ⁹ 수년 동안 나를 위해 상당량의 목재를 준비할 텐데 왜냐면 내가 지으려는 그 집은 위대하고 굉장한 일이기 때문입니다. ¹⁰ 내가 당신 부하들인 숲의 벌채꾼들에게 제공할 겁니다. 밀 20,000콜kor, 보리 20,000콜에 더해 포도주 20,000통, 기름 20,000통입니다.'

¹¹ 타이어Tyre의 후람 왕이 이런 편지로 답했다. '이는 하나님께서 그분의 백성 이스라엘을 사랑하시기에 그분께서 그들을 다스리라고 당신을 왕으로 세우셨기 때문입니다.' ¹² 편지에 계속하길 '하늘과 땅을 지으신 이스라엘의 신 하나님께선 다윗 왕에게 현명한 아들을 주시어, 이해심과 통찰력을 수여하시고 하나님의 집과 자신을 위한 왕궁을 짓게 하시니 복을 받으십니다.

¹³ 내가 지금 나의 전문가 후람을 보내니 숙련된 장인입니다. ¹⁴ 그가 단Dan의 여인과 타이어의 부친의 아들입니다. 그는 금과 은, 동과 쇠, 돌과 나무는 물론, 자주, 보라, 진홍 방모와 좋은 아마사 작업에 숙련된 일꾼입니다. 그가 또한 숙련된 제판사로서 당신 자신의 숙련된 장인들과 나의 주 당신의 부친 다윗의 장인들과 함께 무슨 도안이든 감수하면서 일할 사람입니다. ¹⁵ 지금 나의 주께서 그의 종들에게 밀과 보리, 포

도주와 기름을 약속대로 보내 주십시오. ¹⁶ 우리가 레바논에서 당신이 필요한 모든 목재를 자를 수 있고 이를 욥바로 길을 대신하는 뗏목으로 띄울 수 있습니다. 당신이 이를 예루살렘까지 운반할 수 있습니다.'

¹⁷ 솔로몬이 이스라엘에서 모든 이방인 거주자의 인구를 조사했는데 그의 부친 다윗이 하였던 바와 비슷했다. 이들이 153,600명이 되리라고 밝혀졌다. ¹⁸ 그가 그들의 70,000명을 짐꾼으로, 80,000명을 석공으로, 3,600명을 그 백성들의 작업을 감독하도록 지시했다.

역대하 3장

¹ 솔로몬이 하나님의 집을 모리아Moriah 산 위¹ **[참고 1]**의 예루살

I [참고 1]

창22:1:1 얼마 후에 **신께서 아브라함을 시험하려고** 하셨다. '아브라함아!' 그께서 부르자 아브라함이 대답하길 '여기 있습니다!' ² 신께서 말씀하시길 '네가 사랑하는 아들, 오직 하나뿐인 이삭을 데리고 모리아의 땅으로 가라. 거기서 그를 희생으로 바쳐라, 내가 너에게 보여줄 높은 언덕들 중 한곳에서다.' ³ 이른 새벽 아브라함이 그의 당나귀에 안장을 얹고 그의 남자들 둘과 그의 아들인 이삭과 같이 했다. 희생 제물을 위한 쪼갠 나무들을 갖고, 신께서 그에게 말씀하신 그 장소로 출발했다. ⁴ 사흘째 낮에 아브라함이 올려보니 먼 거리로 그 성소the shrine가 보였다. ⁵ 그가 그의 부하들에게 말하길, '너희는 여기 당나귀와 있어라, 내가 소년the boy과 올라가겠다. 우리가 그곳에서 경배를 하고 다음에 너희에게 돌아오겠다.' (창22:6-10 생략)

창22:11 그러나 하나님 천사가 하늘에서 그를 불렀다. '아브라함! 아브라함!' 그가 답하길, '여기 있습니다!' ¹² 천사가 말하길 '**네 손을 그 소년에게 올리지 말라, 그를 건드리지 말라. 나는 지금 네가 하나님을 두려워하는 사람임을 알았다. 너는 나에게서 네 아들, 그 유일한 아들을 보류하지 않았다.**' (22:13 생략)

¹⁴ 아브라함이 그 성소를 이름 하길 '하나님께서 제공하시리라the Lord will provide', 그리고 이날까지 전하길 '하나님의 산에서 이를 제공했다. *In the mountain of the Lord it was provided.*'

¹⁵ 그때 하늘에서 하나님 천사가 아브라함을 두 번째 불러 ¹⁶ 그에게 말하길 '**이는 하나님 말씀이다. 나 자신 스스로에게 맹세하노니 네가 이를 행했기에 너의 아들 너의 유일한 아들을 고수하지 않았기에** ¹⁷ **내가 너를 무한히 축복하리니 너의 후손을 하늘의 별과 같이**

렘에서 짓기 시작했는데 하나님께서 그의 부친 다윗에게 나타나셨던 데다. 이는 예부시트 인 오난의 타작마당에서 다윗이 준비했던 장소ᴵᴵ [참고 2]였다. ² 그가 그의 통치 4년 둘째 달에 집짓기를 시작

혹은 바닷가 모래알처럼 만들리라. 너의 후손들이 그 적들의 도시들을 소유하리라. ¹⁸ *지상의 모든 국가들이 너의 후손들이 축복 받듯이 축복받기를 원하리라. 왜냐하면 네가 내게 순종을 해서다.'*

ⅠⅠ [참고 2]

하나님 언약궤의 역사 기록은 다음과 같다.

1. '*언약궤를 빼앗기다*' (삼상 4장)

이스라엘이 블레셋과 싸우다 지게 되니, 늙은 노제사장 엘리에게 의논도 안 하고 엘리 대신 사제 노릇 하던 엘리의 두 아들이 언약궤를 메고 싸우러 간다. 이에 이스라엘은 대패하니 30,000명이 죽고 언약궤는 빼앗기며 엘리의 두 아들과 일가족이 다 죽는다.

2. '*블레셋에 뺏긴 언약궤*' (삼상 5장)
3. '*언약궤가 돌아오다*' (삼상 6장)
4. '*언약궤를 키리앗 예아림Kiriath Jearim으로 보내다*' (삼상6:19-21)
5. 키리앗 예아림 사람들이 와서 여호와의 궤를 산에 사는 아비나답의 집에 들여놓고 그의 아들 엘리아살을 거룩하게 구별해 여호와의 궤를 지키게 하였더니 그날부터 20년 동안 거기 있었다. (삼상7:1-2)
6. '*하나님의 궤를 예루살렘으로 가져오다*' (삼하 6장)

삼하6:1-11에는 다윗이 군인들에서 뽑은 30,000명과 그와 함께 했던 사람들과 유다에 있는 발라Baalah로 가서 언약궤를 모셔오려 한다. 그러나 오는 도중에 일이 생긴다. 이에 다윗이 두려워 갯 사람 오벳 에돔 집에 하나님 언약궤를 모셔두게 한다. 그 후 석 달이 지나서 이를 다윗이 다시 시도한다.

삼하6:12-22에서 다윗이 최선으로 하나님 언약궤를 다윗 시로 모셔오는 과정이 성공하자 그들 모두 기뻐하는 잔치를 연다. 이를 다음처럼 그 내용을 반복 기록한다.

7. 대상 13장= 삼하 6:1-11 내용 반복
8. 대상15:1-24 '하나님의 궤를 옮길 준비'
9. 대상15:25-29=삼하 6:12-22, '하나님의 궤를 예루살렘으로 옮기다'
10. 대상 21장 '다윗의 인구조사' (삼하24:1-25)

위에서 마지막 기사(대상21:1)가 사탄이 이스라엘을 대적, 다윗을 충동, 선민들을 계수하게 한다. (삼하24:1) 고로 하나님께서 이스라엘에 분노하신다. 다윗이 후회했지만 노하신 하나님께서 선민들을 역병으로 죽게 하신다. 이를 하나님께서 오난의 타작마당에서 천사의 칼을 멈추게 하신다. 하나님께서(삼하24:18-2:18, 대상21:18-26) 다윗에게 제단을 쌓게 하시고 그가 올린 전 제물과 나눔 제물을 불로 태우신다.

하나님께서 제단을 짓게 다윗에게 명하신 특별기록이다.

했다. ³ 이는 솔로몬이 하나님의 건물을 위해 깔았던 초석들이다. 측량의 오랜 표준에 따라서 길이는 60큐빗, 폭은 20큐빗. ⁴ 그 집 앞의 현관 20큐빗 길이, 넓이는 그 집 전체 폭의 길이로 높이는 20큐빗에 그 내부는 순금으로 씌웠다. ⁵ 그가 넓은 방을 소나무로 판을 두르고 겉은 좋은 금으로 덮고 그 위에 야자나무를 새기고 사슬 작업을 했다. ⁶ 그가 그 집 장식을 귀한 돌들과 팔봐임의 금으로 치장했다. ⁷ 그 집 전체를 금으로 씌우고 서까래와 뼈대, 벽들과 문들, 그리고 벽에는 지품천사들cherubim을 새겼다.

⁸ 그가 지성소the Most Holy Place는 20큐빗 길이로 했는데 그 집의 폭에 맞추어 20큐빗 넓이다. 그가 이의 겉은 좋은 금 600달란트로 모두 둘렀으니 ⁹ 그 금 못들 무게가 50세겔이었다. 또한 다락방들도 모두 금으로 덮었다.

¹⁰ 그가 지성소에 두 개의 지품천사 상을 조각하고 겉을 금으로 덮었다. ¹¹ 그 천사들 날개의 폭이 20큐빗이었다. 한 지품천사 날개 하나가 그 집의 벽에 닿는 5큐빗이고, 다른 날개가 5큐빗으로 다른 지품천사의 날개와 만나게 했다. ¹² 이와 비슷이 둘째 지품천사의 한 날개가 5큐빗으로 벽을 치며 다른 날개가 그 첫 지품천사의 한 날개와 만났다. ¹³ 이들 지품천사들의 날개들이 20큐빗에 달했다, 그들이 바깥방을 바라보며 발은 바닥에 딛고 서 있다. ¹⁴ 그가

하나님께서 제단을 짓게 명하신 아브라함(**창 15장**)의 기록이 있다.
그리고 예루살렘 성전 봉헌의 하나님 제단이 솔로몬의 기록이다.

이로써 우리는 눈에 보이는 하나님 제단을 짓기보단, 하나님 외경심에서 악의 시험에 빠지지 않는 공의로운 삶과 진실한 믿음이 요구된다는 사실을 절감한다.

지품천사들과 함께 보라, 자주, 진홍 방모와 좋은 아마포로 베일을 만들어 수를 놓아 드리웠다.

¹⁵ 그 집 문 앞에 그가 18큐빗 높이의 기둥 두 개에다 각각 5 큐빗 높이의 받침대를 만들고 이를 세웠다. ¹⁶ 그가 그 기둥들 꼭대기 주위에 둘러서 목걸이처럼 사슬 치장을 하고, 그 사슬 줄에 100개의 석류를 조각했다. ¹⁷ 그가 그 기둥들을 신전 앞에 오른쪽과 왼쪽에 세우고 오른쪽 하나를 야킨Jakin 왼쪽을 보아즈Boaz라 이름 지었다.

역대하 4장

¹ 그가 동으로 제단을 20큐빗 길이, 20큐빗 넓이, 20큐빗 높이로 만들었다. ² 그가 주물 쇠로 대야를 만들었다. 둥근 모양이고 가장자리 둘레 길이가 10큐빗이었다. 높이는 5큐빗이고, 30큐빗 길이의 선 하나가 이를 둘렀다. ³ 대야 아래 온 주위가 30큐빗 원주로서 호리병처럼 만들어진 그 대야 자체를 한 조각으로 만들었다. ⁴ 이를 12마리 황소가 지고 있는데, 세 마린 북쪽, 셋은 남쪽, 셋은 남쪽, 셋은 동쪽을 향하고, 그들의 뒷다리와 엉덩인 안쪽을 향했다. 대야는 그들의 꼭대기 위에 얹었다. ⁵ 그 두께가 한 손의 넓이였다. 그 둘레는 컵처럼 만들어서 백합의 꽃받침 모양 같다. 이것이 가득 차면 3000베스bath의 물을 담았다. ⁶ 그가 또한 씻기 위한 욕조를, 오른쪽과 왼쪽에 다섯 개씩 만들어 두었다. 이런 데서 그들이 전 제물을 위해 사용하는 모든 것을 깨끗이 했다. 대야는 사제들이 씻기 위한 거다.

⁷ 그가 기술한 방식대로 황금 촛대 10개를 만들어 신전에서 그것을 오른쪽과 왼쪽에 5개씩 놓았다. ⁸ 그가 식탁을 10개 만들어 신전 안에 이를 5개는 오른쪽 5개는 왼쪽에 두었다. 그가 100개의 황금대접을 만들었다. ⁹ 그가 사제들의 마당을 만들어 그 위대한 구역을 위한 문들을 만들었다. 양쪽 문들을 동으로 씌웠다. ¹⁰ 그가 대야를 신전의 동남쪽 오른편 구석에 두었다.

¹¹ 후람이 솥들, 삽들, 대접들을 만들었다. 그것으로 솔로몬은 하나님 집을 위해 책임진 작업을 끝마쳤다. ¹² 두 기둥들 꼭대기엔 대접 모양의 기둥머리가 둘이다. 그 기둥들 위의 대접 모양 받침들 두 개를 덮은 두 사슬 장식들이 있다. ¹³ 각 사슬 작업을 위해, 두 줄의 사슬 작업과 두 줄의 석류들로 400개 석류가 있으니 두 기둥을 위한 대접 모양 받침 두 개를 덮는다. ¹⁴ 열 개의 손수레 위에 열 개의 욕조가 있다. ¹⁵ 그 대야는 황소 열두 마리가 지탱한다. ¹⁶ 냄비들, 주걱들, 건네는 대접들- 이들 모든 용기들을 장인 후람이 솔로몬의 하나님 집을 위한 청동에 윤을 내서 만들었다. ¹⁷ 왕이 그것들을 요단 평야에 있는 수콧Succoth과 제레단Zeredan 사이의 주조공장에서 주조했다. ¹⁸ 솔로몬이 이 굉장한 양의 모든 목적물들을 만들었다. 사용한 청동의 무게가 한계를 벗어났다.

¹⁹ 솔로몬이 하나님 집을 위한 모든 집기들을 또한 만들었다. 황금제단, 상설 병을 위에 놓을 식탁을 만들어 ²⁰ 기술한 방식대로 신전 내실 앞에 밝힌 등들이 있는 황금 등잔대들을 만드니 ²¹ 꽃들, 등들, 단단한 금 집게들, ²² 심지 가위, 건네는 대접들, 받침 접시들, 붉은 금의 불펜fire fan들과 하나님 집 입구에서 가장 신성

한 장소에 이르는 내실의 문들과 지성소 문까지 금으로 만들었다.

역대하 5장

¹ 솔로몬이 하나님 집을 위한 모든 작업을 완수했을 때 그의 부친 다윗이 바친 것을 가져왔는데 금은 집기들로 신의 집을 위한 저장고에 보관했다.

² 그때 솔로몬이 이스라엘 장로들과 이스라엘 지파의 대장들이 있는 모든 가문들의 수장들을 예루살렘에 소집하라 소환했는데 시온이라 불린 다윗 시에서 하나님 언약궤를 모셔오기 위해서였다. ³ 이스라엘의 모든 남자들이 일곱째 달 순례 축제에 왕의 면전에 모였다. ⁴ 이스라엘 장로들이 다 모였을 때 레위 인들이 그 언약궤를 들어 올려 ⁵ 운반했다. 만남의 장막과 장막의 모든 거룩한 집기들을 사제들과 레위 인들이 운반했다. ⁶ 솔로몬 왕과 온 이스라엘 회중이 언약궤 앞에서 수를 잊거나 인식한 대로 양들과 황소들을 희생했다.

⁷ 사제들이 하나님 언약궤를 그곳에 모셔 와서 그 집의 내부 신전 가장 거룩한 장소인 지품천사들 날개 아래 모셨다. ⁸ 지품천사들 날개들이 그 궤의 위로 펼쳐져 궤와 궤를 보호하는 기둥 위로 천개 형태를 이루었다. ⁹ 그 기둥들이 돌출해 그 끝이 그 신성한 장소에선 즉시 내부 신전의 앞을 볼 수 있었으나 밖에서는 어느 곳에서도 볼 수 없었다. 그것이 거기에 이날까지 있다. ¹⁰ 그 궤 안에는 아무 것도 없고 하나님께서 선민들이 애급을 떠난 후에 그들과 계약을 만드실 때 모세가 호렙에서 넣은 오직 두 개의 석판뿐이다.

¹¹ 사제들이 그 거룩한 장소에서 나왔을 때(왜냐면 거기 나타난 모든 사제들이 구분을 가리지 않고 자신들을 거룩하게 했기 때문이다), ¹² 모든 레위 인 가수들, 아삽, 헤만, 예두툰, 그들의 아들들, 그 친척들이 좋은 아마포로 성장하고, 타악기, 현악기, 칠현금을 가지고 제단의 동쪽에 섰고, 나팔을 부는 120명 사제들이 함께 했다. ¹³ 지금 나팔수들과 가수들이 화음을 맞추어 하나님께 찬양과 감사를 울리자, 그 노래가 나팔들, 타악기들, 음악가들 악기들과 어울린 하나님 찬양으로, **'이분은 선하시다, 왜냐면 그분의 사랑은 영원히 견디시기 때문이다.'** 그러자 그 집이 하나님 영광으로 가득 찼다. ¹⁴ 그 사제들이 하나님 집을 채운 하나님 영광을 위한 구름 때문에 임무를 계속 수행할 수 없었다.

생각할 점

대하 1-5장의 기록들이 다윗 위상에 크게 초점을 둔 하나님의 지상왕국의 위업이라고 볼 수 있다.

대하 1-5장 내용이 왕상3:16-28, 7:1-12과 중복한다.

열왕기는 BC 500년대의 기록이다. 역대서는 이보다 100-150년 뒤의 기록이다. 이는 같은 기록의 요약에서 더 진전한 내용들일 수 있다. 세월이 흐르자 선민들의 사관들이 과거 기록에서 그들이 지향할 바를 정리했다고 볼 수 있어서다. 고로 우리는 사관들의 선한 관점을 배워야 한다. 이는 역사를 관장하는 하나님 역사 인식을 미래의 선민들을 위해 하나님 관점에서 기록했다 볼 수 있어서다.

대하 1장

솔로몬의 특질 중에서 주요한 사안들을 요약해 기록했다.

그런데 다음과 같은 뜻밖의 기록에 생각을 하게 한다.

그가 왕이 되어서 하나님께 기도를 올리러 간 장소와 제단이 문제다. 왜냐면 역대하서의 사관들이 솔로몬의 부친 다윗이 천신만고 끝에 왕이 되자 가장 먼저 한 일과 비교가 되는 기사를 함께 올려서다.

다윗은 왕이 되자 하나님 언약궤를 옮겨오는 일부터 시행한다. 그러나 첫 번 시도에 그가 실패한다. (삼하6:1-11) 석 달간을 기다린 후에야 하나님께 온 정성을 다해 다윗이 자신의 도시인 다윗 성으로 언약궤를 모셔온다.

그리고 그 언약궤를 위해 다윗이 준비한 장막 한가운데 모시고 번제와 화목제를 올리고 선민들을 축복한다. (삼하6:12-23)

생각해 보자.

무엇이 더 소중한가에 관해서다.

하나님 언약궤인가? 장막과 제단인가?

왜, 어째서, 무엇 때문에 솔로몬이 부친을 쫓아 다윗 시의 언약궤의 장막 앞에서 하나님께 예배하고 번제와 화목제를 드리지 않았는가?

솔로몬은 왜 굳이 기브온까지 올라가서 거기의 청동 제단에서 번제를 올렸는가?

이 청동 제단은 모세가 하나님 지시로 청동장인 베자렐에게 명

해서 만든 거다. (출 36, 37, 38장)

다윗은 그 청동 제단까지 다윗 시에 가져가진 않았다. 그래서 선민들이 계속 거기서 번제를 올렸다 한다.

다윗의 행위를 다시 보자. (왕상3:1-15)

다윗은 '하나님 언약궤'를 키리앗 예아림에서 예루살렘으로 모셔 와서, 이를 위한 장막을 쳤다. (삼하 6장, 대상 13장, 15:25-16:6).

이에서 솔로몬이 다윗과 크게 다름을 고려할 수 있다.

대하 2장

솔로몬이 성전 건축을 시작한다. 목재와 이를 위한 각종 전문 인력과 다방면의 숙련공들을 이웃의 후람 왕과 협상해서 타결한다. 많은 인력이 필요한 공사가 순조로이 시작했다는 기록이 상세하다.

대하 3장

솔로몬이 하나님의 집을 모리아 산 위의 예루살렘에서 시작을 했다는 기록은 각별하다.

이 모리아 산(대상21-22)은 창22:1-18(대상21:18-22:5, 왕상6:1)에 처음 나온다. 모리아 산은 아브라함이 하나님 말씀대로 이삭을 제물로 바치러 올라갔던 산이다.

또한 다윗에게도 하나님께서 번제물을 올리라 명하신 장소다. 다윗 말년에 인구조사로서 하나님께 큰 질책을 받고 제단을 만들어 제를 올린 장소다. (삼하 24장)

솔로몬이 모리아 산 위에 성전을 짓기 시작한 의미를 필히 생각해야 한다. 왜냐면 예수 그리스도께서 모리아 산이라는 예루살렘에 오셨을 뿐 아니라 그분께서 돌아가셨고 부활하신 장소여서다. (참조; 아브라함 출생 BC 2166년, 이삭 출생 BC 2066년, 아브라함의 이삭 제공 BC 2050년, NIV주)

이삭은 아브라함에게 주신다고 하나님께서 말씀하신 약속의 아들이다.

하나님께선 다윗의 후손에서 구세주께서 나오리라 약속하셨다. 유다 땅에 오신 구세주는 예루살렘에서 활동하시고 예루살렘 골고다 언덕에서 돌아가셨다. 이로써 구세주께서 모리아 산에서 돌아가셨음을 알 수 있다.

모리아 산 예루살렘에 주께서 재림하시리라 믿는다.

구약역사 49 역대하서 6-9장

역대하 6장

대하6:1 그때 솔로몬이 말했다.

'하나님께서 해에게 하늘들을 비추라고 하셨음에도
짙은 암흑 속에 거하시리라고 그분께서 말씀하십니다.
² 당신께서 영원히 소유하시는 거주 장소인
높은 집을 내가 지었습니다.'

³ 이스라엘 모든 회중들이 서 있는 동안에 왕이 그들에게 돌아서서 축복했다. ⁴ '이스라엘의 신 하나님께선 축복 받으시니, 그분께선 내 부친 다윗과 직접 말씀하시고, 그분 스스로 그분 약속을 이루셨다. 왜냐면 그분께서 말씀하길, ⁵ **"내가 내 백성을 애급에서 데려온 그날부터 나는 모든 이스라엘 지파 중의 어느 도시 하나를 택해 내 이름을 위한 집을 짓게 하지 않았고 또한 어느 남자도 내 백성 이스라엘을 다스릴 왕자가 되리라 선택한 적 없다. ⁶ 그러나 예루살렘을 나의 이름이 있을 장소로 그리고 다윗이 내 백성 이스라엘을 다스리게 내가 선택했다."**
⁷ 나의 부친 다윗은 이에 이스라엘의 신 하나님 이름을 위한 집을 하나 짓기로 마음먹었지만 ⁸ 하나님께선 그에게 말씀하길 **"네가 내 이름을 위한 집을 지으려 하는데 이는 선하다. ⁹ 그럼에도 네가 이를 지을 수는 없다. 그러나 너에게 태어나게 될 아들, 그가 내 이름을 위한 집을

지으리라." ¹⁰ 하나님께서 지금 그분 약속을 이루셨습니다. 내가 나의 부친 다윗을 이어 이스라엘 왕좌인 그의 자리에 하나님께서 약속하신 대로 앉았습니다. 그리고 이스라엘의 신 하나님 이름을 위한 집을 지었습니다. ¹¹ 하나님께서 이스라엘과 맺으신 하나님 언약이 들은 언약궤를 그 집에 모십니다.'

¹² 온 이스라엘 회중 앞에 하나님 제단 앞에 서서 솔로몬이 그의 두 손을 펼쳐들었다. ¹³ 그가 청동 받침대 하나를 5큐빗 가로와 세로, 3큐빗 높이로 만들어 그 성역의 중앙에 두었다. 그가 그 위에 서서 회중 앞에 무릎을 꿇고 하늘을 향해 두 손을 뻗으며 ¹⁴ 말하길 '이스라엘의 신이신 하나님이시여, 당신과 같은 신은 하늘과 땅 어디에도 계시지 아니하니 당신의 종들과 하신 약속을 지켜 주십시오. 그들이 당신께 온 마음으로 충성을 지키는 동안은 그들에게 지속하는 사랑을 보여주십시오. ¹⁵ 당신 종 나의 부친 다윗에게 하신 당신 약속을 당신은 지키셨습니다. 당신께서 행하신 이날에 그에게 말씀하신 것을 다 이루셨습니다. ¹⁶ 그러므로 지금, 이스라엘의 신 하나님, 당신의 종인 다윗 내 부친에게 하신 **"내가 이스라엘 왕좌에 앉게 한 남자를 지명하기를 절대 원하지 않으리라."** ᴵ ⁽⁽참고 1⁾⁾는 당신 말씀을 지켜주십시오.

Ⅰ [참고 1]과 [참고 3]
하나님의 똑같은 다음 말씀이 반복해서 주의를 요한다.
'내가 이스라엘 왕좌에 앉게, 한 남자를 지명하기를, 결코 원하지 않으리라'

이는 **대하6:16**과 **7:18**에 두 번 있다. 다윗에게 하나님께서 해주신 말씀이다. 이에 관한 NIV. 주해는 오랜 이스라엘의 소망인 구세주의 재강조라고 한다.
이런 두 번에 걸친 소중한 하나님 말씀을 비교하면 다음과 같다.
대하6:16절의 기도는 솔로몬이, 예루살렘 성전 봉헌식에서 사제들과 회중들 앞에서 하나님께 올린 기도문에 처음 나온다.

¹⁷ 이스라엘의 신 하나님 당신께서 당신 종 다윗에게 하신 약속이 지금 이루어지게 하여 주십시오.

¹⁸ 그러나 참으로 신께서 지상에서 죽을 인간들과 함께 거주하실 수 있으십니까? 하늘 그 자체시니 가장 높은 하늘에도 당신은 머물 수 없으십니다. 내가 지은 이 작은 집이 얼마나 보잘것없습니까! ¹⁹ 그러나 나의 신 하나님, 당신 종의 간청과 기도에 주의하여 주십시오. 당신 앞에 올리는 당신 종의 기도와 울음을 들어주십시오. ²⁰ 당신의 눈이 낮과 밤 이 집에 머물러 주십시오. 당신께서 말씀하신 이 장소에 당신 이름을 두어주십시오. 당신 종이 이 장소를 향해 기도할 때 그에게 들어주십시오. ²¹ 이 장소를 향해 당신의 백성 이스라엘과 당신의 종이 탄원하면 들어주십시오. 당신의 거주지인 하늘에서 당신께서 들으셨을 때 용서해 주십시오.

²² 누구든지 이웃에게 잘못하여 서약 지키길 요구할 때는 그들이 와서 이 신전 안, 당신 제단 앞에서 서약을 맹세하게 하고, ²³ 그때 하늘에서 들으시어 행동을 취해 주십시오. 당신의 종들 사이에서 심판하시되, 죄지은 자를 책망하시고 그들이 행한 대로 그들 머리 위에 가져오

왜냐하면 하나님께서 그 성전 봉헌식의 제물을 태우는 화염 속에 구름처럼 오셔서다. 그래서 그때 솔로몬이 하나님께 선민들을 대표해 기도를 올려야 했다.
솔로몬이 하나님께서 선민들을 위하신 감사함과 더불어 선민들이 앞으로 살길인 여러 간청들을 올려야만 해서다. (대하6:14-41)

대하7:18에의 두 번째 말씀은 하나님께서 솔로몬에게 직접 해주셨다.
이는 대하7:11-22에 자세하다. 이는 솔로몬의 성전과 왕궁이 다 지어지자 하나님께서 그 밤에 그에게 오시어 해주신 그의 간청들에 관한 응답이시기 때문이다.

하나님께서 다윗과 똑같이 솔로몬과도 약속을 해 주셨음을 우리 모두가 볼 수 있다.

고 고결한 사람을 방면하며 그의 고결함이 보상받게 변호해 주십시오.

²⁴ 당신의 백성 이스라엘이 당신께 거역해서 적에게 패한다면 그래서 그들이 당신께 돌아와 이 집에서 당신 앞에 당신 이름으로 고백하며 기도하고 탄원하면 ²⁵ 하늘에서 들어주십시오, 당신의 백성 이스라엘의 죄를 용서하여 주시고 그들 조상들에게 그리고 그들에게 당신께서 주신 그 땅을 되돌려주십시오.

²⁶ 당신의 종과 당신의 백성 이스라엘이 당신을 거역한 죄 때문에 하늘들이 닫혀 거기에 비가 없어 그들이 당신의 벌하심을 느꼈을 때 그들이 이 장소를 향해 기도하며 당신 이름으로 고백하며 그들의 죄를 저버리면 ²⁷ 하늘에서 들으시고 그들 죄를 용서해 주십시오. 그래서 그들이 쫓아야 할 선한 길을 가르쳐주시고 당신께서 그들 소유로 당신 백성에게 주신 당신의 땅위에 비를 허락해 주십시오.

²⁸ 그곳의 그 땅에 기근이나 전염병, 검붉은 마름병, 메뚜기 창궐, 웃자라거나, 또는 그들의 적들이 어느 도시든 포위했거나, 역병이나 질병에 떨어졌다면 ²⁹ 당신의 이스라엘 백성 가운데서 누구나의 기도와 탄원을 들어주시고 각자에 따라 그 자신의 고통과 비참 속에서 긴히 그 손들을 이 집을 향해 뻗치면 ³⁰ 이를 당신의 거주지인 하늘에서 들으시고 용서해 주십시오. 당신께서는 한 사람의 마음을 아시는 만큼 그의 행위에 따라 그에게 보상해 주십시오. 왜냐면 당신만이 오로지 모두의 마음을 아시기 때문입니다. ³¹ 그러면 당신께서 그들의 조상들에게 주신 땅에서 그들 일생을 사는 동안 당신께 그들이 순종하고 경외할 것입니다.

³² 이방인, 또는 당신 백성 이스라엘에 속하지 않은, 오직 당신의 크

신 명성과 당신의 강한 손과 뻗으신 팔 때문에 먼 땅에서 온 누구든 하나가 이 집을 향하여 이와 같은 기도와 탄원을 하러 왔을 때 ³³ 당신의 거주지인 하늘에서 들으시고 그 외국인이 당신께 올리는 부름에 응답하시어 당신의 백성 이스라엘처럼 지구상의 온 백성들이 당신의 명성과 외경심을 알게 하시어, 이 집이 당신의 이름을 품게끔 내가 지었음을 배우게 하여 주십시오.

³⁴ 당신의 백성들이 그들의 적에 맞서려고 전장에 나갈 때 당신께서 그들을 보내시는 어디서나 그들이 당신께 기도하고자 당신께서 택하신 이 도시로, 당신 이름을 위해 내가 지은 이 집을 향해 돌아선다면 ³⁵ 그때 하늘에서 그들의 기도와 탄원을 들어주시는 근원이 되어주십시오.

³⁶ 그들이 당신께 죄를 진다면(죄에서 자유로운 자가 있습니까?) 그래서 그들에 대한 당신의 화로서 그들을 적에게 넘기시어, 가깝거나 먼 땅에 포로로 보내신다면, ³⁷ 그때 포로가 된 그 땅에서 그들이 당신께 한 마음으로 돌아서서 기도와 탄원으로 말하길 "우리가 부당하게 죄를 짓고 사악하게 행동했다." ³⁸ 그리고 당신께 전심으로 그들이 잡혀간 포로지에서 그들의 조상들에게 당신께서 주신 이 땅과 당신께서 택하신 이 도시를 향해 내가 당신 이름을 위해 지은 이 집을 향해 돌아선다면 ³⁹ 그때 당신의 거주지 하늘에서 그들의 기도와 탄원을 들어주시는 근거가 되어 주십시오. 당신 백성을 용서하시고 당신에 대한 그들의 죄를 용서해 주십시오. ⁴⁰ 지금 나의 신이시여, 당신의 눈을 여시고 당신의 귀를 이곳에서 올리는 기도에 집중해 주십시오.

⁴¹ **지금 일어나 주십시오, 주 하나님,**

당신의 쉴 장소로 오십시오,

당신과 당신의 막강한 궤.

주 하나님, 당신의 사제들이 구원의 옷을 입게 해주시고

당신의 진실한 백성이 선함에서 기쁘게 해 주십시오.

⁴² **주 하나님 당신의 지명자를 거절하지 마십시오,**

당신의 종 다윗의 충성과 섬김을 기억해 주십시오.'

역대하 7장

¹ 솔로몬이 기도를 마치자 불이 하늘에서 내려와 전 제물과 희생제물을 태우니 하나님 영광이 그 집을 채웠다. ² 사제들이 하나님 집에 들어갈 수 없었으니 하나님 영광이 그 집을 채워서다. ³ 온 이스라엘이 그 불이 하늘에서 내려와 그 집이 하나님 영광에 찬 것을 증언하며 그들이 포장한 마당이 있는 데서 바닥에 엎드려 경배하고 하나님께 감사드렸으니 **'이는 선이십니다, 왜냐면 그분의 사랑은 영원히 견디시기 때문입니다.'**

⁴ 왕과 온 백성들이 하나님께 희생제물을 올렸다. ⁵ 솔로몬 왕이 22,000두의 황소, 120,000마리 양을 바쳤다. 이처럼 왕과 온 백성들이 신의 집에 헌납했다. ⁶ 사제들이 그들의 정해진 자리에 섰다. 그래서 또한 레위 인들이 그들의 악기들로 다윗 왕이 하나님께 감사드리고자 만든 음악으로 하나님을 섬겼으니 **'그분의 사랑을 영원히 지속하기 위해서'**다. 그가 그들 도움으로 찬양을 드릴 때면 반대쪽에서 사제들이 항상 나팔을 불어 온 이스라엘 백성들

이 서 있었다. ⁷ 그때 솔로몬이 하나님 집 앞에 놓인 마당 가운데서 봉헌했다. 거기서 전 제물과 나눔 제물의 기름 부분을 올렸는데 그가 만든 청동제단이 전 제물, 곡식제물, 기름 부분을 수용할 수 없어서다.

⁸ 그렇게 솔로몬과 함께 레보 하마스부터 애급의 분지에서 모인 온 이스라엘인들이 위대한 모임의 순례축제를 이레 동안 축하했다. ⁹ 여드레째 그들이 마감축제를 열었다. 그들이 7일간의 제단 헌납을 축하하는 순례축제기간이 7일 동안이기 때문이다. ¹⁰ 일곱째 달 23일에 그가 백성들을 집으로 돌아가게 해산하여 그들이 하나님께서 다윗 왕, 솔로몬 왕, 그의 백성 이스라엘에게 허락하신 그 모든 번영에 행복하고 기쁜 마음으로 돌아갔다.

¹¹ 솔로몬이 하나님의 집과 궁전을 기획한 대로 모두 수행하여 성공하고 완수했을 때 ¹² 하나님께서 그 밤에 나타나 말하길 **'내가 너의 기도를 듣고 이 장소를 나의 희생의 집이 되리라고 택한다.'**ⁱⁱ ⁽ᵃ²⁾

II [참고 2]

대하7:12에 하나님께서 솔로몬에게 하신 처음 말씀의 의미가 소중하다. 다음과 같다.
"내가 너의 기도를 듣고 이 장소를 나의 희생의 집이 '되리라'고 택했다."
I have heard your prayer and I have chosen this place *'to be' my house of sacrifice.* (REB.)
"내가 너의 기도를 듣고 이 장소를 희생의 장소로 내 자신을 위해 택했다."
1. I have heard your prayer and I have chosen this place ***for myself as a house of sacrifice.*** (NIV.)
2. I have heard your prayer, and have chosen this place ***for myself as a house of sacrifice.*** (NRSV. HB. NASB.)

이런 비교는 REB.성서의 '되리라 to be'가 바르게 보여서다.
왜냐면 단지 하나님께 올리는 동물들의 희생만을 뜻하심이 아니라는 생각 때문이다. 보통 이방신들 신전이란 희생제물을 올리기 위해서만 짓기 때문이다.

¹³ 내가 하늘들을 닫으면 거기엔 비가 없고 혹은 메뚜기들에게 명령하면 그 땅을 소멸하고 또는 전염병을 내 백성들에게 보내니 ¹⁴ 그래서 나의 것을 따라, 이름 지은 내 백성이 내게 기도하고 나를 찾아 그들의 악한 길에서 돌아서면, 내가 하늘에서 듣고, 그들의 죄들을 용서하고 그들의 땅을 회복해 주리라. ¹⁵ 지금 나의 눈을 열고 나의 귀를 이 장소에서 올리는 기도에 집중하리라. ¹⁶ 내가 택해 성화한 이 집에 내 이름이 항상 머물도록 내 눈과 마음을 영원히 이에 고정하리라. ¹⁷ 만일 너의 쪽에서 너의 부친 다윗처럼 내 시야에서 너에게 명령한 나의 모든 것을 행하며 나의 법규와 심판들을 지키며 산다면 ¹⁸ 그때 네 왕국의 왕좌를 너의 부친 다윗에게 내가 말한 "네가 절대 이스라엘을 통치할 한 남자를 원하지 않으리라."는 언약을 약속대로 내가 세우리라.Ⅲ [참고 3] ¹⁹ 그러나 만일 네가 네 앞에 세운 나의 법규와 계명들을 저버리고 돌아서면, 만일 네가 가서 다른 신들을 섬기고 그들에게 절하면 ²⁰ 그때는 내가 너에게 준 내 땅에서 뿌리를 뽑으리라. 내가 내 이름을 거룩하게 한 이 집을 거절하리라. 이 집이 모든 백성들 사이에 반감교육의 전형이 되게 하리라. ²¹ 이 집은 황폐해지리라. 지나는 자마다 그 광경에 오싹해지리라. 그들이 "왜 하나님께서 이 땅과 이 집을 이렇게 대하시는가?" 질문하리라. ²² 그 대답은 그들이 조

그런데 대하의 이 말씀 근거일 수 있는 왕상8:25, 9:4-5을 참조하면 위와 같은 하나님 말씀이 나오지 아니한다. 그러니까 이는 역대하서를 쓴 사관들이 덧붙인 언급이다.
그래서 생각할 여지가 있다. 이러한 하나님 말씀에서 구세주 도래와 그분의 거룩하신 희생을 예고하신다고 볼 수 있다. 이는 선민들의 소망인 구세주를 뜻한 당시 사관들 역사관이니 소홀할 수 없다.

Ⅲ [참고 1] 내용 참조

상의 신 하나님, 애굽에서 그들을 데려오신 분을 버리고 다른 신들에 매달려 절하며 섬겨서다. 이가 하나님께서 모든 불행을 그들에게 가져오신 이유"라 하리라.'

역대하 8장

¹ 솔로몬이 하나님의 집과 자신의 궁전을 짓는 데 20년 가까이 걸렸고 ² 그 끝 무렵에 후람이 그에게 준 마을들을 다시 짓고 이스라엘 사람들을 정착시켰다. ³ 그가 하마스 조바에 가서 이를 포위했다. ⁴ 그가 광야에 있는 타드몰과 하마스에 그가 세웠던 모든 저장 마을들을 강화했다. ⁵ 그가 또한 위의 베트호론과 아래 베트호론, 성벽들과 방책 문들로 도시들, ⁶ 발랏과 그의 모든 저장 도시들을 지으며, 물론 그의 마차들과 말들이 주둔한 모든 마을들도 요새화했다. 예루살렘에서 레바논에서 그의 전체 주권지역에 건축을 위해, 그가 간직한 모든 계획들을 이행했다. ⁷ 이스라엘에 속하지 않은 히타이트, 아모리트, 페리지트, 히바이트, 예부시트의 모든 생존자들– ⁸ 그 땅에 살던 사람들 후손 생존자들인데 그 어디서도 이스라엘이 그들을 전멸할 수 없었다.ᴵⱽ [참고4] – 그들을 솔로몬이 강제노동자로 삼고 여전히 살게 두었다. ⁹ 이스라엘 사람들이 솔로몬의 공공업무에서 강제노역에 처한 사람은 한 사람도 없었다. 이스

Ⅳ [참고 4]
    대하8:7-8은 선민들 12지파에 속하지 않고 섞여 살던 가나안 원주민들 후손에 관한 특별 기록이다. 선민들이 가나안에 들어올 때 이방신을 섬기는 여러 이방 족속을 다 죽이고 살라고 명하신 약속의 땅이다. 그러나 그들 전부를 멸절하지 못했다. 이와 연관한 왕상5:13, 대하2:17-18의 해설엔 이들이 솔로몬 사후에 나라가 갈라지게 했다고 한다. 이방족속들이 예루살렘 성전 짓는 20여 년 가량 강제 노동에 처했으며 섞여 살았기 때문이다. (NIV.)

라엘 사람들이 그의 전사들, 대장들, 장교들, 마차들, 기병대 사령관들이었다. ¹⁰ 이들 솔로몬 왕의 장교들이 200명인데 그 50명은 백성들을 관리하는 십장이었다.

¹¹ 솔로몬이 파라오의 딸을 다윗 시에서 그녀를 위해 세운 집에 데려왔는데 그가 말하길 '나의 어떤 아내도 이스라엘 다윗 왕의 집에 살 수 없다. 왜냐면 이 장소는 하나님 언약궤를 모신 거룩한 장소여서다.'

¹² 다음에 솔로몬이 동쪽 전실에 그가 지은 제단에서 하나님께 전 제물을 ¹³ 안식일, 새 달new moon, 정해진 연례축제, 세 종류-누룩 없는 빵의 순례축제, 매 주every week, 초막절-에 관해 모세 율법에 따라서 만든 제물을 날마다 필요한 대로 제공했다. ¹⁴ 그의 부친 다윗의 관습대로 그가 사제들을 위한 봉사명부를 작성했으니 이는 찬양을 이끄는 레위 인들, 기다리는 사제들, 동쪽 문을 지키는 문지기들을 위하여, 날마다 요구하는 대로 한 것이니 이는 신의 사람인 다윗이 받은 지시였기 때문이다. ¹⁵ 다윗이 받은 사제들과 레위 인들과 그 재정에 관련한 지시는 결코 소홀히 해선 아니 되었다.

¹⁶ 이와 같이 솔로몬의 모든 작업인 하나님 집 기초부터 완성까지 달성했다. 하나님의 집을 완성했다. ¹⁷ 그 다음에 솔로몬이 에지온 게발과 에돔의 해안 엘롯Eloth까지 갔더니 ¹⁸ 후람이 배들을 보냈는데 그 자신의 장교들이 지휘하는 숙련된 뱃사람들이 선원이었다. 이들이 솔로몬의 부하들과 동행해서 오펄Ophir에 가서 금 450달렌트talent를 갖고 돌아와 솔로몬 왕에게 전달했다.

역대하 9장

¹ 시바Sheba(고대의 남 아라비아 나라. 열상10:1, 욥1:15, 6:19, 시72:10, 사60:6, 렘6:20, 겔27:22, 38:13, 욜3:8)의 여왕이 솔로몬의 명성을 듣고, 그를 시험하고자 불가사의한 질문들로 왔다. 그녀가 예루살렘에 매우 많은 수행원들과 낙타에 실은 향료, 대량의 황금, 귀한 돌들과 도착했다. 솔로몬에게 왔을 때 그녀 마음속에 지닌 모든 것에 관해 그에게 말했다. ² 솔로몬이 그녀의 모든 질문들에 답했다. 그에겐 그런 것들 중의 하나도 어려운 게 없었다. ³ 시바의 여왕이 관찰했으니 솔로몬의 현명함, 그가 지은 궁전, ⁴ 그의 식탁 음식, 그를 둘러싸고 앉은 대신들, 그의 시중들, 뒤에 서서 잔 시중드는 사람들 차림새, 그리고 그가 하나님 집에 오르는 계단들 곁에서 그녀가 놀라움에 압도했다. ⁵⁻⁶ 그녀가 왕에게 말하길 '내 나라에서 내가 들은 당신의 업적과 지혜에 들었던 평가가 진실입니다. 당신은 내가 들은 모든 것을 초월합니다. ⁷ 행복하리다 당신의 아내들, 행복하리다 매일 당신을 시중하며 당신의 지혜를 듣는 당신의 대신들! ⁸ 복 받으시리라, 당신의 신 하나님께서 당신에게 기뻐하리니, 당신을 그분의 왕으로 그분의 왕좌에 앉게 하신 분이니, 왜냐면 당신의 신 그분의 사랑 안에서 이스라엘을 영원히 지속할 수 있게 택하시고 그분께서 당신을 왕으로 만드시어 법과 정의로 유지하고 통치하게 하셔서입니다.' ⁹ 그녀가 왕에게 금 120달란트, 막대한 양의 향료들, 귀한 돌들을 선물했다. 일찍이 시바의 여왕이 솔로몬에게 주었던 향료는 어느 누구도 비할 바 없는 정도였다.

¹⁰ 이 모든 외에도 후람과 솔로몬의 종들이 오펄에서 황금을 갖

고 오고, 또한 백단목과 귀한 돌들인 화물들도 가져왔다. [11] 왕이 그 목재를 하나님 집과 궁전을 위한 작은 탁자들을 만들고 가수들을 위한 칠현금과 현악기를 만드는 데 사용했다. 그런 것들을 그 이전에 유다 땅 어디서도 결코 볼 수 없었다.

[12] 솔로몬 왕이 시바의 여왕에게 그녀가 청하고 바란 것은 무엇이나 주고 그녀가 가져온 것만큼 돌아갈 때 그의 선물에 덧붙여 주었다. 그래서 그녀가 수행원들과 같이 자신의 나라로 돌아갔다.

[13] 어느 한 해에 솔로몬이 받은 황금의 무게가 660달렌트로, [14] 그 총계에다 상인들과 무역상들이 수입한 상품들의 징세를 더해야 했다. 아라비아의 모든 왕들과 그 지역 통치자들 역시 왕에게 금과 은을 가져왔다.

[15] 솔로몬 왕이 방패 200개를 금박 세공에 600세겔 금으로 하나씩 만들었다. [16] 그가 또한 버클 300개도 금박세공 했다. 왕이 이를 레바논 숲 집에 두었다.

[17] 왕이 또한 거대한 왕좌를 만들었는데 상감하고 도금했다. [18] 그 왕좌를 위한 여섯 계단과 발 받침대를 모두 금으로 쌌다. 그 의자 양쪽에 팔걸이가 있고, 그 양쪽에 사자가 한 마리씩 섰으며, [19] 여섯 계단 양쪽까지엔 12마리가 서 있다. 이런 것은 어느 군주를 위해서도 만든 일이 없었다. [20] 솔로몬의 모든 음료 그릇들이 금이고, 레바논 숲 집의 모든 접시가 붉은 금이었다. 솔로몬 시대에는 은의 가치가 없다고 여겼다. [21] 왕이 후람의 사람들과 탈쉬스를 공격하려고 함대를 하나 가졌다. 매 3년마다 한번씩 이 상선 함대가 고향에 왔고, 금·은·상아, 유인원, 원숭이들을 데려왔다.

²² 이처럼 솔로몬 왕이 지상의 모든 왕들 중에 부와 지혜가 뛰어나, ²³ 그로써 지구의 모든 왕들이 그에게 환심을 사서, 신께서 그의 맘속에 부여하신 지혜를 듣고자 힘썼다. ²⁴ 그들 각자가 그에게 선물을 가져왔으니, 금은 그릇들, 향료와 향신료들, 말과 나귀를 매년 공물로 보냈다.

²⁵ 솔로몬에겐 4,000두의 말과 마차, 12,000기병들이 대기했다. 그가 마차 마을들에 그중 얼마를 주둔하게 하고, 더러는 예루살렘에 두었다. ²⁶ 그가 유프라테스에서 필리스틴의 땅들과 애급의 국경까지 다스렸다.ⱽ [참고 5] ²⁷ 그가 예루살렘에서 은을 돌처럼 삼나무를 쉐펠라에 있는 무화과나무처럼 흔하게 했다. ²⁸ 솔로몬을 위한 말들은 애급과 먼 나라에서 수입했다.

²⁹ 솔로몬 통치의 나머지 활동들은 처음부터 끝까지 예언자 나단의 역사에 기록했고 실로의 아히야의 예언, 네바의 아들 여로보암과 관련한 점술사 잇도의 환상에 기록이 있다. ³⁰ 솔로몬이 예루살렘에서 전체 이스라엘을 40년간 통치했다. ³¹ 그가 조상들에게 돌아가 그의 부친 다윗 시에 장사지내, 그의 아들 르호보암에게 계승되었다.

생각할 점

역대하서 6-9장은 왕상 8-11장의 내용의 반복이나 약간 생략

V [참고 5]
솔로몬 통치의 영토를 밝혀서 흥미롭다.
현재 레바논, 시리아, 암만, 요르단, 시나이반도 절반과 아카바 만Gulp of Aqaba에 면한 항구 엣지온 개발까지여서다.

또는 첨부했다.

솔로몬 왕의 일생의 정점이던 순간부터 그의 치하의 이스라엘이 당시 지상 최상의 왕국을 이루었다는 내용이다. 솔로몬이 하나님께 올린 예루살렘 성전 봉헌식에서 온 이스라엘 앞에서 올린 기도와 의식의 기록 위주다.

지금은 예루살렘 성전이 황폐했으나 살아계신 하나님께서 선민들에게 찾아오신 거룩한 장소다.
예루살렘에 기독자들과 회교도들이 모여든다.

고대 신들의 신전 장소로는 애굽, 아시리아, 바빌로니아, 그리스, 잉카, 페루가 유명한데 이는 죽은 신들의 폐허다.

이들과 예루살렘과는 차원이 다르다.
예루살렘은 살아 계신 하나님의 성소다.

예루살렘 성전 건축은 다윗 평생에 걸친 하나님 은총의 감개에서 시작했다. 하나님께서 다윗에게 신전 짓기를 지시하신 일이 결코 아니다. 하나님 영광을 기리기 위한 다윗의 열심, 열성, 열정을 하나님께서 보셔서다.

성서엔 하나님께서 그런 다윗에게, *'네 생각은 선하지만 네가 아니고 네가 낳을 아들이 지으리라'*고 답해 주시어 알 수 있다. (대하

6:7-11, 왕상8:17-21)

하나님께선 다만 다윗을 사랑하시어 선민들을 위한 다윗의 진심을 허락하신다.

이는 솔로몬의 기도문에도 잘 드러난다. (대하6:14-17)

다윗과 솔로몬, 선민들에겐 그 당시의 그 일이 하나님을 위한 자신들을 위한 뜻깊은 길이었으나 지금 현재의 제도 교회 문제가 여기서 기인했음도 볼 수 있다.

사제들과 제단, 찬양대와 헌금제도까지 망라한 제도들이 모두 다윗의 지시였음을 볼 수 있어서다. 역대사가들이 이를 세세히 기록해 놓았다. 이의 시작은 진심으로 당시의 선민들을 위한 다윗의 필요 조치였다.

무엇보다 하나님께 예배하며 선민들이 하나님께 진심으로 바르게 살기를 바라는 선한 의도이었다.

하나님의 사람인 다윗과 솔로몬이 소망했으리라.

예루살렘 성전에서 예배로 살면 선민들이 하나님 믿음의 길을 벗어나지 않고 한 마음으로 하나님만 섬기며 살아가리라고.

그러나 이스라엘 왕국의 왕과 선민들이 솔로몬 노년부터 차츰 하나님 눈앞인 바른길에서 벗어난다. 믿음 없이 살기에 차츰 지리멸렬해 간다. 왜냐면 이로써 이들로 인해 구세주 도래의 하나님 약속이 이루어지고, 인류가 하나님 믿음의 길에 선민들처럼 모두가 들어서게 할 수 있어서다.

대하 6-7장의 솔로몬의 진솔한 기도에 우린 괴롭다.

그가 그 자신의 우려대로 장차, 그와 선민들이 흩어질 걸, 알고 있는 이처럼 기도를 해서다. 더구나 솔로몬 그 자신이 하나님께 등 돌리는 길로 나중에 들어서기 때문이다.

하나님께서는 역사를 관장하시며 인류를 도우신다.

하나님의 사람들이 어디선가 일하게 하시며 지구가 멸망하지 않게 도우신다. 인류에게 닥치는 성서상의 모든 환난의 예고들은 선한 하나님의 사람들이 합심해 혼란한 악의 힘을 헤치며 진전하리라는 기록들이다.

만사가 인류를 위해 일어나는, 인류를 향한, 인류의 하나님 믿음의 길을 각성시키는 사건들이다.

선한 기독자들이 더 맑고 밝게 말씀과 믿음으로 무장해서 선한 길에서 꿋꿋이 투사처럼 살아야 한다.

구약역사 50 역대하서 10-15장

역대하 10장

대하10:1 르호보암이 쉐켐[참고1]에 갔으니 온 이스라엘이 거기서 그를 왕으로 세워서다. ² 네바의 아들 여로보암이 이런 소식을 그가 솔로몬에게서 도망친 애급에서 듣자 돌아왔다. ³ 백성들이 지금 그를 기억하고 그와 함께 온 이스라엘이 르호보암에게 와서 말하길 ⁴ '당신 부친이 우리에게 무거운 멍에를 지워놓았으나, 만일 당신이 그가 부과한 무거운 멍에인 힘든 노역을 가벼이 해주면, 우리 모두 당신을 섬기겠습니다.' ⁵ 그가 말하길 '3일간을 내게 주고 그 후에 오시오,' 백성들이 갔을 때 ⁶ 르호보암 왕이 부친 솔로몬의 일생 동안 시중들던 장로들과 의논했다. '당신들은 무슨 답을 이 백성들에게 주라고 충고하십니까?' ⁷ 그들이 말하길 '만일 당신이 이 백성들에게 호의를 보여 그들에게 친절히 말해 기쁘게 하면, 이들이 내내 당신 종들이 될 겁니다.' ⁸ 그러나 그가 장로들이 준 충고는 거절하고 그와 같이 자라서 그를 현재 시중드는 젊은이들과 상담했다. ⁹ 그들에게 묻길 '내 부친이 그들에게 준 멍에를 가벼이 하라는 이 백성들 요구에 무슨 답을 하라, 충고할 거냐?' ¹⁰ 젊은이들이 답하길 '당신 부친이 그들에게 지운 무거운 멍에를 가볍게 하길 청한 백성들에게 이

I [참고 1]
쉐켐Shechem은 사마리아 남쪽에 위치한 도시로서 르호보암이 왕이 된다는 사실의 중요성을 나타낸 장소다.

런 답을 주십시오. 그들에게 말하시오. "내 작은 손가락이 내 부친 허리보다 두껍다. ¹¹ 내 부친이 너희에게 무거운 짐을 주었다. 그러나 내가 이를 더 무겁게 하리라. 내 부친이 너희를 매질했다면, 나는 너희 피부를 벗기리라."

¹² 여로보암과 백성들 모두가 르호보암에게 3일 후에 왕의 명령대로 왔다. ¹³ 왕이 그들에게 가혹한 답을 주었다. 그가 장로들이 준 충고를 거절하고 젊은 사람들 충고대로 백성들에게 말했다. ¹⁴ '내 부친이 너희 멍에를 무겁게 만들었다. 그러나 나는 이를 더 무겁게 한다. 내 부친이 너희에게 매질했다면 나는 너희 피부를 벗긴다.' ¹⁵ **왕이 그 백성들 말을 듣지 않았으니 이는 하나님을 위한 사건으로, 그분께서 실로의 아히야**(열상11:29-33)**에게 네바의 아들 여로보암을 위해 하신 말씀을 이루기 위해서였다.**

¹⁶ 온 이스라엘이 왕이 그들에게 듣지 않음을 보았을 때 그들이 답하였다.

'다윗 안에서 우리가 나눌 것이 무엇인가?
우리는 이새의 아들 안에, 우리 몫이 없다.
이스라엘이여, 너희의 장막에서 떠나라!
지금 당신 자신의 가문을 보시오, 다윗이여.'[참고 2]

II [참고 2]
  왕상12:12-16에 처음 나온 내용의 반복이다. 이스라엘 열 지파 선민들이 유다 지파를 향한 이런 한스런 외침을 다윗 왕이 먼저 들었다. 아들 압살롬이 반역에 다윗이 왕궁서 쫓겨났다 다시 복귀 시에 생긴 기사다. (삼하20:1-2) 이는 선민들 앞날 예고다.

그러면서 온 이스라엘이 그들 고향으로 돌아갔다. ¹⁷ 르호보암이 겨우 다스린 이스라엘 사람들은 유다의 도시와 마을들에 살던 이들뿐이다.

¹⁸ 르호보암 왕이 강한 레위 족 사령관 하도람^{III} [참고 3]을 보냈지만 이스라엘 사람들이 그에게 돌을 던져 죽이자, 왕이 서둘러 마차를 타고 예루살렘으로 도망쳤다. ¹⁹ 그날부터 이날까지 이스라엘이 다윗 가문에 반역하고 있다.

역대하 11장

¹ 르호보암이 예루살렘에 이르러 유다와 벤저민 지파 180,000

III [참고 3]

하도람Hadoram(REB. NASB. NRSV. 우리성서)과 아도니람Adoniram(NIV. HB.)은 같은 사람이다. 그의 이름이 삼하20:24, 왕상4:6, 5:14에 있다. 그가 강제 징용자들 수장인데 다윗이 임명한 장교다. 그가 다윗, 솔로몬, 르호보암 삼대를 모신다.

선민들 왕국에는 선민들과 섞여 사는 이방족속이 많았다. 이들을 위한 지휘관을 선임해 그런 사람들의 인력을 관리했으리라. 이들 이방인들을 강제 징용자로 분리, 선민들과 구분한다. 이들을 용병이나 강제 노역에 썼다고 한다.
왠지 이들의 대장인 하도람이 이방인 출신일 수 있다는 생각이다. 그래서 그들의 통솔자로 다윗이 그를 지명했으리라. 그가 다윗에게 신임을 단단히 받는 장교로서 선한 인품 외에도 통솔력이 뛰어나서 이방족속들 전체의 신뢰를 받았으리라 볼 수 있어서다.

이로써 그들이 솔로몬 시대에 예루살렘 성전 짓기에서 더욱 그의 통솔력을 발휘했으리라 본다. 그리하여 르호보암 왕이 그를 발탁했다고 볼 수 있다. 왜냐면 그때는 그가 나이가 무척 들었을 텐데 군사들 대장으로 택해 여로보암에게 보냈다고 볼 수 있어서다. 그러나 르호보암에게 분노한 이스라엘의 여로보암과 선민들에게 돌에 맞아 죽는 죽음을 당한다. 이에 르호보암이 예루살렘으로 도망쳐 생명을 구할 수 있었다. 하도람의 그런 죽음도 분단역사 시작의 사건이다. 하도람이 이방인이든 아니든 간에 하나님 믿음에서 그런 죽음을 당했다고 볼 수 있다. 다윗이 사울에게 쫓기던 수년 동안 그를 추종해 그의 휘하로 들어온 이방 출신 선한 전사들이 그때까지 있었으리 이런 추측이 가능하다. (삼하 23:8-39, 대상11:10-47)

명 전사들을 뽑고 소집해 이스라엘과 싸워 그의 왕국을 회복하려 했다. ² 그러나 이러한 하나님 말씀이 하나님의 사람 쉐마이야 Shemaiah에게 왔다. ³ **'가서, 유다의 왕, 솔로몬의 아들 르호보암과 유다와 벤저민에 사는 모든 이스라엘 사람들에게 말해라, ⁴ 이는 하나님 말씀이다, 너희가 너희 친족들과 싸우러 올라가선 아니 된다. 너희들 집으로 돌아가라, 왜냐하면 이는 내가 하는 일이기 때문이다.'** 그들이 하나님 말씀을 듣고 여로보암에 대한 전쟁을 포기했다.

⁵ 르호보암이 예루살렘에 살면서 유다의 몇몇 마을에 방어를 구축했다. ⁶ 그가 요새화한 유다와 벤저민의 마을들은 베들레헴, 에탐, 테코아, ⁷ 베트 줄, 소코, 아둘람, ⁸ 겟, 메레샤, 짚, ⁹ 아도라임, 라키스, 아제카, ¹⁰ 조라, 아이야론, 헤브론이었다. ¹¹ 그가 이들 요새화한 마을들의 방어를 강화하고, 그곳에 감독들을 두고 식량, 기름, 포도주를 또한 제공했다. ¹² 물론 그가 그곳에 각각 창과 방패들을 저장했으며 그들을 매우 강하게 했다. 이처럼 그가 유다와 벤저민의 소유물을 지켰다.

¹³ 사제들과 레위 인들이 온 이스라엘을 통해 그들의 전 영토에서 르호보암을 지지했다. ¹⁴ 왜냐하면 레위 인들이 그들의 모든 공통 소유지와 재산들을 다 남겨둔 채로 유다와 예루살렘으로 돌아갔기 때문인데 이유는 여로보암과 그의 승계자들이 하나님께 사제들로서 그들의 봉사를 거부하고 ¹⁵ 그가 그 자신의 신전들, 마귀들, 그가 만든 소들을 위한 사제들을 임명해서다. ¹⁶ 이스라엘의 온 지파에서 벗어난 이런 이들이 이스라엘의 신 하나님을 찾기로 결정하고 그 레위 인들을 따라 그들 조상의 신 하나님께 제물을 바치

고자 예루살렘으로 왔다. ¹⁷ 그들이 유다왕국을 강화해 3년 간 솔로몬의 아들 르호보암을 안전히 했으니 그때 그가 다윗과 솔로몬의 예를 따랐기 때문이다.

¹⁸ 르호보암이 마하라스Mahalath와 결혼했는데 그녀의 부친은 다윗의 아들 예리모스Jerimoth 모친은 이새Jesse의 아들 엘리압Eliab의 딸 아비하일Abihail이었다. ¹⁹ 그녀가 낳은 그의 아들들은 예우스Jeush, 쉐마리아Shemariah, 자함Zaham. ²⁰ 다음에 그가 압살롬의 손녀 마카Maacah와 결혼해 그녀가 아비야Abijah, 아타이Attai, 지자Ziza, 쉘로미스Shelomith를 낳았다. ²¹ 그의 모든 아내와 첩들 중에 르호보암이 마카를 가장 사랑했다. 그가 모두 18명의 아내, 60명의 첩을 두었고, 28명의 아들, 60명 딸의 부친이었다. ²² 그가 마카의 아들 아비야Abijah를 그의 형제들 중 우두머리로 하고 왕세자로서 그 왕좌의 후계자로 지명했다. ²³ 그가 그의 아들들을 유다와 벤저민의 전체 영토를 책임지게 해서 그의 영리함을 잘 드러냈다. 그가 또한 그들에게 관대한 보급품과 아내들을 얻도록 했다.

역대하 12장

¹ 르호보암이 왕국을 굳건히 수립해 강력해지자, 그가 하나님 율법을 저버려 모든 이스라엘이 따라갔다. ² 르호보암 통치 5년째 그가 하나님께 불순종해서 애굽의 쉬샥Shishak 왕이 예루살렘을 ³ 마차들 1,200대, 60,000명의 기병들과 공격했다. 그가 또한 셀 수 없이 많은 리비아인들, 수킷 인들Sukites, 쿠스 인들

Cushites과 같이 애급에서 왔다. ⁴ 그가 유다의 요새 마을들을 빼앗고 예루살렘에 이르렀다. ⁵ 그때 예언자 쉐마이야가 르호보암에게 와서 유다의 지도자들과 함께 모은 사람들과 예루살렘에서, 쉬샥의 전진에 앞서 얼굴을 마주해 말하길 **'이는 하나님 말씀이다, 너희가 나를 저버렸다. 그러므로 내가 지금 너희를 쉬샥에게 주어버린다.'** ⁶ 이스라엘 왕자들과 왕이 복종하며 말하길 '하나님께선 바르시다.' ⁷ 하나님께서 그들이 복종하는 것을 보시자 그리로 그분께서 이런 말씀을 쉐마이야에게 하셨다. **'그들이 복종했기에 내가 그들을 멸하지는 않으리라. 내가 그들에게 다소간의 경감을 허가하리라. 나의 분노를 쉬샥을 수단으로 해서 예루살렘에 퍼붓지는 않으리라, ⁸ 그러나 그들이 그의 종들이 되리니 그때는 그들이 나를 섬기는 것과 다른 나라의 지배자를 섬기는 차이를 알게 되리라.'** ⁹ 애급의 쉬샥 왕이 예루살렘을 공격해 하나님의 집과 왕궁의 보물들을 갖고 모든 것을 가져갔는데 솔로몬을 위해 만든 황금 방패들을 포함했다. ¹⁰ 르호보암 왕이 이를 대신해 청동 방패로 하여 궁전 입구를 경비하는 경비장교들에게 그것들을 맡겼다. ¹¹ 왕이 하나님 집에 들어갈 때마다 경비가 들어가 그 방패들을 운반하고 그다음에는 경비실에 그것들을 되돌려 두었다. ¹² 르호보암이 복종했기에 하나님 분노가 그에게서 벗어나 철저히 망하진 않았다. 유다는 번영을 누렸다.

¹³ 르호보암 왕의 권력이 예루살렘에서 증가했다. 그가 41세에 왕좌에 올라 17년간 예루살렘에서 다스렸다. 그 도시가 하나님께서 그분 이름을 받을 장소로 이스라엘의 모든 지파에서 택하셨다.

르호보암 모친이 나마Naamah로 불린 암몬Ammonite 여인이었다. ¹⁴ 그가 하나님 눈에서 잘못 행했다. 그가 하나님께 안내를 구하는 실행을 하지 않았다. ¹⁵ 르호보암 통치 사건들이 처음부터 끝까지 예언자 쉐마이야와 선지자 잇도가 역사에 기록했다. 르호보암과 예로보암 사이에 전쟁은 계속했다. ¹⁶ 르호보암이 조상들에게 돌아가 다윗 시에 묻혔다. 그의 아들 아비야가 그를 이었다.

역대하 13장

¹ 여로보암 통치 18년째 아비야가 유다 왕이 되었다. ² 그가 예루살렘에서 3년간 다스렸다. 그의 모친이 기베아Gibeah에 우리엘Uriel의 딸 마카Maacah였다. (압살롬의 손녀; 대하11:18-22)

아비야와 여로보암 사이에 전쟁이 나자 ³ 아비야가 전투를 위해 그의 군대 400,000명을 소집할 때 여로보암이 그에 대항하고자 800,000명 군사를 모았다. ⁴ 아비야가 에프라임 고원의 즈마라임zemaraim 산기슭 위에 서서 외치길, '여로보암과 온 이스라엘은 내 말을 들어라. ⁵ 너희가 모르느냐, 이스라엘의 신 하나님께서 다윗과 그 후손들에게 이스라엘을 다스릴 왕권을 굳은 약속으로 영원히 주신 것을? ⁶ 그런데 다윗과 솔로몬의 종인 네바의 아들 여로보암이 그의 군주에 배신해 ⁷ 무뢰배들을 주변에 모아 어리석게도 솔로몬의 아들 르호보암이 어리고 경험 없어 적수가 안 될 때 대항했다.'

⁸ '지금 너와 너희 자신들인 오합지졸 지지자들인 너희들의 신이라고 여로보암이 만든 황금 소들로 다윗의 아들들이 통치하는 하나님 왕국에 대항하려 한다. ⁹ 너희들이 하나님 사제들인 아론 가문의 직위를

다른 지역에서 너희들 사제로 임명받아 활동하고 따르던 레위 인들을 해산시키지 않았더냐? 만일 누군가가 어린 황소 한 마리와 양 일곱 마리를 제공하며 성직 수임을 하러 오면, 네가 신도 아닌 그를 신의 사제라고 받아들인다.'

[10] '그러나 우리에겐 하나님께서 우리 신이니 우린 그분을 저버리지 않는다. 우리는 아론 가문이 레위 인들과 같이 하나님께 봉직하며 그들 직무를 당연히 수행한다. [11] 아침저녁 이들이 하나님께 전 제물과 향 제물을 태우고 상설 병을 깨끗한 식탁에 줄 맞추어 의식으로 올린다. 그들이 또한 매 저녁 황금 촛대에 등을 밝힌다. 이처럼 우리가 정말로 하나님 임무를 수행하는 반면에 너희는 그분을 저버렸다. [12] 신께서 우리 머리 위에 계시어 그분의 사제들이 저기에 나팔을 갖고 너희에게 전쟁 나팔로 신호하려 섰다. 이스라엘 사람들이여, 너희 조상의 신 하나님과 싸우지 말라. 너희는 성공 못한다.'

[13] 여로보암이 그의 군 파견대를 뒤쪽으로 돌아가 매복하게 하며 뒤로 매복할 동안엔 주력 부대가 유다와 마주했다. [14] 유다 인들이 돌아보자 그들이 앞뒤로 에워싸인 걸 알았다. 그들이 하나님께 도움을 외치며 울부짖었다. 사제들이 나팔 불었고 [15] 유다 사람들이 전투의 함성을 질렀다. 그들이 외치자 하나님께서 여로보암과 온 이스라엘이 아비야와 유다 앞에서 도망가게 하셨다. [16] 이스라엘 인들이 유다인들 앞에서 도망가게 하여 하나님께서 유다를 구하셨다. [17] 아비야와 부하들이 그들을 패배시켜 매우 큰 손실을 주었다. 그 전투에서 이스라엘 500,000명 전사들이 쓰러졌다. [18] 그때 이스라엘 인들이 복종했어야 했다. 유다가 우세함은 그들 조상의 신

하나님께서 동맹하셔서다. ¹⁹ 아비야가 여로보암을 이긴 승리로 베델, 예샤나, 에프론의 도시들과 그 마을들을 점령했다. ²⁰ 여로보암이 그의 힘을 아비야 시절에는 다시 찾지 못했다. 마침내 하나님께서 그를 치시어 죽었다.

²¹ 그러나 아비야는 그의 지위를 확고히 했다. 그가 14명의 아내와 결혼하고 22명의 아들과 16명의 딸의 부친이 되었다. ²² 아비야 통치의 다른 사건들, 그가 말한 것, 행한 것을 선지자 잇도의 주해서에 기록했다.

역대하 14장

¹ 아비야가 그의 조상들에게 돌아가 다윗 시에 묻혔다. 그의 아들 아사Asa가 그를 이었는데 그의 시대 그 땅은 10년간 평화로웠다.
² 아사가 그의 신 하나님 눈에서 선하고 옳았다. ³ 그가 이방 신전들과 제단들을 제압해 신성한 기둥들과 막대들을 부수어 조각냈고 ⁴ 유다에게 그들의 조상들 신 하나님의 가르침을 찾아 율법과 계명을 지키라 명령했다. ⁵ 모든 마을에서 신당들과 향 제단들을 그가 제압해 왕국이 그의 치하에선 평화로웠다. ⁶ 그가 그 땅의 평화를 위해 유다의 마을들을 요새화했다. 그의 치하에는 전쟁이 없었으니 하나님께서 그에게 안전을 주셔서다. ⁷ 아사가 유다 사람들에게 말하길 '이 마을들을 둘러서 벽들을 쌓고 탑과 문들을 지어 요새로 짓자, 그 땅이 우리 앞에 열린 채 놓여 있어서다. 왜냐면 우리가 우리의 신 하나님께 안내를 구하여 그분께서 사방을 안전하게 보여주셨기 때문이다.' 그래서 그들이 짓고 번성했다.

⁸ 아사가 큰 방패들과 창들을 구비한 군대를 가졌다. 유다 출신이 300,000명, 벤저민 출신이 왼손에 방패를 든 궁수 280,000명. 모두가 용감한 전사들이었다. ⁹ 쿠시 족의 제라가 그들에게 대항하러 1,000,000명의 강한 군사와 300의 마차로 진군했다. 그가 마레샤에 도착했을 때 ¹⁰ 아사가 그를 만나러 가서 마레샤의 제파타Zephathah 골짜기에 진을 쳤다. ¹¹ **아사가 그의 신 하나님을 부르면서 말하길 '거기에는 하나님, 당신같이 강하거나 약하거나 사람을 돕는 분은 없습니다. 우리를 도와주십시오, 우리의 신 하나님, 왜냐면 우리가 당신과 동맹이고 당신의 이름 안에서 우리가 이 무리에 대항하러 왔기 때문입니다. 하나님, 당신은 우리의 신이십니다. 어느 죽을 인간도 당신과 감히 비할 순 없습니다.'** ¹² 하나님께서 아사와 유다에게 승리를 주시어 쿠시 인들이 도망쳐, ¹³ 아사와 그의 부하들이 멀리, 그랄Gerar(창20:1-2 참조, 아브라함과 아비멜렉)까지 추격했다. 쿠시 인들이 하나님 앞에서 깨어져 그 부하들과 많은 사람들이 치명적 상처에 쓰러졌다. 유다가 막대한 양의 전리품을 가져갔다. ¹⁴ 그들이 그랄 주변의 온 마을들을 멸했는데 하나님께서 그들 백성을 공포로 치셔서다. 그들이 마을들 안에서 귀한 노획물들을 발견하고 모두 노획했다. ¹⁵ 그들이 또한 목동들을 죽이고 많은 양들과 낙타들을 잡아 예루살렘으로 돌아갔다.

역대하 15장
¹ 하나님의 영이 오뎃Oded의 아들 아자리야Azariah에게 왔다. ² 그가 아사를 만나러 가서 말하길 **'내게 들으시오, 아사와 모든 유**

다와 벤저민 사람들이여. 하나님께선 당신들이 그분과 같이 있을 때 당신들과 같이 계십니다. 만일 당신들이 그분을 찾으면, 그분께서 스스로 발견하게 하실 겁니다. 그러나 만일 당신들이 그분을 저버리면 그분께서 당신들을 저버리실 겁니다. [3] 오랫동안 이스라엘은 참 하나님이 없으셨으니 율법이 없었고 율법을 중개할 사제가 없어서입니다. [4] 그러나 그들이 그들의 근심 속에 있을 때 그들이 그들의 신 하나님께로 돌아서서 그분을 찾으면 그분께서 그 자신을 그들이 찾게 하셨습니다. [5] 그러한 시기엔 백성을 위해 그들이 일하러 갈 때면 안전하지 못했습니다. 모든 땅의 거주자들이 말썽을 일으켰습니다. [6] 거기 모든 데서 나라와 나라마다, 도시와 도시마다, 멸망하게 더하시어 신께서 모든 종류의 근심으로 그들을 괴롭혔기 때문입니다. [7] 그러나 지금 당신들이 강해야만 하고 당신들 용기를 잃지 말아야 합니다. 왜냐면 당신들 일은 보답을 받을 것입니다.'

[8] 아사가 예언자 오뎃의 이런 말을 들었을 때 그가 단호하게 유다와 벤저민과 고원 지대에서 점령한 마을들 안의 혐오스런 우상들을 제압하고 하나님 집의 전실 앞에 서 있는 하나님 제단을 수리했다. [9] 그때 그가 모든 유다, 벤저민, 그리고 에프라임과 마나세 출신, 그들 사이에 거주하는 시므온 사람들을 소집했더니 굉장한 수가 이스라엘에서 그에게 넘어왔는데, 그들이 그의 신 하나님께서 그와 함께하심을 보았기 때문이다.

[10] 그들이 아사 통치 15년 셋째 달에 예루살렘에 모여 [11] 하나님께 700마리 황소, 7,000마리 양을 전리품으로 가져온 것을 그날 바쳤다. [12] 그들이 전심을 다해 그들 조상의 신 하나님께 안내를 찾

겠다는 서약을 했다. ¹³ 이스라엘의 신 하나님을 찾지 않으려는 자는 모두 죽게 했으니 젊거나 늙거나 여자나 남자를 불문했다. ¹⁴ 그때 그들 스스로가 하나님께 서약하니 나팔과 고동이 울리는 동안 큰 목소리로 제창하며 맹서했다. ¹⁵ 온 유다가 서약에 기뻤으니 그들 스스로 전심으로 하나님을 찾아 서약했기 때문이다. 하나님께서 이를 아시고 온 사방을 안전히 하셨다. ¹⁶ 심지어 아사 왕이 조모인 마카를 여왕의 모친 지위에서 끌어냈는데 아세라를 숭배해 혐오스런 상을 만들어서다. 아사가 이를 잘라 가루 내어 키드론 분지에 태웠다. ¹⁷ 비록 신당들이 이스라엘에 남았을지라도 아사 자신은 일생 동안 신실함을 지켰다. ¹⁸ 그가 신의 집으로 모든 부친의 봉헌 제물들과 그 자신의 금은과 성스런 그릇들을 가져왔다. ¹⁹ 아사의 통치 35년까지 더 이상의 전쟁이 없었다.

생각할 점

역대하 10-15장 내용은 열왕기에 나온 기사를 약 450년 시차를 두고서 다시 그들에 관한 역사를 당대의 사관들이 정리해 기록했다. 선민들의 오래전 역사 사실기록을 역대서 사관들의 관점에서 요약하듯 반복했다.

그들의 기록이 하나님 눈앞에서 선민들에게 바른 귀감이 되기를 기원한 기록임을 볼 수 있다.

솔로몬 이후에 남북으로 나뉜 르호보암과 여로보암(대하 10-13장), 아비야와 아사(대하 14-15장), 4명의 왕들 일대기가 주요 기록이다. 다윗과 솔로몬의 이스라엘 왕국이 남과 북으로 나뉘는 르호보암과 여로보암의 초기 정황을 남북 두 왕들의 하나님 믿음의 다른 점을 강조했다. 하나님 믿음 기조를 북 왕조가 잘못한 점을 상세히 정리했다.

그런 시작이 솔로몬의 아들인 르호보암이 부친의 충신들의 충언을 아니 듣고, 자신과 같은 젊은 신하들 말을 따라서 그들이 남북으로 나뉜 계기라고 나온다.
이로써 이를 읽을 선민들이 자신들의 하나님 가르침을 따르도록 역대하서의 사가들이 정리해 기록했다.
이를 현재의 역사 시선과도 교차하며 읽어야 한다.

르호보암과 여로보암의 협상이 잘못됨에는 하나님께서 이루려 하시는 하나님 일이라고 알려준다.
이에 관해 하나님의 사람인 쉐마이야가 그들에게 일러준다. (대하10:15, 왕상11:29-33)
이로써 제아무리 탁월할지라도 하나님 심중을 헤아릴 수 있냐고 외치는 욥기의 욥과 그 외의 많은 성서의 예언자들의 외침이 들리는 기록과 이 기사는 같다.
하나님 역사의 주인공들이 그럴 수밖에 없었다는 설득을 거룩하신 하나님 시선에서 역대기 사관들이 들려준다.

다윗의 하나님 왕국 이스라엘이 솔로몬 말년에 그의 우상 숭배로 쪼개진다는 기록이 없음도 잘 보면 독특해 보인다.

그래서 이런 기록 때문에 유다 왕국 르호보암 다음 대인 2대 아비야, 3대 아사의 기록에 치중하게 이끈다.

왜냐면 이스라엘의 남북 분단 상황이 차례로 자세히 나와서다. 선민들끼리 남북 대치 상황을 서로 인정함과 동시에 이방 적대국들과의 전투도 동시에 기록해서 가늠하게 한다. 선민들이 한데 합쳐 싸워도 모자랄 판에 그렇게 나뉜 사실을 생각하게 만든다.

선한 믿음의 왕인 아사의 기록을 존중하게 한다.

왜냐면 아사 왕이 부친 아비야 왕과 크게 다름이 나와서다. 아비야 왕은 북 이스라엘 여로보암과 싸우게 되자 하나님께 의논 않고 군사들 앞에서 웅변만 했다.

그 사이에 노련한 여로보암 군대가 앞뒤를 포진하자 유다 군사들이 울부짖는다. 이에 레위 인 사제들이 나팔을 즉시 크게 불어 선민들이 전투 함성을 지르자 하나님께서 도우셨다고 했다. (대하13:13-16)

아사 왕 때는 동족이 아닌 쿠스 족이 백만 대군과 기병과 전투마차로 쳐들어왔다. 유다 군은 겨우 30만뿐이다.

아사 왕은 그 전투에 맞서러 간다. 그가 하나님을 부르며 기도를 올린다. (대하14:11-15).

그러자 하나님께서 큰 승리를 유다에게 안겨 주신다.

아사 왕이 군사들 앞에서 하나님께 직접 먼저 기도한다는 사실이 중대하다. 사무엘, 열왕기, 역대상, 역대하 9장에 이르기까지 다윗과 솔로몬이 하나님께 직접 기도하는 기록들이 성서를 읽는 이들에겐 익숙하다.

하나님께서 국가 정치 지도자의 품성과 굳건한 하나님 믿음을 가장 중시하신다는 기록을 반복하게 하신다.

대하15:8-15의 아사 왕 기록이 열왕기의 아사 왕 기록에는 없어 각별하다. 다윗의 4대 손인 아사 왕이 북이스라엘에 살던 선민들이 남유다로 넘어오게 불러들인다고 해서다. 이는 뜻이 깊고 바람직하고 소중한 기록이다.

우리 남북한 대치상황도 그치기를 갈망해서다.

북쪽 갈릴리 지역 중심으로 오가며 자유로이 살던 선민들이 어느 날 갑자기 남북으로 오가지 못하게 되다니 모두 황당했으리라.

그도 그들 지도자 르호보암과 여로보암 때문이니 그 좁은 땅에서 선민들이 얼마나 힘들었으랴.

유일신 믿음이 강하고 다윗 왕과 솔로몬의 예루살렘 성전의 그리움이 진한 기록임을 볼 수 있다.

그럼에도 선민들이 아사 왕에게는 하나님께서 함께하심을 보았기에 아사 왕의 부름에 응해서 그들이 남유다로 많이 넘어왔다. 그때 레위 계층 사제들과 살던 선민들이 그들의 사제들을 따라 다윗의 예루살렘으로 넘어왔다는 기록이 참 소중하다. 다시는 그런 일이 없이 망해가서다.

이로써 열왕기보단 세월이 흐르고 더구나 나라가 망하고 백여 년이 지나서 다시 기록한 역대서가 선민들 믿음의 옳고 그름이란 비판의 시선을 가한 기록임을 볼 수 있다. 사가로서의 통찰과 하나님 선민들의 깊은 신앙심 고취와 끈질긴 추구를 위한 선한 의지가 가득한 기록이다.

하나님 역사 기록은 배울 바 무진장이다.
왜냐면 남북한 기독자들이 하나일 수 있고 남과 북의 두 지도자도 서로가 간절하면 왕래 교류가 가능하게 하나님께서 도우시리라 믿어서다.
주께서 **'평화를 이루는 자는 복을 주신다.'** 하신다.

구약역사 51 **역대하서 16-20장**

역대하 16장

대하16:1 아사의 통치 36년째 이스라엘 왕 바샤Baasha가 유다의 라마Ramah¹ [참고1]를 요새화하며, 유다의 아사 왕국에 들어가거나 떠나려는 누구든 방해하고자 침공했다. ² 아사가 하나님 집과 왕궁 재물 창고에서 금과 은을 가져다 아람의 왕 벤 하닷에게 수도인 다마스쿠스로 보내며 이런 요구를 했다. ³ '우리가 동맹을 맺어 우리 아버지들 사이에서 동맹했던" [참고 2] 거처럼 합시다. 내가 당신께 금과 은을 보냅니다. 이스라엘의 바샤 왕과 당신의 동맹을 깨십시오, 그래서 그가 나에 대한 전쟁을 포기하게 하십시오.' ⁴ 벤 하닷이 듣고 아사 왕에게 동의했다. 그가 군대 지휘관들에게 이스라엘 마을들에 대항해 출전하라 명령해 이욘, 단, 아벨 메임, 납달리의 모든 저장 보급 마을들을 침공했다. ⁵ 바샤가 이를 듣자 라마의 요새화를 계속 못하고 작업을 중단했다. ⁶ 그때 아사 왕이 유다의 모든 사람들을 데려가서 라마의 돌들과 바샤가 요새화하려던 통나무 목재들을 제

Ⅰ [참고 1]
라마는 예언자 사무엘의 고향이다. (삼상1-3, 15:34-35)그의 부모가 그를 낳은 데다. 그가 하나님 언약궤가 실로에 있을 때 모친 한나의 기도 약속대로 제사장 엘리 집안에서 자라고 하나님의 부르심을 받고 실로에서 사제로서 살았다.

Ⅱ [참고 2]
NIV. 성서주해는 이 조약이 아사 부친 아비야가 아람의 타브림몬Tabrimmon과 맺었던 조약을 뜻한다 한다. 고로 이는 성서엔 언급된 일이 없다. (왕상15:19) 양쪽 부친이 죽었으니 이를 다시 맺자고 아사가 아람의 벤 하닷과 논한 듯하다. 고로 이는 하나님께 국사를 의뢰하지 않은 믿음의 배신인즉 금은으로 거래를 해서다.

거해서 게바와 미츠바의 요새화에 사용했다.

⁷ 그때 선지자 하나니가 유다 아사 왕에게 와서 말하길 **'네가 너의 신 하나님께 의뢰하지 않고 아람의 왕에게 의지해 이스라엘 군대가 도망갔다. ⁸ 쿠스 인이나 리비아 인이 굉장한 수의 마차와 기병들과 큰 군사를 갖지 않았었냐? 네가 그때 하나님께 의지해서 그분께서 그들을 네 힘에 넘기셨다. ⁹ 하나님 눈은 그분께 충성한 마음을 가진 자들을 돕고 위안코자 전 세계를 살피신다. 네가 이번 사건에 어리석게 행동했다. 네가 이제부터 전쟁하리라.'** ¹⁰ 아사가 그 예언자에게 놀라 그를 가두었다. 왜냐면 그런 말들에 왕이 매우 화가 나서다. 동시에 그가 어떤 백성들은 몹시 무자비하게 다루었다.

¹¹ 아사 통치 사건들 처음부터 끝까지 유다와 이스라엘 왕 연대기에 수록했다. ¹² 그의 통치 39년에 발에 난 병이 극심한 영향을 끼쳤다. 그가 하나님께 안내를 구하지 않고 의사들에게만 의지했다. ¹³ 그의 통치 41년에 조상들에게 돌아가 ¹⁴ 다윗 시에서 자신을 위해 가져온 묘에 묻혔는데 영구차 위에 복잡한 기술로 온갖 향료들을 덮고 깔았다. 그의 영예로 큰 불을 켰다.

역대하 17장

¹ 아사를 그의 아들 예호샤팟Jehoshapht이 승계하여 이스라엘에 대한 그의 위치에서 ² 유다의 모든 마을들을 요새화하며 군대를 주둔시켜, 부친 아사가 점령한 에프라임 마을들과 통하게 유격대를 두고 강화했다. ³ 하나님께서 예호샤팟과 함께하셨으니 그가 부친이 초기에 기초했던 예들을 잘 따르며 발림the baalim에

게 다니지 않아서다. ⁴ 그가 그의 부친의 신에게 안내를 찾아 그분의 계명에 순종하며 이스라엘 관행을 따르지 않았다. ⁵ 하나님께서 그의 통제하에서 그의 왕국을 성립해주셨다. 모든 유다가 그에게 선물을 가져와 그의 부와 명성이 매우 컸다. ⁶ 그가 하나님을 섬기기에 자긍심을 가졌다. 그가 다시 유다에 있는 신당들과 신성하다는 장대들을 제압했다.

⁷ 그의 통치 3년째 그의 장교인 벤 하빌, 오바디야, 즈카리야, 네타넬, 미카이야를 유다 마을들로, ⁸ 레위 인 세마이야, 네타니야, 제바디야, 아사헬, 쉐미라모스, 예호나탄, 아도니자, 토비야, 톱 아도니자와 함께 제사장 엘리사마와 예호람 옆에서 가르치라고 보냈다. ⁹ 그들이 유다에서 하나님 율법의 두루마리를 그들과 같이 가르쳤다. 그들이 유다 마을들을 순회하며 백성들을 가르쳤다.

¹⁰ 하나님의 두려움이 유다를 둘러싼 땅들의 모든 통치자에게 떨어져 그들이 예호샤팟에게 전쟁을 걸지 않았다. ¹¹ 몇몇 필리스틴인들이 그에게 막대한 양의 은을 선물로 보냈다. 아랍들도 또한 그에게 7,700마리 숫양과 숫염소를 가져왔다. ¹² 예호샤팟이 점점 강력해졌다. 그가 유다에 요새들과 창고 마을들을 짓고 ¹³ 그 마을들에서 많은 작업에 종사했다.

그가 예루살렘에 정규 상비군대를 두었는데 ¹⁴ 그들 지파에 따라 등록하게 했다. 유다에 대해선 1,000명 단위 장교들, 사령관 아드나와 함께 300,000명 상비군 ¹⁵ 다음엔 사령관 요하난과 280,000명 ¹⁶ 다음은 지크리의 아들 아마시야가 200,000명 상비군으로 하나님 봉사를 위해 자원했다. ¹⁷ 벤저민 지파에 유능한 군인 엘리아다는 활과 방패로 무장한 200,000명이 있었다. ¹⁸ 다음엔 예호자밧Jehozabad이 충분히 무장한 380,000명이 있었다. ¹⁹ 이들이 왕을 섬기는 부하들인데 이를 나누어 유다 전체를 요새화한 마을들에 배치한 것은 왕이었다.

역대하 18장

¹ 예호샤팟이 매우 부유하고 유명해지자 자신이 결혼으로 아합과 동맹했다. ² 몇 년 지나 그가 아합을 방문하러 사마리아에 가자 그와 그의 부하들을 위한 많은 양과 소를 도살하고 라모스 길렛을ⁱⁱⁱ [참고 3]공격하자고 유혹했다. ³ 이스라엘 아합 왕이 유다의 예호샤팟 왕에게 이렇게 말했다. '라모스 길렛을 공격하는데 함께하겠소?' 예호샤팟이 답하길, '내 것은 뭐든 당신 것이오. 나 자신과 백성들 또한 내가 그 전쟁에 당신과 같이 하겠소.' ⁴ 그러나 그가 이스라엘 왕에게 말하길 **'먼저 우리가 하나님을 찾아서 그분께 의논해봅시다.'**

⁵ 이스라엘 왕이 예언자들 중 4백 명을 소환해 묻기를 '우리가 라모스 길렛을 공격하랴, 혹은 말아야 하나?' '공격하시오'라고 답했다. '신께서 이를 두 분 폐하 손에 넘길 겁니다.' ⁶ 예호샤팟이 청하길 **'여기에 우리가 안내를 찾을 다른 하나님 예언자가 없습니까?'** ⁷ '거기에 한 분이 더 있소. 그러나 나는 그 사람이 밉습니다. 왜냐면 그가 나를 위해 선한 예언을 절대 아니 하고, 오직 악한 것 외에는 절대 아니 해섭니다. 그

Ⅲ [참고 3]
    라모스 길렛은 갈릴리 동남쪽 요단강 동쪽에 있는 도시로 다윗이 정복했다.(NIV. 478쪽 지도엔 홍해의 오른쪽 팔인 에지온 게발 항구부터 유프라테스 강까지 통일 왕국 영토다. 아람, 암몬, 모압, 에돔, 아말렉, 필리스틴 족들을 복속했다)

의 이름이 임라의 아들 미카이야입니다.' 예호샤팟이 주창하길 **'폐하가 그런 말을 하진 맙시다!'** [8] 이스라엘 왕이 그의 환관 하나를 불러 전 속력으로 임라의 아들 미카이야를 데려오라 말했다.

[9] 이스라엘 왕과 유다 예호샤팟 왕이 그들 왕복을 입고 빛나는 갑옷으로 사마리아 문 입구에 보좌에 앉았는데 모든 예언자들이 그들 앞에서 예언했다. [10] 그들 중 하나인 케나나의 아들 즈데키야가 자신이 만든 쇠뿔나팔을 불고 선언하길, "이는 하나님 말씀입니다. 이런 나팔들처럼 당신들이 아람 인들을 찔러 그들을 끝장낼 겁니다." [11] 그런 맥락으로 모든 예언자들이 예언하길 '라모스 길렛을 공격하면 그날 이깁니다. 하나님께서 당신들 손에 넘기실 겁니다.'

[12] 그 사환이 미카이야에게 가서 예언자들이 이구동성으로 왕에게 호의의 답을 주었다며 '그러니 너도 그들과 동의하라,'고 덧붙였다. [13] **미카이야가 말하길 '하나님께서 살아계신 거처럼 나는 오직 나의 신께서 내게 말씀하신 것만 무엇이든 말하리라.'** [14] 그들이 왕의 면전에 왔을 때 왕이 그에게 묻길 '미카이야, 우리가 라모스 길렛을 치랴, 말랴?' '공격하시오 그날 이깁니다,' 그가 답하니 '그 땅이 당신 손에 떨어질 겁니다.' [15] '어떻게 자꾸 내가 네게 간청해야 하냐?' 왕이 말하길 '내게 하나님 이름으로 진실 외엔 아무것도 말하지 말라.' [16] 그때 **미카이야**가 말하길

'내가 모든 이스라엘이 그 산들 위에서 흩어지는 걸 봅니다,
　양치기 없는 양들처럼
　그리고 나는 하나님께서 말씀하신 걸 듣습니다.

"그들은 주인이 없다, 그들이 집에 평화로이 가게 해라.'"

[17] 이스라엘 왕이 예호샤팟에게 말하길 '당신에게 그가 내게 절대 선이 아닌 악 외엔 예언하지 않는다, 하지 않았습니까?' [18] 미카이야가 계속해 '지금 하나님 말씀을 들으시오. 나는 하나님께서 그분의 보좌에 앉으시고 그분의 오른쪽과 왼쪽에 만군이 시중을 드는 것을 봅니다. [19] 하나님께서 말씀하니 "누가 라모스 길렛을 치러 올라가라고 이스라엘 아합 왕을 유혹하겠냐?" 하나가 하나를 하나가 또 다른 걸 말하니 [20] 영 하나가 앞으로 나와 하나님 앞에 서서 말하기까지 하는데 "내가 그를 유혹할 겁니다." 하나님께서 "어떻게?" 물으셨다. [21] 그가 답하길 "내가 나가서 모든 예언자들 입에다 거짓말하는 영이 되겠습니다." "그를 유혹해라, 네가 성공할 거다." 하나님께서 말씀하셨다. "가서 이를 해라." [22] 너희가 본다, 그러니까 어떻게 하나님께서 거짓말하는 영을, 이들 모든 너의 예언자들 입에 두셨는가를, 왜냐면 그분께서 너를 위한 재앙을 명하셔서다.'

[23] 그에 케나나의 아들 즈데키야가 미카이야에게 와서 그의 얼굴을 때렸다. '그래서 어떻게 하나님 영이 나를 지나서 네게 말하라 하셨나?' 그가 요구했다. [24] 미카이야가 반박하길 '그건 네가 골방으로 숨으러 도망치는 그날 알리라.' [25] 이스라엘 왕이 미카이야를 체포하라 명해 도시 총독 아몬과 요아스 왕의 아들 감찰 아래 두게 했다. [26] '이 친구를 옥에 던져라. 내가 안전히 집에 오기까지 죄수들이 먹는 빵과 물만 주어라.' [27] 미카이야가 선언하길 '하나님께선 당신이 안전히 돌아온다고 말씀하신 적 없습니다.'

²⁸ 이스라엘 왕과 유다의 예호샤팟 왕이 라모스 길렛으로 진군했다. ²⁹ 이스라엘 왕이 가장을 하고 전투에 나가면서 예호샤팟에게 말하길 '내가 가장하고 전투에 가겠소, 당신은 왕의 복장을 입어야만 합니다.' ³⁰ 아람의 왕이 그의 마차 대장들에게 잡다한 싸움은 말고 오직 이스라엘 왕하고만 싸우라 명했다. ³¹ 대장들이 예호샤팟 왕을 보았을 때 이스라엘 왕이라 생각하고 그를 공격하러 마차들을 몰아가니 예호샤팟이 울부짖어 하나님께서 그를 도우러 오셨다. 신께서 그들을 그에게서 몰아내셨다. ³² 대장들이 그가 이스라엘 왕이 아닌 것을 알자 그에 대한 공격을 멈췄다. ³³ 어쨌거나 한 사람이 되는 대로 활을 쏘자 이스라엘 왕을 맞혔는데 갑옷 방패 막의 이음새 사이다. 왕이 마부에게 말하길 '마차를 돌려 이 줄 밖으로 날 데려가라, 내가 상처를 입었다.' ³⁴ 그날 전투가 고비에 달한 때라 이스라엘 왕이 아람 인들과 마주해 그의 마차 안에서 버팀목으로 버텼다. 그렇게 저녁까지 버티다 해 질 녘에 죽었다.

역대하 19장

¹ 유다의 예호샤팟 왕이 무사히 예루살렘 궁전에 돌아왔고 ² 하나니의 아들 예후 선지자가 그를 만나러 와서 말하길 **'당신은 하나님의 적들에게 우호적인 그 사악한 자를 돕는 게 기뻤습니까? 이 때문에 하나님 분노가 당신을 치실 겁니다.** ³ 그나마 아직 당신 안에 선함이 있기에 그 땅에서 신성한 장대들을 쓸어버리고, 하나님께 안내를 구하는 실행을 했기 때문이오.'

⁴ 예호샤팟이 예루살렘에 거주지가 있었지만 브엘쉐바Beersheba

에서 에프라임 고원지대까지 백성들 사이로 다니며, 그들을 조상의 신 하나님께 되돌아오게 했다. 5 그가 그 땅을 통틀어 유다의 요새화한 마을들마다 각각 한 명씩 사사들을 임명하고 6 말하길 '**당신들이 무엇을 행하든 신중히 하시오. 당신들이 그곳의 사사로서, 사람이 아니라 당신이 심판할 때 당신과 함께 계신 하나님을 기쁘게 행하시오. 7 지금 하나님의 두려움이 당신들과 있게 하십시오, 무엇을 하든 주의하시오, 우리의 신 하나님은 인내도, 불의도, 편파도 또는 뇌물 수뢰도 아니 하시기 때문입니다.'**

8 예루살렘에서 예호샤팟이 몇 명의 사제들과 레위 인들과 이스라엘 가문의 수장들을 임명해서 하나님 율법을 관리하게 부친의 후손들로, 마을의 거주민들 사이의 소송을 중재하게 했다. 9 그가 그들에게 이러한 지시를 주었다. '**너희가 항상 하나님의 두려움으로 신실하게 일심을 다해 행동해야만 한다. 10 너희 앞에 오는 모든 소송에서 너희 친족들 그들이 사는 마을이 어디건 피를 흘린 경우이든 아니든 또는 율법과 계명을 거역했거나 규례와 법규들을 거역했거나 너희가 그들에게 하나님께 대한 무례를 행하지 않도록 경고해야만 한다. 그렇지 않으면 하나님의 분노가 너와 너희 친족을 치실 거다. 만일 너희가 이처럼 행하면 너희가 모든 방어에서 자유로우리라. 11 하나님께서 관련한 모든 사건에서 너희의 권위는 대제사장 아마리야에게 있고 왕이 관여할 권위는 이스마엘의 아들 제바디야에게 있으니 유다 가문의 왕자다. 레위 인들은 너희들의 장교들이다. 강하고 단호해라, 하나님께서 선의 쪽에 계시리라!'**

역대하 20장

¹ 얼마 후에 모압 인들, 암몬 인들, 뮤니트 인들Meunites(에돔의 세어Seir 산 지역에 사는 사람들, 아랍의 한 종족)이 예호샤팟에게 싸움을 걸었다. ² 그에게 사해 너머 에돔에서 큰 군단이 공격했단 소식이 왔다. 그들이 벌써 엔 게디En Gedi[IV] [참고 4-1]에 있는 하즈존Hazezon 타말Tamal에 있었다. ³ 놀란 예호샤팟이 하나님께 안내를 구하기로 정하고 모든 유다 인들에게 급히 선언했다. ⁴ 유다 인들이 하나님께 의논드리고자 그 땅의 모든 마을에서 와서 모였다.

⁵ 예호샤팟이 예루살렘에 있는 하나님의 집 새 중정 앞에 서서 유다 회중들에게 ⁶ 말하길 **'우리 조상들의 신 하나님이시여, 당신은 하늘에 계신 신이 아니십니까? 당신이 모든 나라의 왕국을 다스리십니다. 당신의 손안에 강함과 힘이 있습니다. 그래서 당신과 아무도 맞설 수 없습니다.** ⁷ 당신은 우리의 신 당신 백성 이스라엘을 총애하시어, 이 땅의 거주자들을 쫓아내 이를 영원히 당신 친구 아브라함 후손들에게 주셨습니다. ⁸ 그들이 이 안에 살면서 이 안에 당신 이름을 위한 신전을 지어 말하길 ⁹ "무슨 재난이 우리 앞에 떨어지더라도 전쟁, 홍수, 기근, 역병이든 간에 우리가 이 집 앞에 서서 그리고 당신 앞에 설 겁니다, 왜냐면 이 집은 당신의 이름이 있어서 우리가 재난 속에서 당신께 울부짖으면 당신께서 들으시고 우리를 구하시기 때문입니다." ¹⁰ 당신께선 이스라엘이 애급에서 나왔을 때 암몬과 모압의 땅에 세어의 고원 지대 백성들에게 들어가게 허용하지 않으셨습니다. 그래서 그들이 옆으로 돌아서 그들만을 오직 남겨 두고 멸하지 않았습니다. ¹¹ 지금 이들

IV [참고 4-1] 내용 참조

백성들이 어떻게 우리에게 갚는가를 보십시오. 그들이 당신께서 우리에게 주신 당신의 소유에서 몰아내러 오고 있습니다. ¹² 그들을 심판하십시오, 우리의 신 하나님 왜냐면 우리는 우리 땅을 침범한 이 큰 군단에 마주할 힘이 없어서입니다. 우리가 오직 아는 것은 우리 눈이 당신을 찾는 것뿐입니다.'

¹³ 유다의 모든 남자들이 하나님 앞에 그들 가족들, 아내들, 자녀들이 서 있는 ¹⁴ 그 회중 한가운데 레위 인 아삽 가문의 마타니야의 아들, 예이엘의 아들, 브나이야의 아들, 스카리야의 아들인 야하지엘에게 하나님 영이 와서 ¹⁵ 그가 말하길 '집중해라, 모든 유다와 예루살렘 거주자들과 예호샤팟 왕이여, 이는 당신들에게 하신 하나님 말씀이다. 이 거대한 군단을 무서워하거나 당황하지 말라, 왜냐면 그 전투가 하나님 손안에 있고 너희 것이 아니다. ¹⁶ 내일 그들이 지즈 Ziz의 고갯길로 오를 때 내려가 그들과 싸워라. 너희가 그들을 분지의 끝인 예루엘의 광야 동쪽에서 발견할 거다. ¹⁷ 이 전투에서 싸우는 이는 너희가 아니니 굳게 서서 기다려라, 그러면 너희가 유다와 예루살렘과 너희를 위해 하나님께서 일하며 구원하심을 보리라. 무서워하거나 당황하지 말라. 내일 나가서 그들과 마주하라, 하나님께서 너희와 함께하시기 때문이다.'ᵛ ⁽ᵃᵍᵒ ⁴⁻²⁾ ¹⁸ 예호사팟이 땅에 낮게 엎드려 절

Ⅴ [참고 4-2]
    대하20:15-17은 선지자 야하지엘의 하나님 말씀의 전언이다. 이는 출14:13-14에서 모세가 황해를 가르기 직전, 했던 말이다. 야하지엘이 선민들에게 '하나님께서 너희를 위해 싸워주신다. 무서워 말라.' 모세 시대는 애급 군대 하나였다면, 지금은 유다를 에워싼 여러 나라 군사들이다. 유다 남쪽과 서쪽의 이방 족속들이 연합했기 때문이다. 이들이 사해 남쪽엔 게디의 타말에 포진했을 때니 거기까지 유다 군사들이 왕과 싸우러 나간다.
    이는 대하20:5-12의 예호샤팟 왕의 기도에 하나님 응답이심을 유의한다. 지즈 고개는 엔 게디 북쪽 7마일에서 시작해 내륙을 둘러서 테코아 서쪽에 이른다. 예루엘은 테코아

하니 모든 예루살렘 주민들이 하나님 앞에서 그분의 순종 안에 엎드렸다. [19] 그때 레위 인들의 줄에서 코하스와 코라가 일어서 큰 목소리로 이스라엘의 신 하나님을 찬양했다.

[20] 그들이 다음 날 아침 태코아의 광야로 나가려고 일찍 일어났다. 그들이 출발하려고 할 때 예호샤팟이 서서 말하길 **'나에게 들으시오, 유다와 예루살렘의 주민인 당신들이여, 당신들 믿음을 당신들의 신 하나님께 가지시오, 그러면 이길 겁니다.'** [21] 백성들과 의논한 뒤에 사람들을 지명해서 거룩하신 하나님 영광을 찬양하는 노래를 무장한 군대 앞에서 그들이 행군할 때 부르게 하니,

'하나님께 찬양을, 그분의 사랑이 영원히 견디시기 때문이다.'

[22] 그들의 큰 찬양 함성이 들리자마자, 하나님께서 유다를 침공하는 암몬, 모압, 세어 고원의 사람들을 잘못 가게 해서 패하게 하셨다. [23] 이는 암몬과 모압이 차지한 위치가 세어 고원 사람들과 대항한 것으로 드러나, 그들 스스로 허무하게 전멸했다. 그들이 세어 사람들을 멸할 때 서로가 무자비하게 공격했다.

[24] 유다가 광야의 파수 탑에 왔을 때 적의 군단을 바라보니, 그곳에 그들이 모두 죽어 바닥에 누웠고 도망간 자가 하나도 없었다. [25] 예호샤팟과 부하들이 전리품을 모아 오는데 많은 가축들, 굉장한 양의 장비들, 옷들, 값어치 나가는 것들을 더 이상 가져갈 수 없을 때까지 가져갔다. 그들이 전리품을 모으는 데 사흘이나 걸릴 정도로 그렇게 많았다. [26] 넷째 날 그들이 베라캬 골짜기에 모여 이날까지 그 이름을 지녔는데 거기서 그들이 하나님을 축복

의 남동쪽이다.

해서다. ²⁷ 그 후에 그들 대장 예호샤팟과 함께 유다와 예루살렘 모든 남자들이 승리 속에 집으로 돌아갔다. 왜냐면 하나님께서 승리의 원인을 적에게서 그들에게 넘기셔서다. ²⁸ 그들이 예루살렘에 칠현금, 현악기, 나팔들을 불며 하나님 집에 들어갔다. ²⁹ 하나님의 두려움이 모든 나라의 통치자들에게 내렸으니 그들이 하나님께서 이스라엘의 적들과 싸우신 것을 들어서다. ³⁰ 하나님께서 예호샤팟에게 주신 사방의 안전으로 그의 왕국이 평화로웠다.

³¹ 이처럼 예호샤팟이 유다를 통치했다. 그가 왕좌에 앉을 때 35세고 예루살렘에서 25년간 다스렸다. 그의 모친은 실히Shilhi의 딸 아주바Azubah였다. ³² 그가 부친 아사의 발자취를 따라 그 길에서 벗어나지 않았다. 그가 하나님 눈에서 의롭게 행했다. ³³ 그러나 신당들을 남게 해서 백성들이 그들 마음을 그들 조상들 신께 두지 않았다. ³⁴ 예호샤팟 통치의 다른 사건들이 처음부터 끝까지 하나니의 아들 예후가 기록해 이스라엘 왕들 연대기에 있다.

³⁵ 나중에 유다 예호샤팟 왕이 이스라엘 아하지야 왕과 동맹했다.ⱽᴵ [참고 5]

VI [참고 5]
    탈쉬스는 요나가 욥바에서 하나님 말씀을 듣지 않고 배 타고 도망치려 했던 스페인 항구다. 니느웨와는 정반대 방향이다.
    그런데 예호샤팟도 하나님께 논의하지 않고 이스라엘 아히지야 왕과 동맹 맺고 에지온 게발에서 선단을 만들어 무역을 꾀한다.
    이에 마레샤의 선지자 엘리에젤을 통해 그가 하나님 질책을 듣는다. 그가 실패한다. 그들이 만든 배들이 거기로 가다 난파한다. 이는 비록 북이스라엘 왕과의 동맹이나 그 목적이 선하지 않은 황금 욕심만 탐해 서리라.
    이는 '두 주인을 절대 섬길 수 없다'는 주님 말씀을 떠올린다.
    이들이 선지자의 충언인 하나님 말씀을 듣고도 강행해서 배들이 난파당했으니 할 말 없었으리라.

그가 잘못했으니 ³⁶ 그와 합쳐 탈쉬스와 무역하고자 배들을 만든 거다. 이들이 에지온 게벌에서 조선했다. ³⁷ 그러나 마레샤의 도다바후의 아들 엘리에젤이 이런 예언으로 예호샤팟을 비난했다. **'네가 아하지야와 합쳤기에 하나님께서 너의 일이 아무것도 아니게 하시리라.'** 이들이 난파해서 탈쉬스로 항해할 수 없었다.

생각할 점

역대하 16장은 유다의 3대 왕 아사의 마지막이 담겨 있다. 그가 선한 왕으로 하나님께 축복받아 그의 통치 41년간은 평화스러웠다. 그러나 통치 마지막 즈음 북이스라엘 왕 바샤가 트집 잡자 하나님께 안내를 구하지 않아서 큰 잘못을 했다. 이방의 아람 왕 벤 하닷에게 금품을 제공하며 동포인 북이스라엘을 공격하게 사주한 일이다. 어찌 그랬는가. 그런 금품들을 북의 바샤 왕에게 주고 서로 선민끼리 타협하고 협상했더라면 하나님께 칭찬 들었으리라.

이스라엘과 유다가 하나님 선민들의 국가였기에 국가 문제는 항상 하나님께 의논했어야만 바르다. 이를 유다 지도자 아사가 범했으니 동족에 대한 모략 질이다. 더욱 가관은 하나님께서 이를 꾸짖고자 보내신 선지자 하나니를 옥에 가두기까지 했다. 아사 왕 말년에 심한 발의 지병에도 하나님께 고하지 않고 의사만 찾다가 죽었다. 자신의 묘에 치장을 했고 불까지 켜놓게 했다.

오직 다윗 왕만 끝까지 순종해 자신의 잘못마다 깊이 속죄하며 하나님 징벌을 달게 받고 끝까지 섬겼다.

역대하 17-20장은 아사의 아들인 유다의 4대 왕 예호샤팟 일대기가 나온다. 그가 초년기의 부친을 따라 하나님 눈에 선한 왕으로서 재위한다. 그가 초기에 왕권 안전에 몰두해서 성공한다. 그런 그가 소심증을 드러낸 듯 이스라엘 아합 가문과 결혼을 한다.
(역대하 18장)

그가 사마리아로 아합을 방문해서 갑자기 아합과 전투에 나갈 곤경에 빠진다. 그나마 그가 하나님의 사람을 불러서 이에 관해 하나님께 여쭙자고 고집해 이스라엘 선지자 미카이야에게 그 전투가 패한다는 전갈을 모두가 듣는다. 그럼에도 나간 전장에서 아합이 비참히 죽는다.

유다 왕은 예루살렘으로 쫓기듯 겨우 살아서 돌아온다.

유다로 돌아온 예호샤팟이 유다의 선지자인 하나니의 아들 예후에게 하나님 꾸중 말씀을 듣는다. 이에 왕이 급거 겸손해진다. 그가 죽을 뻔해서다. 그가 유다의 요새 마을들을 돌아다니며 장교들, 사제들, 레위 인들, 선민들을 독려하고 사람들을 바르게 임명해서 하나님 계명을 지키고 규례와 법도를 따르게 지침을 내리며 순찰을 감행한다. 이방 족속이 침입하지만 예호샤팟과 유다 인들이 하나님께 안내를 구하자, 하나님께서 그들을 위해 크게 싸워주신다.

예호샤팟이 죽자, 선지자 하나니의 아들인 예후가 그에 관해 기록했다. 이로써 구약역사서를 하나님 선지자들이 썼음을 알린다. 성서는 보통 역사서처럼 일반 사가들의 기록이 아니기 때문이다. 당대 최고의 하나님 선지자들이 기록을 했기에 하나님의 역사서이다.

북이스라엘 선지자 미카이야, 남유다 선지자 하나니와 예후 부자, 아삽 가문의 야하지엘, 마레샤의 엘리에젤, 이들 다섯 사람인 하나님의 사람들이 나온 기록이 소중하다.

그들이 전한 하나님 말씀을 듣고 행한 왕과 선민들이 한 마음일 때 하나님께서 꼭 도우신다. 국가 위기 존망에 처했을 때 예호샤팟 왕이 싸우러 가는 군사들과 선민들 앞에서 하나님께 기도 올리자 야하지엘에게 하나님 영이 와서 응답하게 도우신다. (대하 20:5-12, 13-21)

* 남유다 왕; 1대 르호보암 17년, 2대 아비야 3년, 3대 아사 41년, 4대 예호사팟 25년. (다윗과 솔로몬 왕은 각각 40년씩 재위)
* 북이스라엘 왕; 1대 예로보암 22년, (2대 나답 2년), 3대 바샤 24년, (4대 엘라, 5대 짐리, 6대 티브니, 7대 옴리, 8대 아합 22년) 9대 아하지야 2년.

구약역사 52 **역대하서 21-24장**

역대하 21장

대하21:1 예호샤팟이 조상들에게 돌아가 다윗 시에 묻혔다. 그의 아들 예호람¹ **[참고1]**이 승계했고 ² 예호샤팟의 아들들인 예호람의 형제에는 아자리야, 예히엘, 즈카리야, 아자리야, 미카엘, 쉐파티야가 있었다. 그들 모두가 유다의 예호샤팟 왕의 아들로 ³ 부친이 많은 선물을 주었으니 금은과 다른 값비싼 것들과 요새화한 유다의 마을들이다. 왕권이 예호람에게 간 것은 맏이여서다.

⁴ 예호람이 부친의 왕권을 굳히자 그의 모든 형제들을 칼로 죽이고 이스라엘을 이끄는 몇몇 인물들까지 죽였다. ⁵ 그가 왕좌에 오른 것이 32세고 예루살렘에서 8년을 통치했다. ⁶ 그가 아합 가문들이 행하듯이 이스라엘 관행을 따랐는데 아합의 딸과 결혼해서다. 그가 하나님 눈에 잘못 행했다. ⁷ 그러나 그분께서 다윗과 맺은 계약인 그 후손들을 한 등대로 항상 두신다는 약속대로 다윗 가문의 멸망을 바라진 않으셨다.

⁸ 예호람 통치 기간에 에돔이 유다에 반역해서 그들의 왕을 세웠다. ⁹ 예호람이 모든 사령관들과 마차를 타고 에돔으로 밀고 들

Ⅰ [참고 1]
 예호샤팟의 아들, 유다의 예호람 왕을 REB. 성서만 요람Joram이라 표기해서 이스라엘 아하지야의 아들 요람Joram 왕과 헷갈리기 쉽다. (NIV. NRSV. HB. NRSB. 우리성서, 예호람)
 남북 두 나라에 같은 이름인 아하지야 왕이 있어, 또한 주의를 요한다. 북이스라엘 9대 아하지야(13대), 남유다 6대 아하지야(16대)

어갔다. 에돔 인들이 그와 지휘관들 마차를 둘러싸서 밤중까지 돌격대를 만들어 깨고서 나왔다. ¹⁰ 이날까지 에돔이 유다에서 독립해 남았다. 그와 동시에 리브나Libnah(유다와 필리스티아 사이에 위치)도 반역했는데 그가 조상들의 신 하나님을 저버렸기 때문이며 ¹¹ 유다 고원지대에 신당들을 세워, 예루살렘 주민들이 우상을 숭배하게 유혹해 유다를 타락시켜서다.

¹² 엘리야에게서 예호람에게 편지 한 장이 도착해 읽었다. **'이는 너의 조상 다윗의 신 하나님 말씀이다, 너는 부친 예호샤팟과 유다의 아사 왕 발자취를 따르지 않고 ¹³ 오직 이스라엘 왕들을 따라 유다와 예루살렘 주민들이 아합의 가문이 행한 대로 타락하게 했다. 그리고 네가 너 자신의 형제들인 네 부친 가문의 아들들인 너 자신보다 더 훌륭한 남자들을 살해했다. ¹⁴ 이 모든 것에 하나님께서 네 백성들, 네 자녀들과 아내들, 네 모든 소유물에 무거운 타격을 주려 하신다. ¹⁵ 너 자신이 만성 내장 질병으로 탈수해 심한 궤양을 앓으리라.'**

¹⁶ 하나님께서 예호람에 대적하게 필리스틴과 쿠스 족들 가까이 사는 아랍 인들에게 적개심을 일으켜 ¹⁷ 그들이 유다를 공격했다. 이들이 침략해서 왕궁에서 찾은 모든 재물을 가져가며 자녀들과 아내들까지 데려갔다. 그에게 아들 하나 남기지 않았는데 가장 어린 예호아하즈(아하지야)만 예외였다. ¹⁸ 이후 하나님께서 그에게 고치기 힘든 내장 질환이 들게 했다. ¹⁹ 그 병이 지속해 2년째 끝 무렵 탈장의 고통스런 궤양에 그가 죽었다. 백성들이 조상들을 위해 밝히던 영예의 불을 그에게 켜진 않았다.

²⁰ 예호람이 왕이 되었을 때 32세로 예루살렘에서 8년 다스렸다.

그의 장례는 노래 없이 다윗 시에 묻혔으나 왕들 묘지가 아니다.

역대하 22장

¹ 그때 예루살렘 주민들이 그의 가장 어린 아들 아하지야를 그의 자리에 왕으로 세웠는데 아랍과 함께했던 침략자들이 나이 든 모든 아들들을 죽여서다. 그렇게 예호람의 아들 아하지야가 유다 왕이 되었다. ² 그가 왕좌에 오를 때 22세로 예루살렘에서 1년간 다스렸다. 모친이 옴리의 손녀 아탈리야다. ³ 그 또한 아합 가문 행실을 따랐는데 모친이 사악한 상담사여서다. ⁴ 그가 하나님 눈에 아합 가문처럼 잘못을 행함은 부친이 죽은 후에도 전처럼 상담해서다. ⁵ 그가 또한 이스라엘 아합 왕 아들 요람과 맺은 동맹대로 라모스 길렛에서 아람 왕 하자엘ᴵᴵ **[참고 2]**과 싸우러 나가야 했다. 요람 왕이 아람 인들에게 ⁶ 라모스에서 하자엘 왕과 전투로 입은 상처에서 회복하러 지즈릴로 후퇴했다.

요람의 상처로 유다의 예호람 아들 아하지야가 지즈릴을 방문했다. ⁷ **이는 신의 뜻으로 아하지야의 요람 방문이 몰락의 시작이**

II [참고 2]
  왕상19:15, 22장, 왕하8:13-15 참조 요망.
  하자엘은 엘리사의 예언을 듣고, 자기의 왕에게 돌아와서 왕을 다음날에 죽이고, 아람의 왕이 된 악한 인물이니 요주의해야 할 왕이다.

  북이스라엘 아합과 동맹, 억지로 전쟁에 나갔던 유다 예호샤팟 왕처럼, 유다의 아하지야가 이스라엘 예호람과 동맹, 전투에 억지로 참가.
  이들이 아람의 하자엘과 전투한 라모스 길렛(위치: 이스라엘과 아람 사이의 요르단 건너에서 북의 예호람이 상처 입고 지즈릴로 후퇴하나 결국 자신의 장교인 예후에게 죽는다. 이는 하나님께서 예후를 시키시어 우상 숭배로 선민들을 타락시킨 남과 북의 왕들을 둘 다 죽게 하신 두려운 기록이다.

되어야 해서다. 요람에게 가던 방문 길에 님시의 아들 **예후**를 그가 만났는데 하나님께서 아합 가문을 끝장내러 데려온 지명자였다.[III] [참고 3]. ⁸ 그 무렵 예후가 아합 가문과 불화할 때라서 유다 장교들과 아하지야를 시중하던 친족들을 발견하자 그들을 죽였다. ⁹ 그런 다음에 아하지야 본인을 찾아서 부하들이 사마리아에서 그를 잡았는데 그가 숨으러 도망친 데다. 그들이 그를 예후에게 데려가 죽였다. 그들이 그를 묻어준 건 **'그가 전심으로 하나님께 안내를 찾던 예호샤팟의 후손이었다.'** 고 들어서다. 아하지야 가문에서 강하게 다스릴 자가 아무도 남지 않았다.

¹⁰ 아하지야 모친 아탈리야가 아들이 죽은 사실을 알자 유다에서 왕가 전체 말살에 착수했다. ¹¹ 그러나 예호람 왕의 딸 예호쉐바가 아하지야 아들 요아스를 죽음 당할 왕자들 가운데서 훔쳐냈다. 그녀가 그를 자신의 간호사 침방에 두었다. 이처럼 예호람 왕의 딸이자 제사장 예호야다의 아내 예호쉐바가 아하지야의 누이라서 요아스를 아탈리야에게서 숨겨 죽지 않게 했다. ¹² 그가 신의 집에서 그들과 같이 6년을 지낼 동안 아탈리야가 나라를 다스렸다.

III [참고 3]
  님시의 손자 예호사밧의 아들 예후가 북 이스라엘 장교인데 그에게로 엘리사가 한 선지자를 보내서 기름부음을 받게 하여 왕이 된다. (왕하 9장)
  북이스라엘 선민들을 하나님께서 이처럼 주시하며 관여하셨다.
  남유다가 북이스라엘처럼 잘못된 길로 갈 시에는 당신의 선민인 남북의 두 나라 왕들과 선민들을 징벌하신 내용이다.
  하나님께서 이들 양쪽을 가리지 않으시고 이방 우상 숭배 국가들과 연관하게 해서 선민들 모두에게 등등한 징벌을 내리신 기록이기에 주시해야 한다. 하나님께서 이처럼 과거부터 현재도 미래도 주관하시니 하나님 눈에 바르게 살아야 한다.

역대하 23장

¹ 일곱 해가 되자 예호야다가 예호람의 아들 아자리야, 예호하난의 아들 이스마엘, 오벳의 아들 아자리야, 아다이야의 아들 맛세이야, 그리고 지크리의 아들 엘리샤팟과 동맹 맺을 만큼 충분히 강하다 느꼈으니 이들이 모두 백부장들이어서다. ² 그들이 유다 전체를 통해 예루살렘으로 레위 인들을 모았는데 유다의 모든 도시들과 이스라엘에서 가문의 우두머리들이 예루살렘으로 왔다. ³ 온 회중이 그 왕과 신의 집에서 계약을 맺으니 예호야다가 그들에게 말하길 '여기에 왕의 아들이 있다! 그가 왕이 되리니, 하나님께서 다윗의 후손이 되리라 약속하신 그대로다. ⁴ 이는 너희가 해야 한다. 너희 중에 3분의 1은 사제들과 레위 인들이니 안식일에 의무로 와야 하고, 문간 문들의 경비를 해야 하며, ⁵ 다른 3분의 1은 왕궁에 있어야 하고, 다른 3분의 1은 기본 문에 있어야 하니, 온 백성들이 하나님 집 마당에 있을 동안이다. ⁶ 하나님 집에는 사제들과 시중하는 레위 인들 외엔 아무도 못 들어간다. 그들이 들어가는 것은 그들이 거룩하기 때문이니, 온 백성들은 하나님 요구사항을 계속해 지켜야 한다. ⁷ 레위 인들이 왕을 둘러싸고 각자 무기를 챙겨 경비하며 하나님 집에 들어가려는 누구든 죽음에 처해야 한다. 그들은 왕이 어디를 가던 함께 가야 한다.'

⁸ 레위 인들과 온 유다가 제사장 예호야다의 명령들을 편지로 전했다. 각 대장마다 그의 부하들을 데리고 그 안식일에 책임이 있거나 없거나 양쪽에서 다 왔으니 제사장 예호야다가 교대하는 구분을 해제해서다. ⁹ 제사장 예호야다가 대장들에게 신의 집에 보관하던 다윗 왕의 창들, 방패들, 허리띠들을 나눠주었다. ¹⁰ 그가 모든

군대가 왕을 둘러싸되 각자 무장하고 그 집의 남쪽과 북쪽을 구석에서 구석까지 주둔시켰다. ¹¹ 그다음에 그들이 왕의 아들을 데려와 그의 머리에 왕관을 씌워 그를 손으로 증거하며 왕으로 선포했다. 예호야다와 그의 아들들이 그에게 기름을 부을 때 함성이 나왔다, '왕이여, 만수무강하소서.'

¹² 아탈리아가 백성들이 왕을 환호해 내는 소란을 듣고 백성들이 있는 하나님 집 안에 와서 ¹³ 그 입구 기둥 옆에 왕이 선 것을 발견했으니 그의 영예로 나팔을 불고 노래 소리가 나오는 한가운데서다. 모든 군중들이 기뻐 나팔 불며 가수들이 악기를 갖고 축하연을 지휘하고 있었다. 아탈리야가 그녀의 옷을 찢고 울부짖길 '반역이다! 반역이다!' ¹⁴ 예호야다 제사장이 군대의 대장들에게 명령 내렸다. '그녀를 경내 밖으로 끌어내 칼로 죽여라, 그녀를 시중드는 누구라도,' 왜냐면 제사장이 말하길 '하나님 집 안에서 그녀를 죽이지 말라.' 해서다. ¹⁵ 그들이 그녀를 왕궁으로 데려가 말의 문 입구에서 죽였다.

¹⁶ 예호야다가, 하나님 편과 다른 한편인 온 백성들 왕에 속한 모두가 하나님 백성이 되리라 서약하게 했다. ¹⁷ 백성들 모두가 바알 신전으로 가서 이를 끌어내렸다. 그들이 제단들과 우상들을 부수고 제단 앞에서 바알 제사장 마탄을 죽였다.

¹⁸ 예호야다가 하나님 집의 총감독을 사제들과 레위 인들이 책임지게 위임해서 다윗이 하나님 집에 할당한 대로 그들이 하나님께서 모세 율법에 기술한 전 제물을 올리니 다윗에게 전수 받은 대로 즐거이 찬양하며 행했다. ¹⁹ 그가 하나님 집에 문지기들을 주둔

시켜 누구든 정결하지 않은 방식으로 들어가는 자를 막았다. [20] 다음에 그가 백부장들, 귀족들, 지도자들, 온 백성들과 그 왕을 하나님 집에서 궁전의 높은 문을 통해 호위해 왕궁 보좌에 앉게 했다. [21] 온 백성들이 기뻤으나 그 도시가 침묵했다. 아탈리야가 칼에 죽어서다.

역대하 24장

[1] 요아스가 7세에 왕이 되어 예루살렘에서 40년간 다스렸다. 모친이 브엘쉐바 출신 지비야Zibiah였다. [2] 그가 하나님 눈에 바르게 행했는데 예호야다가 살아있는 동안이었다. [3] 예호야다가 그에게 두 아내를 택해 주어 아들들과 딸들을 가족으로 가졌다.

[4] 얼마가 지난 후에 요아스가 하나님 집을 고치려고 결정했다. [5] 그가 사제들과 레위 인들을 소집해 말하길 '유다의 도시들과 마을들을 통해 **너희들의 신** 하나님 집을 쇄신하게 모든 이스라엘 인에게 연례 세금을 속히 걷게 해라.' 그러나 레위 인들이 속히 행하지 않았다. [6] 왕이 제사장 예호야다를 불러 그에게 청하길 '어찌하여 당신은 레위 인들에게 유다와 이스라엘에서 하나님의 종 모세에게 십계명의 장막을 위하여 이스라엘 회중에게 부과한 세금을 가져오게 요구하지 않습니까?' [7] 왜냐면 사악한 아탈리야가 그녀 고집으로 신의 집 안을 부수고 심지어 모든 거룩한 물건을 바알 봉사에 바쳐서다.

[8] 왕이 하나님 집 문 밖에 놓아두게 궤짝을 하나 만들라 명했다. [9] 그리고 유다와 예루살렘을 통해 선포하길 하나님께서 하나님의 종 모세에게 광야에서 이스라엘에게 부과한 세금을 모든 지도자

들과 백성들이 하나님께 가져오라 했다. ¹⁰ 모든 지도자들과 백성들이 기쁘게 그들의 세금을 가져다 그 궤짝이 꽉 차기까지 집어넣었다. ¹¹ 레위 인들이 그 궤짝을 왕의 장교들에게 가져올 때마다 가득 찬 것을 보았고 왕의 비서와 대제사장 사무관이 이를 비운 다음에 제 자리에 갖다 놓았다. 이를 그들이 매일 행해 거금을 모을 수 있었다. ¹² 왕과 예호야다가 이를 하나님 집의 작업을 위한 책임자들에게 나눠 주어 그들이 그 쇄신을 위해 석공과 목수들은 물론 쇠와 동의 장인들을 고용해 그 집을 수리하게 했다. ¹³ 그들 임무를 진 노동자들이 일하자 그들 손아래서 작업이 순조로웠다. 그들이 신의 집을 본래 고안대로 따르며 이를 더 강화했다. ¹⁴ 그들이 이를 마쳤을 때 그들이 남은 돈을 왕과 예호야다에게 가져와서 이를 하나님 집의 집기들을 만들었으니 섬김과 희생의 양쪽을 위한 받침 접시와 금은의 다른 항목들이었다. 예호야다의 생애 동안에는 전 제물을 하나님 집에서 정규로 올렸다.

¹⁵ 예호야다가 늙고 쇠약해 130세에 죽어 ¹⁶ 다윗 시에 왕들과 같이 묻히니 그가 이스라엘에서 신의 섬김과 그 가문 봉사에 선해서다.

¹⁷ 예호야다가 죽은 후에 유다의 지도자들이 와서 왕에게 복종했다. 그가 그들에게 듣고 나서 ¹⁸ 그들 조상들의 신 하나님 집을 저버리고 신성한 기둥들과 우상들을 숭배했다. 이 사악함 때문에 유다와 예루살렘이 고통스러웠다. ¹⁹ 하나님께서 그분에게 돌아오라고 예언자들을 그들에게 보내시어 그들을 비판했으나 그들이 행하지 않았다. ²⁰ **그때 하나님의 영이 제사장 예호야다의 아들 즈카리야를**

사로잡았다. 그가 자세를 잡고 그 백성들을 내려다보며 선언하길 '**이것은 하나님 말씀이다. 왜 너희가 하나님 계명들에 불순종하고 이 마당에서 재난을 행하냐? 너희가 하나님을 저버렸기에 그분께서 너희들을 저버리신다.**'

²¹ 그러나 그들이 그에게 거역할 공동 이유로 왕에게 명령 내리게 하니 하나님 집 마당 안에서 그를 돌로 죽이라는 거다. ²² 요아스 왕이 즈카리야의 부친 예호야다의 충성심을 잊고 그 아들을 돌로 쳐서 죽였다. 그가 죽어가며 말하길 '**하나님께서 이를 보시니 정확히 벌을 주시리라.**'

²³ 해가 바뀌자 아람 인들 군대가 요아스를 공격했다. 그들이 유다와 예루살렘에 침공해 군대의 모든 장교들을 학살하게 그분 실존을 멈추어 그들이 모든 전리품을 다마스쿠스의 그들 왕에게 보냈다. ²⁴ 아람 인들 군대의 소수 침공일지라도 하나님께서 막강한 힘을 보내심은 백성들이 조상의 신 하나님을 저버려서다. 요아스가 올바른 벌로 고통받았다.

²⁵ 아람 인들이 왕에게 심한 상처를 남기고 가자 그 종들이 음모해 대제사장 예호야다 아들 죽음에 복수코자 침상에서 죽였다. 이처럼 그가 죽어 다윗 시에 묻혔으나 왕들 묘소가 아니다. ²⁶ 음모자들이 쉬메아스의 아들 자밧, 암몬 여인, 쉼리스의 아들 예호자밧, 모압 여인이었다. ²⁷ 그의 자녀들, 신탁들, 하나님 집 재건축을 연대기에 기록했다. 아들 아마지야가 그를 승계했다.

생각할 점

역대하 21-24장은 유다 왕들인 5대 예호람, 6대 아하지야, 7대 아탈리야, 8대 요아스 네 명에 관한 기록이다.

이스라엘이 남북으로 나뉜 뒤에 20명씩의 왕들이 뒤섞여 번갈아 열왕기와 역대서에 총 40명이 나온다. (NIV. 성서주해 544-545쪽 도표 참조). 남북으로 나뉜 이스라엘의 두 나라 왕들이 다스리는 선민들과 서로 다투며 주변국들과 얽혀진 역사 사건들 기록이 역대하서다.

이스라엘과 유다 두 나라 국가관이 하나님 계명을 잘 준수하나 못하나가 관건이다. 특히 최고 지도자인 왕의 신앙심에 의한 통치가 필수다. 즉 믿음을 잘 지켜 하나님 눈에 바르게 행했나, 잘못 행했나를 기록했다.

이는 하나님 믿음의 일상을 최고 지도자인 왕부터 만사에 반드시 고수해야 한다는 원리다.

위에 나온 네 명의 왕들의 연대는 기원전 853년부터 782년까지로 71년간 기록이다. 특기 사항은 유다 8대 왕 요아스다. 그의 선대인 3대 아사와 4대 예호샤팟은 하나님 눈에 선한 왕이었다.

그런데 5-8대까지 왕들은 하나님 눈에 선하지 않았다.

그 시작이 예호람이다. 그는 왕권을 잡자마자 자신의 형제들과 저보다 잘난 가문의 왕족들을 모두 살해했다.

4대 예호샤팟이 북이스라엘 아합 후손과 결혼해서 이런 사단을 초래했다. 이후 유다 왕들이 연이어 아합 가문 후손들과 결혼한다. 이들 사이의 자녀들이 자연스레 모친을 따라 사악한 우상 숭배를 보고 배운 거라고 볼 수 있다.

하나님 믿음이 왕가부터 점차 사라져 간 셈이다.

왜냐면 처음부터 북이스라엘에서 예로보암이 만든 황금 소를 숭상한 데다 세월 가며 이가 점점 사악하게 폭넓게 보다 깊이 퍼져갔기 때문이다.

유념할 일은 이런 무시무시한 일들이 실은 하나님께서 의도하시는 일이라 하여 두렵기에 많은 생각을 요한다.

이들 악한 네 명 중 가장 모순투성이 인물이 요아스다.

왕하 12장의 반복이지만 되새긴다. 요아스의 부친 아하지야가 북이스라엘 왕이 될 예후에게 살해당한다. 그러자 아하지야 모친 아탈리야가 여왕이 되고자 유다 왕가 자손들을 몰살한다. 이때 갓 난 요아스가 고모 손길 아래 살아난다. 그는 고모부인 제사장 예호야다 보호 아래 6년간 성전 성역에서 자란다. 제사장이 자신의 직위로 치밀한 준비와 용단으로 조카인 7세의 어린 요아스를 유다 왕에 올린다.

유다 선민들이 합심해 아탈리야 여왕의 우상 숭배 통치를 퇴치하는 쾌거다.

어린 요아스 왕이 크기까진 제사장 예호야다가 하나님 계명과 법규로 사제들, 장로들과 국사를 대행했으리라.

요아스가 성년에 되자 제사장인 예호야다와 의논 없이 성전 수

리할 세금을 내라고 선민들에게 선포한다. 더구나 이를 모세의 율법을 거론하며 명령해 그의 교활함을 드러낸다.

모세의 율법은 사제들이 더 잘 알지 않는가. 이를 성전을 지키며 하나님을 섬기는 사제들과 의논 않고 성전 수리 세금을 자원하라고 선민들에게 왕권을 행한다. 그러나 이를 속 깊이 알 리 없는 선량한 선민들이 감격한다. 그들이 추대한 어린 왕인 요아스가 성장해 왕권을 발하자 환호했다. 만사가 순조로운 듯했다. 요아스가 예호야다가 죽자 변해서 하나님 믿음의 길에서 벗어난다.

이에 주목할 점이 있다.

130세에 죽은 제사장 예호야다를 선민들이 왕의 묘지에 모셨다는 기록이다. 선민들이 하나님께 바른 지도자를 바르게 섬긴다는 기록이라 귀하다.

왜냐면 당시 선민들이 북이스라엘을 따른 유다 왕가의 우상 숭배를 무척 혐오하고 증오했다는 사실을 나타내서다.

제사장 예호야다가 사제들과 레위 인들과 합심해서 자신들 목숨을 걸고 하나님 약속인 다윗의 후손을 지켰음을 선민들이 진심 존경하고 존중한 기록이다.

그런데 이를 보고도 요아스가 부모나 다름없는 대제사장의 죽음 이후에 하나님 믿음과 정반대로 가면서 선민들을 호도하다니 무슨 조화인가. 그동안 자신 속셈을 숨기고 겉으로만 이중행위를 해온 사악한 인격체다.

그와 같이 생활하며 자라났을 사촌 형인 사제 즈카리야를 성전에서 돌에 맞아 죽게 하다니.

하나님 영이 임한 사제를 성전에서 죽이다니.

왜냐면 같은 이름의 또 다른 시대의 스카리야가 성전에서 돌에 맞아 죽었음을 그리스도께서 증언을 하셔서다. 그도 선민들을 이끌던 잇도의 손자, 베레키야의 아들, 하나님의 사제였다. (마23:35, 눅11:50-52)

그러니까 베레키야의 아들 스카리야도 사제로서 두 번째로 선민들에게 성전 제단 앞에서 돌에 맞아 죽은 하나님의 사람이었다.

그리스도께서 그에 관해 그렇다고 언급하니 틀림없다.

이 스카리야는 구약의 소 예언서를 기록한 예언자다.

구약성서엔 그의 죽음에 관한 기사가 나오지 않는다.

그렇다고 신약의 하나님이신 예수 그리스도의 증언을 부인할 자가 감히 누가 있는가.

이들을 첫 순교자들로 존중하며 우리가 기려야 한다.

초대 기독교 시대에만 순교자들이 있었던 일이 아님을 오래전 기록이 우리를 일깨운다.

마태23:35에는 예수 그리스도께서 스카리야를 아벨과 함께 언급하여 생각의 여지를 많이 주신다. **'의인 아벨의 피'**라고 먼저 말씀하고 스카리야의 죽음을 말씀하신다.

아벨은 형인 카인과는 다르게 하나님께 올린 제물로 하나님 축복을 받는다. 이에 몹시 화가 난 형인 카인에게 들판에서 불시에 돌에 맞아 아벨은 죽는다.

이로써 우리가 아벨이 하나님 믿음의 첫 번 순교자였다고 말할 수 있다. (『단테의 신곡 읽기 4, 히브리서』 히브리서 11장 믿음의 장; 초창기 조상들의 믿음, 아벨, 20-29쪽 참조 요망)

구약성서에서 믿음의 순교자에 관한 세 가지 주요한 기록을 발견한 셈이다. 구약성서 시작(창세기 4장)과 중간(대하24:15-22)과 마지막(즈카리야서) 부분에서다.

구약역사 53 역대하서 25-28장

역대하 25장

대하25:1 아마지야가 25세에 왕좌에 올라 예루살렘에서 29년간 다스렸다. 모친은 예루살렘 출신 예호아단이었다. ² 그가 하나님 눈에 바르게 행했으나 전심으로는 아니었다. ³ 그가 왕권을 굳게 장악하자 부친인 왕을 살해한 종들을 죽이면서 ⁴ 그들 자녀들은 남겨두었는데 모세 율법에 하나님 명령인 **'부모를 그 자녀들 때문에 죽음에 처하진 못하며, 자녀들 또한 부모들 때문에 죽음에 처하지 않는다. 각 사람은 오직 자신의 죄로만 죽음에 처한다.'**에 순종해서다.

⁵ 아마지야가 유다의 남자들을 가문별로 소환해서 유다는 물론 벤저민을 백부장, 천부장의 장교들 아래 정렬시켰다. 그가 20세 이상의 남자들을 소환해 그 숫자가 300,000명임을 알아내고 칼과 방패를 다룰 수 있는 모두를 군 복무에 발탁했다. ⁶ 또한 훈련 받은 100,000명 군사를 이스라엘에서 은 100달란트로 고용했다. ⁷ 그러나 신의 사람이 그에게 와서 말하길 **'내 주 왕이여, 이스라엘 군대가 당신과 같이 행군하지는 않게 하십시오. 하나님께선 이스라엘과-이들 모두 에프라임 족속임-계시지 않습니다! ⁸ 왜냐면 만일 당신이 이들 백성을 당신과 동맹하여 전쟁에 나간다면 신께서 당신을 내던지실 겁니다, 왜냐면 신께선 돕거나 전복하는 권능을 가지셨기 때문입니다.'** ⁹ 아마지야가 그 신의 사람에게 말하길 '내가 이스라엘 군대에게 보낸 100달란트의 은은 어떻게 하느냐?' 그 사람이

답하길 '이는 하나님의 권능이니 그보다 더 많이 당신에게 주실 겁니다.' 10 아마지야가 에프라임에서 그에게 온 군대를 분리해 그들 고향으로 보냈다. 이가 그들로 하여금 유다에 대해 분노하며 집으로 돌아가게 했다.

11 아마지야가 부하들을 단호하게 이끌어 소금 골짜기에서 10,000명의 세어 인을 죽였다. 12 유다의 남자들이 또 다른 10,000명의 남자들을 생포해 벼랑 꼭대기로 데려가 내던져 그들 모두 조각내 몰살시켰다. 13 그 사이에 아마지야가 전투에 참여하지 못하게 집으로 돌려보낸 군대가 유다 마을들을 공략해 사마리아에서 베트 호론까지 3,000명을 학살하고 많은 전리품을 벗겨갔다.

14 아마지야가 에돔 족을 무찌르고 돌아오며 세어 백성들의 신들을 가져다 그것들을 자신의 신들로 세워 숭배하고 희생제물을 태웠다. 15 하나님께서 이로써 아마지야에게 노하시어 그에게 예언자 하나를 보내시어 **'네게서 자신의 백성들을 구할 수 없었던 그 신들을 어째서 네가 되돌리느냐?'** 16 그가 말하는 동안 왕이 그에게 말하길 '우리가 너를 왕의 상담사로 임명했냐? 닥쳐라! 왜 네 생명을 거냐?' 예언자가 그쳤으나 처음에 말하길 **'나는 당신이 이를 행하며 내 상담을 듣지 않아 신께서 당신을 멸하기로 결정하신 것을 압니다.'**

17 유다의 아마지야 왕이 상담을 한 다음에 이스라엘 왕 예후의 아들 예호아하즈의 아들 예호아스에게 맞서보자는 도전 사절을 보냈다. 18 이스라엘의 예호아스 왕이 유다의 아마지야 왕에게 이런 답을 보내왔다. '레바논의 엉겅퀴가 레바논의 삼나무에게 보내서 말하노라, "당신의 딸을 내 아들과 결혼하게 해주시오." 그러나 레바논

의 야수가 지나가며 그 엉겅퀴를 밟았노라. [19] 네가 에돔을 물리친 것을 안다, 그러나 이는 너의 머리 위로 지난 거다. 집에 머물며 그 승리나 즐겨라. 왜 너 스스로 재난을 초래하여 바닥까지 내려가며 너와 함께 유다까지 끌어내리려 하냐?'

[20] 어쨌건 아마지야가 들을 수 없었다. 이는 신께서 하시는 일로서 유다를 예호아스 권한에 주기 위해서다, 왜냐면 그들이 에돔의 신들을 섬겨서다. [21] 그래서 이스라엘의 예호아스 왕이 진군해 유다의 아마지야 왕과 유다의 베트 쉐메스에서 부딪쳤다. [22] 유다의 남자들이 이스라엘에게 추격당해 그들의 집으로 도망갔다. [23] 이스라엘의 예호아스 왕이 유다의 아하지야의 아들 요아스의 아들인 아마지야 왕을 베트 쉐메스Beth Shemesh에서 잡았다. (왕하 14;11-13) 그가 그를 예루살렘으로 데려가 에프라임 문에서 구석의 문까지 400큐빗 거리의 성벽을 무너트렸다. [24] 그가 하나님 집에서 찾은 모든 금은 집기, 오벳 에돔이 보관했던 금은 집기들, 왕궁 보물들은 물론 인질들까지 데리고 사마리아로 돌아갔다.

[25] 유다 왕 요아스의 아들 아마지야가 이스라엘 왕 예호아하즈의 아들 예호아스보다 15년을 더 살았다. [26] 아마지야 통치의 다른 사건들이 처음부터 끝까지 유다와 이스라엘 왕들 연대기에 기록했다. [27] 그가 하나님에게서 돌아선 그 시간부터 예루살렘에서 그에 대한 음모가 꾸며져 라키스로 도망쳤다. 그 음모자들이 라키스로 가서 그를 죽였다. [28] 그의 시신을 말의 등에 태워 예루살렘에 돌아와 다윗 시에 그의 조상들과 묻었다.

역대하 26장

¹ 유다 백성들이 함께 웃지야를 택해 16세인 그를 부친 아마지야를 잇는 왕에 세웠다. ² 이가 엘롯Eloth, Elath[1] [참고 1]을 세워 유다로 회복하고 조상들에게 쉬러 갔던 왕이다.

³ 웃지야가 왕좌에 16세로 올라 예루살렘에서 52년간 다스렸다. 모친은 예루살렘 출신 예콜리야. ⁴ 그가 하나님 눈에 바르게 행했는데 부친 아마지야가 행한 대로다. ⁵ 그가 스스로 그에게 신의 두려움을 가르쳐준 즈카리야의 날들에 신의 안내를 찾아 수립했다. 그가 하나님께 안내를 구하는 한은 신께선 그에게 융성하는 근원이셨다.

⁶ 그가 필리스틴에 대항해서 그 들판을 차지했다. 그가 갯, 야브네, 아스돗의 벽들을 부수어 아스돗의 영토와 필리스틴 가운데다 마을들을 세웠다. ⁷ 신께서 그들에게 대항하게 그를 도우셨으니 굴발Gur-baal에 살던 아랍인들은 물론 메우니Meunites인들에 대해서도 마찬가지였다. ⁸ 암몬 인들이 웃지야에게 공물을 가져왔고 그의 명성이 애급 국경까지 퍼지니 그가 매우 강력해서다. ⁹ 그가 예루살렘에서 모퉁이 문the Corner Gate, 골짜기 문the Valley Gate에, 그리고 경사지에 탑들을 세워, 이를 요새화했다. ¹⁰ 그가 광야에다 많은 탑들을 세우고 많은 우물을 팠는데 쉐펠라와 다른 들판 양쪽에 많은 가축 무리를 가져서다. 그가 또한 농부

I [참고 1]
  엘롯Eloth(REB) 또는 엘랏Elath(NIV)은 왕상9:26-28에 나온 지명. 솔로몬이 엘롯 근처 에지온 게발에 배를 만드는 조선 작업을 한다. 두로의 히람(왕상 5장)이 배에 익숙한 선원들을 솔로몬의 종들과 같이 보내, 오팔에서 금 420달란트를 솔로몬에게 가져온다.

들과 포도주 양조업자들을 고원 지방에 기름진 땅들을 가졌는데 그 흙을 사랑해서다.

[11] 웃지야가 군사들에게 전투에 임할 준비를 위해 사단별로 훈련했는데 왕의 사령관들 중 하나인 하나니야의 지휘아래 참모장 예이엘과 사무관 맛사이야가 만든 수에 따라 소집했다. [12] 숙련된 전사를 공급하는 가문들 우두머리 총 수가 2,600명이었다. [13] 그들의 지휘 아래 300명의 군사와 7,700명이 적들에 대항해 왕을 도울 강력한 전투 병력이 있었다. [14] 웃지야가 모든 병력을 위한 창과 방패, 투구와 갑옷, 활들과 돌팔매들을 제공했다. [15] 예루살렘에서 그가 기술자들에게 탑들과 전쟁에서 사용할 기계들을 고안하게 했는데 화살들과 많은 돌들을 발사하기 위한 거다. 그의 명성이 널리 퍼짐은 그가 그리도 놀라운 재능으로 매우 강력해져서다.

[16] 그가 점점 강력해지자 자만심이 커져 자신을 타락시켰다. 그가 그의 신 하나님을 거슬러 하나님 전의 향 제단에 향을 태우러 들어간 거다. [17] 제사장 아자리야와 다른 하나님 사제들 80명의 용감한 남자들이 웃지야 왕을 따라 가서 [18] 그에게 맞서 말하길 **'이는 당신을 위한 일이 아니오, 웃지야, 하나님께 향을 태우기는 오직 그 직무에 신성한 아론 지파 사제들만 합니다. 그 성단에서 떠나시오. 왜냐면 당신이 확실히 거역한 그 일이 신이신 하나님께 아무런 영예를 가져오지 않아서입니다.'** [19] 향을 태우러 그의 손에 벌써 향로를 쥐고 있던 터라 왕이 노해서 사제들에게 화내는 사이에 나병이 그 이마에 불거져 나오니 사제들 앞인 하나님 집 안 향로 제단 옆에서다. [20] 대제사장 아자리야와 다른 사제들이 그를 향해 다가가 그 이마

에 퍼진 것이 나병임을 보았다. 그들이 급히 신전 밖으로 그를 나오게 하여 그 자신이 급히 떠나니 하나님께서 질병으로 치셨기 때문이다. ²¹ 웃지야 왕이 죽는 날까지 나병 환자로 지냈다. 그가 궁전에서 나환자로 살기에 모든 의무에서 물러나 하나님 집에서도 소외되어 그런 날들 동안 그의 아들 요탐이 가문의 재정관이자 국가의 섭정이었다. ²² 웃지야 통치의 다른 사건들이 처음부터 끝까지 아모스의 아들 예언자 이사야가 기록했다. ²³ 그가 조상들에게 돌아가 그들과 묻혔는데 왕궁 무덤들에 딸린 들판이 그의 자리였다. 그들이 '그가 나환자'라 해서다. 그의 아들 요탐이 승계했다.

역대하 27장

¹ 요탐이 25세에 왕좌에 올라 예루살렘에서 16년간 통치했다. 그 모친이 자독의 딸 예루샤Jerushah다. ² 그가 하나님 눈에서 그의 부친이 하던 대로 바르게 행했는데 그와 달리 하나님 신전엔 들어가지 않았다. 백성들은 어쨌거나 그들의 타락한 관행들을 계속했다. ³ 그가 하나님 집의 윗문the Upper Gate을 건축하고 오펠에서 성벽을 확장해 지었다. ⁴ 그가 유다의 고원 지대에 마을들을 짓고 나무 우거진 언덕들에 요새와 탑들을 지었다. ⁵ 그가 암몬 왕과 전쟁을 일으켜 이겼다. 그 해에 암몬 인들이 그에게 은 100 달란트, 밀과 보리를 각 10,000 콜kor씩 가져왔다. 그들이 다음 해도 세 번째 해에도 같은 공물을 가져왔다. ⁶ 요탐이 매우 강해짐은 그의 신 하나님께 꾸준히 순종의 과정을 그가 지속해서다. ⁷ 요탐 통치의 다른 사건들인 그가 행한 전쟁과 평화는 이스라엘과 유다

왕들 연대기에 수록했다. ⁸ 그가 왕위에 25세에 올라 예루살렘에서 16년을 다스렸다. ⁹ 그가 조상들에게 돌아가 다윗 시에 묻혔다. 그의 아들 아하즈가 승계했다.

역대하 28장

¹ 아하즈가 20세에 왕좌에 올라 예루살렘에서 16년간 다스렸다. 그는 그의 조상 다윗처럼 하나님 눈에서 바르게 행하지 않았는데 ² 이스라엘 왕들의 자취를 따라서 발림을 위해 금속으로 상들을 만든 거다. ³ 그가 또한 벤 히놈 골짜기에서 희생물들을 태웠는데 심지어 그의 아들들을 불에 태웠으니 이는 하나님께서 이스라엘 민족에게 은혜로서 주셨던 나라들의 끔찍한 관행을 따른 거다. ⁴ 그가 제물들을 신당들, 언덕 위에 퍼져나간 나무 아래마다 희생하고 태웠다.

⁵ 그의 신 하나님께서 아하즈가 즉시 아람 왕의 손에 고통받게 하셨다. 아람 인들이 그를 패배시켜 많은 포로를 잡아 다마스쿠스로 데려갔다. 그가 또한 이스라엘 왕들 손에도 불상사를 당하니 심한 패배 영향 때문이다. ⁶ 숙련된 유다 군사 120,000명을 하루에 죽인 자가 르말리아Remaliah의 아들 페카Pekah, 그들이 조상들의 신 하나님을 저버려서다. ⁷ 에프라임 지파 영웅 지크리가 왕의 아들 맛세이야와 가문의 감사관 아즈리캄과 왕의 주요 장관인 엘카나를 죽였다. ⁸ 이스라엘 인들이 그들의 동족들에게서 200,000명의 여자와 아이들을 잡았다. 또한 많은 양의 전리품을 뺏어서 사마리아로 가져갔다.

⁹ 이름이 오뎃Oded^II [참고 2]이라는 하나님 예언자가 거기에 있었다. 그가 사마리아로 되돌아가는 군대를 만나러 나가서 그들에게 말하길 '이는 너희 조상들의 신 하나님께서 유다에게 화를 내셨기 때문이니 그분께서 그들을 너희 권한에 주신 거였다. 그런데 너희가 그들을 학살했기에 그분의 분노가 하늘 높이 탑처럼 올라갔다. ¹⁰ 너희가 지금 유다와 예루살렘 백성들 남자와 여자를 강제 노예로 부리려 작정했다. 너희들 역시 하나님 앞에선 죄를 진 자들이 아니더냐? ¹¹ 지금 내 말을 들어라. 너희가 사로잡은 너희 동족들을 되돌려 보내라, 왜냐면 하나님 분노가 너희를 향해 일어나셨기 때문이다.'

¹² 다음에 몇몇 에프라임 지파 대장들인 예호하난의 아들 아자리야, 메쉴레모스의 아들 베레키야, 샬룸의 아들 히즈키야, 하들라이의 아들 아마샤가 이들 전쟁에서 돌아오는 자들을 만나 ¹³ 그들에게 말하길 '너희가 이들 포로들을 우리나라에 데려와선 아니 된다. 너희들 의도가 우리를 하나님 앞에 죄짓는 일이니 우리 죄와 죄에 더해지리라. 우리가 벌써 많은 죄를 지었기에 이스라엘에 대해 맹렬한 분노가 있다.' ¹⁴ 그래서 무장한 남자들이 장교들이 가진 전리품을 포로들과 거기 모인 백성들에게 남겼다. ¹⁵ 포로들의 이런 의무에 책임질 후보자를 두었으니 이들이 벗겨졌던 전리품에서 옷들을 모두 찾은 자들이다. 그들이 그들에게 옷과 신을 주고 음식과 마실 음료를 주어 신성하게 했다. 그들 모두가 다리를 끌며 마지막까지 당나귀에 태워 그 동족을 야자수의 도시 예리코로 데려갔다.

II [참고 2]
    오뎃이란 이름의 뜻이 '바른 말'이라고 한다.

다음에 그들이 사마리아로 돌아갔다.

¹⁶ 그때 아하즈 왕이 아시리아 왕에게 도와달라고 했다. ¹⁷ 에돔인들이 다시 침략해 유다를 이기고 죄수들을 데려갔는데 ¹⁸ 한편에선 팔레스틴 인들이 유다의 쉐펠라와 네겝을 침략했다. 그들이 베트 쉐메스, 아이얄론, 게데롯은 물론 소코, 팀나, 김조를 그 마을들과 함께 점령했다. ¹⁹ 하나님께서 유다의 아하즈 왕 때문에 유다를 몰락하게 하셨다. 유다에서 그의 행위가 걷잡을 수 없이 하나님께 심히 불경해서다. ²⁰ 그때 아시리아의 티글랏파일셀 왕이 그를 도우러 와서 돕기는커녕 말썽을 일으켰다. ²¹ 아하즈가 하나님 집, 왕궁, 장교들 집을 훑어서 약탈품들을 주었지만 그의 안중에 없었다.

²² 이러니 아하즈 왕이 심한 압박을 받아 점점 하나님 불신이 심해졌다. ²³ 그가 그를 참패시킨 다마스쿠스 신들에게 제물을 바치며 했던 말 때문인즉 '아람 왕들의 신들이 그들을 돕는다, 내가 그들에게 제물을 바치면 그들이 나를 도우리라.' 허나 실은 그것이 그와 온 이스라엘 몰락 원인이었다. ²⁴ 그때 아하즈가 하나님 집의 집기들을 모아 부수고 하나님 집 문들을 닫아버렸다. 그 자신이 예루살렘 모든 구석에 제단을 짓고 ²⁵ 유다 마을들마다 신당을 세워 다른 신들에게 제물을 태우게 하여 그의 조상들의 신 하나님 분노를 야기했다.

²⁶ 다른 사건들과 그의 통치 기간 모든 사건들이 처음부터 끝까지 유다와 이스라엘 왕들 연대기에 수록했다. ²⁷ 아하즈가 조상들에게 돌아가 예루살렘 시에 묻혔으나 유다 왕들의 장소가 아니다.

그의 아들 히즈키야Hezekiah가 승계했다.

생각할 점

역대하 25-28장은 유다의 9대 아마지야(BC 796-767), 10대 웃지야(BC 792-740. 그의 통치 BC 767-750), 11대 요탐(BC 750-732), 12대 아하즈(BC 735-715)의 기록이다. (NIV.주해)

이들 기록은 왕하 14-16장과 같다.

이들 유다 왕들과 상응한 북이스라엘 왕에는 20대 예호아하즈, 21대 예호아스, 23대 예로보암 2세다.

대하 25장

유다의 9대 왕 아마지야가 25세에 왕위에 오르는데 부친 요아스 왕이 살해당해서다. 아마지야가 왕권을 잡고 부친을 살해한 부친의 종들인 네 명을 죽인다. 두 명의 남종과 암몬과 모압 여종 두 명이다. 이방 족속 여인 두 명이 특이하다. 아마지야가 그 종들의 자녀까지 죽이지 않음이 모세 율법 때문인데 이는 **신명기24:16** 기타 규정 때문이다.

가타 규정은 하나님께서 선민들에게 모세를 통해 지금부터 약 3,500년 전에 주셨다.

하나님께서 인권을 존중하셨는가를 알리는 기록이다.

아마지야도 초년엔 군사력 보강에 주력해 하나님 사제들의 충고를 듣지만 에돔을 쳐서 승리하자 오만해진다. 그가 부친 요아스 왕처럼 우상 숭배로 돌아서 하나님 길에서 완전히 벗어난다. 하나님께서 하나님의 사람(대하25:7)을 보내셔 마지막 충고도 듣게 하지만 그가 죄를 거듭해 부친마냥 그도 신하들 손에 죽는다.

대하 26장

유다 왕 10대인 웃지야가 부친을 이어 16세에 등극한다.

어린 웃지야가 왕가의 비극을 알았으리라. 조부인 요아스가 종들에게 죽고 부친 아마지야가 음모자들에게 죽었으니. 그가 하나님 믿음과 도움을 받아야 함을 알았으리라.

이런 가늠이 가능한 건 대하26:5에 **'웃지야가 스스로 신에게 두려움을 가르쳐준 즈카리야의 날들에 신의 안내를 찾아 수립한다.'** 고 해서다.

또한 이처럼 **'그가 하나님께 안내를 구하는 한은 하나님께서 융성하게 해주셨다'**는 구절을 중시한다.

이는 대하 26장만이 아니라 성서의 변치 않는 진리다.

하나님 믿음 올바르게 고수하기의 소중함을 일컬어 준다. 최고 정치 지도자를 바라보고 헤아릴 관점을 고조시킨다.

웃지야는 52년간 긴 시간을 재위한 유다에서 둘째로 최장수 왕이다. 그런데 그가 처음 재위한 10년 동안만 융성했다. 나머지 40년 이상의 긴 생애를 나병이란 하나님 징벌로 지냈다. 산지옥이 따로 없었으리라.

고로 웃지야 왕 초기에 나온 '**즈카리야의 나날을**' 이란 구절에 주시한다. 이는 웃지야가 즈카리야의 나날들에 그에게서 신의 안내를 찾는 동안만 융성했다는 말과 같아서다. 이는 웃지야가 그의 조부인 **요아스가 성전에서 돌로 쳐 죽인 예호야다 대제사장 아들인 즈카리야의 죽음에 관해 알고 있었다**는 해석이 가능해진다.

그가 하나님과 성전의 사제들 앞에서 겸손히 행했으리라.

이는 웃지야가 선대인 그의 부친과 조부의 역사를 듣고 배웠거나 그 기록을 알았기에 가능하다. 측근에 현명한 누군가가 있었으리라. 그래서 왕의 초년 교육의 필수인 하나님 조상들에서 그런 즈카리야를 기렸다고 볼 수 있다.

16세에 왕이 된 그 자신을 진심으로 하나님께 낮추었으리라. 이를 살피는 하나님께서 그가 하는 모든 일을 도와주셨으리라. (대하 26:6-15)

그런데 하나님께 그런 전심을 지녔던 초기의 웃지야가 어쩌자고 그리 그릇되어 갔는가. 오직 하나님과 아론 지파 사제들의 신성한 의무인 하나님 제단에 자신이 들어갈 엄두가 대체 왜 그에게 생긴단 말인가. (대하26:16-19)

자만이라는 악의 유혹에 깊이 빠진 증거다. 하나님 공의의 길에서 벗어남은 큰 심리 변화인 유혹에 빠진 일이다.

이를 대하 26장 말미에 웃지야의 기록을 선지자 이사야가 썼다 하여 추리가 가능해진다. 예언자 이사야가 역대하서를 기록했다는 사실이 참으로 소중하다.

선민을 대표한 왕들이 하나님 믿음의 길에서 빗나감에 관한 기록이다. 특히 선민들 대표인 왕들의 변심이 자만인지라 할 말이 없다.

이는 지금이나 미래에나 변치 않을 권력 가진 자의 자만은 국가가 망해가는 지름길이다. 명쾌한 구약의 왕들 기록이 거듭된다. 그런 왕들이 오만이라는 유혹에 빠지도록 하나님께서 의도하신 사실임도 생각해야 한다.

어째서 그리하시는가를. (대하25:15-16, 20-21)

대하 27장

유다의 11대 왕인 요탐은 25세에 부친 웃지야를 승계해서 16년간 치세 후 평탄히 세상을 떠났다. 그가 나병인 부친을 대신해 국정을 꾸준히 하나님께 순종하며 믿음의 통치 과정을 지속해서리라 볼 수 있다. (대하27:6)

대하 28장

요탐을 이은 유다의 12대 왕 아하즈가 20세에 즉위해 16년간 다스리나 하나님께 바르게 행하지 않고 선민들 앞에서 극악 행위를 범한다. 우상 숭배인 이방신들의 금속 상을 만들고 그에 더해

산 사람들을 태우기까지 했다. 자신 아들들도 그런 제물 희생을 시켰다. (왕하 16장)

이는 북이스라엘조차 없던 일이다. 하나님께서 아람 왕에게 유다가 크게 패하게 하고 북이스라엘까지 유다를 침공케 해서 유다를 철저히 패하게 하신다.

이때 이스라엘 군대가 쳐서 유다 군사 12만 명이 죽고 유다의 영웅들도 죽었다. 그뿐 아니라 이스라엘이 유다의 여자와 아이들을 20만 명이나 포로로 잡았다. 그 외에 하나님 신전과 유다 궁정의 전리품은 말할 나위 없고 동족 인 선민들을 강제노역 포로로 사마리아로 끌어가는 지경에 처하게 하신다. (대하28:5-8)

지독한 동족상잔 참극이 하나님 선민들의 국가인 남북조 왕조에 있었다. 이 대사건을 크게 주시할 수밖에 없음은 우리 남북한이 현재 처한 이치와도 별반 다를 바 없어 보여서다. 서로 미워하면 서로의 파국이란 사실을 이렇게 가르쳐주신다.

'참는 자에게 복이 있다.'가 참 소중한 시기에 우린 산다.

이를 다시 본다. 이때 *하나님의 사람인 오뎃이 사마리아에서 북이스라엘 군대에게 말한다.*

'유다가 망한 것은 하나님께서 그들에게 화가 나셨기 때문이다. 그런데 그렇게 많은 동족들을 너희가 학살하고 동족들을 포

로로 끌고 왔다. 너희도 하나님 앞에선 같은 죄를 지은 게 아닌가. 하나님 분노가 너희에게 향하셨으니 그들을 지금 되돌려 보내라.' (대하28:9-11)

이에 에프라임 지파의 대장들이 동조한다. 전쟁에서 돌아오는 이들을 만나 설득한다. 그래서 포로들을 사마리아에서 예루살렘 근처 도시 예리고까지 되돌려 보낸다. 전리품도 옷가지도 다 돌려주고 나서 그들이 사마리아로 돌아간다. 사마리아 군대가 들은 하나님의 사람 오뎃의 말들이 다음과 같다.

'너희의 의도가 우리를 하나님 앞에서 죄짓게 하는 일이니 우리의 죄에다가 이를 더하는 거다. 우리는 오늘 벌써 충분히 죄를 지었기에 하나님의 맹렬하신 분노가 있었다.' (대하28:12-15)

하나님께서 이토록 선민들에게 동족상잔이 더는 일어나지 않게 막아 주셨다!

이러했음에도 아하즈 왕의 형편없는 실정이 유다왕국에 이어진다. 그가 더욱 하나님께 불순종해서 에돔의 우상 신들에 이어 다마스쿠스의 신들까지 예루살렘에 가져왔다,

그가 자신의 죽음을 맞기까지 하나님 분노를 지독히 자아냈다. 이런 왕이 죽자 선민들이 그를 유다 왕들 장소에 묻지 않았다. (대하28:16-27)

구약역사 54 역대하서 29-32장

역대하 29장

대하29:1 히즈키야Hezekiah가 25세에 왕위에 앉아 예루살렘에서 29년간 다스렸다. 모친이 즈카리야의 딸 아비야. ² 그가 하나님 눈에서 바르게 행했으니 그의 조상 다윗이 하던 대로다.

³ 그의 통치 3년 첫 달에 그가 하나님 집의 문들을 열고 수리를 했다. ⁴ 그가 사제들과 레위 인들을 데려와 동쪽에 있는 광장에 소집해 ⁵ 그들에게 말하길 '레위 인들이여 내게 들으시오. 지금 당신 자신들을 거룩하게 하십시오, 당신들 조상의 신 하나님 집을 거룩하게 하십시오, 그 성단에서 모든 더러운 것들을 제거하십시오. ⁶ 왜냐면 우리 조상들이 우리의 신 하나님 눈에서 잘못을 행하고 불신했기 때문입니다. 그들이 그분을 저버려 얼굴을 돌리고, 그분의 거주지에서 등을 돌려 돌아섰습니다. ⁷ 그들이 현관들을 닫고 등불들을 꺼버렸습니다. 그들이 이스라엘의 신께 그 성단에서 전 제물의 제공, 향불 태우기를 중지했습니다. ⁸ 그러므로 하나님 분노가 유다와 예루살렘에 떨어져, 그분께서 그들을 적의로 대하시어 너희들 자신이 보다시피 두려움과 조롱의 대상이 되게 하셨습니다. ⁹ 우리 조상들이 칼에 떨어지고 우리 아들과 딸들과 아내들이 포로가 된 원인이 그 때문입니다. ¹⁰ 지금 내가 주도하니 이스라엘의 신 하나님과 우리 자신이 서약을 맺읍시다, 그분의 화를 우리에게서 돌리기 위해섭니다. ¹¹ 나의 아들들이여 시간을 잃지 않도록 합시다. 왜냐면 하나님께선 당신들

을 그분께 봉사하는 성직자들로서 그분의 제물들을 태우라고 성직에 택하셨기 때문입니다.'

¹² 레위 인들이 일에 착수했다. 그들의 이름이 다음과 같았다. 코하스 가문에서 아마새의 아들 마하스와 아자리야의 아들 요엘, 메라리 가문에서 예하렐렐의 아들 아자리야와 압디의 아들 키스, 게르손 가문에서 짐마의 아들 요아와 요아의 아들 에덴, ¹³ 엘리자판 가문에서 심리와 예이엘, 아삽 가문에서 즈카리야와 마타니야, ¹⁴ 헤만 가문에서 예히엘과 쉬메이, 예두툰 가문에서 쉐마이야와 웃지엘이었다. ¹⁵ 그들이 친족들과 모여 자신들을 거룩하게 하고 다음에 안으로 가서 하나님 명령대로 왕의 지시대로 하나님 집을 정화했다. ¹⁶ 사제들이 하나님 집을 정화하려 안쪽으로 들어갔다. 그들이 신전에서 발견한 모든 더러운 것들을 제거해 하나님 집 마당으로 내오자 거기 있던 레위 인들이 이를 받아 밖으로 내가서 키드론 분지까지 가져갔다. ¹⁷ 그들이 첫달 초하루 그 의식들을 시작해 여드렛날에 그 현관에 이르렀다. 그렇게 8일 동안 그들이 하나님 집을 정화해 그 첫달 16일째 그들이 다 끝냈다.

¹⁸ 그들이 궁전으로 히즈키야 왕에게 보고하러 갔을 때 **'우리가 하나님 집 전체를, 모든 집기들과 함께 전 제물의 제단을 그리고 모든 집기들로 나란히 배열하는 상설 병의 상을 정화했습니다.** ¹⁹ **우리가 또한 아하즈 왕의 통치 기간 그가 불신할 때 따로 옆에 두었던 모든 집기들을 정화해 순서대로 놓았습니다. 그것들이 지금 하나님 제단 앞에 자리 잡았습니다.'**

²⁰ 다음 날 아침 일찍 히즈키야 왕이 그 도시의 장교들을 소집해

하나님 집으로 올라갔다. ²¹ 그들이 황소 7마리, 숫양 7마리, 어린 양 7마리를 전 제물로 그리고 7마리 숫염소를 왕국을 위해 그 성단을 위해 유다를 위한 정화 제물로 가져왔다. 이들을 하나님 제단에 올리라고 그가 아론 지파 사제들에게 명했다. ²² 황소들을 도살해 사제들이 그 피를 가져다 이를 그 제단에 뿌렸다. 숫양들을 죽이자 그들의 피를 그 제단에 뿌렸다. 어린 양들도 죽여 그 피를 그 제단에 뿌렸다. ²³ 정화 제물을 위한 숫염소들은 왕과 회중 앞에 데려와서 그들의 손을 거기에 얹게 했다. ²⁴ 그리고 사제들이 죽여 그 피를 정화 제물로 그 제단 위에 모든 이스라엘의 속죄를 위해 사용했다. 왜냐면 왕이 전 제물과 정화 제물을 모든 이스라엘을 위해 올려야 한다고 명해서다.

²⁵ 그가 하나님 집에서 다윗이 기술한 법대로 타악기, 현악기, 칠현금을 다루는 레위 인들을 왕의 선견자 갯, 예언자 나탄에 의해 머물게 했다. 왜냐면 이 법이 하나님께서 그분의 예언자들을 통해서 왔기 때문이다. ²⁶ 레위 인들이 다윗의 악기들을 준비해서 섰고 사제들이 나팔을 들었다. ²⁷ 히즈키야가 그 전 제물을 제단에 올려 달라고 주문했다. 그 순간에 번제물을 올리기 시작해 하나님께 올리는 노래 또한 시작하니 나팔을 불어서 이스라엘 왕 다윗의 악기들을 이끌었다. ²⁸ 전 회중이 자신들을 엎드리고 가수들은 노래하고 나팔들이 울렸다. 이는 번제물을 마치기까지 계속했다. ²⁹ 그 제공이 끝났을 때 왕과 모든 무리가 절하고 자신들을 엎드렸다. ³⁰ 히즈키야 왕과 그의 장교들이 그 레위 인들에게 다윗과 선견자 아삽의 말들로 하나님 찬양하기를 명했다. 그들이 그분께 가장 즐겁게

찬양을 하자 그들이 절하며 자신들을 낮게 엎드렸다.

³¹ 히즈키야가 말하길 '**지금 너희가 하나님께 거룩하게 되었으니 하나님의 집을 위해 너희의 희생물과 감사 제물로서 가까이 오라.**' 그래서 그 회중이 희생물과 감사제물을 가져왔다. 영의 뜻대로 누구나 전 제물을 가져왔다. ³² 그 회중이 가져온 전 제물의 수가 황소 70마리, 숫양들 100마리, 그리고 어린 양 200마리였다. 이들 모두 하나님께 전 제물로 드렸다. ³³ 성화된 제물들은 600마리 황소, 3,000마리 양이었다. ³⁴ 그런데 사제들이 너무 적어서 그 모든 전 제물들 가죽을 벗길 수 없기에 그들의 레위 인 동료들이 그 일이 끝나기까지 도와서 모든 사제들이 그들 자신들을 성화했다. 왜냐면 레위 인들이 그들 스스로 정화하는 사제들보단 훨씬 더 철저해서다. ³⁵ 거기에 정말 어마어마한 전 제물이 있었고 그에 더해 전 제물을 위한 나눔 제물들의 기름과 음료 제물들이 있었다. 이렇게 하나님 집의 섬김을 회복했다. ³⁶ 그래서 히즈키야와 온 백성들이 그 백성들을 위해 신께서 해주신 일로 기쁨이 넘쳤으니 그렇게 속히 그 일이 일어나서다.

역대하 30장

¹ 히즈키야가 모든 이스라엘과 유다에 전갈을 보내며 또한 에프라임과 마나세에게는 편지를 보내, 그들이 하나님 집에 와서 이스라엘의 신 하나님의 유월절을 지키자고 초대했다. ² 왕과 그의 장교들과 예루살렘의 온 회중들이 둘째 달에 유월절을 지키자고 동의했으나 ³ 그들이 이를 제때에 지키지 못했는데, 왜냐면 사제들이

자신들을 충분히 정화할 수 없어서 예루살렘에 모이지 못해서다. ⁴ 왕과 전 회중이 받아들일 만한 제안이 있었으니 ⁵ 그들이 모든 이스라엘을 통해 선포하기로 결정한 것이 브엘쉐바에서 단까지 백성들은 이스라엘의 신 하나님께 유월절을 지키러 와야만 한다는 거였다. 전에는 기술된 그 형식대로 이렇게 많이 지킨 적이 전혀 없었다. ⁶ 특사들이 왕과 장교들로부터 편지들을 갖고 온 이스라엘과 유다를 통해 왕의 명령을 선포하러 다녔는데 '**돌아서라, 너희 이스라엘 인들이여, 너희 조상들인 아브라함, 이삭, 그리고 이스라엘의 신 하나님께로 그래서 그분께서 너희들 중에 아시리아 왕들에게 도망치다 잡혀간 너희들의 그런 자들을 되돌려 주시기를.** ⁷ 너희 조상들 그리고 너희 동족들과 같이 그들 조상의 신 하나님께 불신했던 자들과 똑같이 행동하지 말라, 그래서 그분께서 그들을 너희가 보듯이 공포의 목표로 만드셨다. ⁸ 너희 조상들처럼 어리석지 말라. 너희 자신들이 하나님께 복종하고 그분께서 영원히 성스럽게 하신 그분 성소에 들어가 너희의 신 하나님께 경배해라, 그래서 그분의 화를 너희가 피하리라. ⁹ 왜냐면 너희가 하나님께 돌아오면 너희 동족들과 너희 자녀들이 그들에게 사로잡힌 곳에서 연민을 일으킬 수 있고 이 땅에 돌아올 수 있을 거다. 너희의 신 하나님께선 은혜롭고 자비하시어 만일 너희가 그분께 돌아오면 그분도 돌아서서 계시진 않으리라.'

¹⁰ 특사들이 마을에서 마을로 에프라임과 마나세의 땅을 통해 멀리 제불룬을 지날 때 그들이 조롱과 모욕으로 대했다. ¹¹ 좌우간에 아셀, 마나세, 제불룬에서 적은 수의 백성들이 모여 예루살렘에 왔다. ¹² 그에 더해 하나님 손길이 유다에서 왕과 장교들이 보낸 하

나님 명령에 협조하도록 백성들을 감동하게 해주셨다.

¹³ 둘째 달 무교병 순례 축제를 지키러 예루살렘에 매우 많은 사람들이 모였다. ¹⁴ 그들이 예루살렘에서 그 제단들을 제거하기 시작해 그 향 제단들을 제거해서 키드론 분지에 던졌다. ¹⁵ 그들이 둘째 달 14일에 유월절 어린양을 죽였다. 사제들과 레위 인들이 쓰디쓰게 수치스러워하며, 그들 스스로 정화하고 하나님 집으로 전 제물들을 가져갔다. ¹⁶ 그들이 관습대로 정해진 자리에서 하나님의 사람 모세 율법에서 그들에게 내린 지시대로, 사제들이 그 제단에, 레위 인들에게서 받은 피를 뿌렸다.

¹⁷ 그 회중의 많은 사람들이 자신들을 정화하지 않았기에, 그들을 하나님께 정화하고자, 레위 인들이 유월절 양을 죽였다. ¹⁸ 백성들의 대부분인 에프라임, 마나세, 이사갈, 제불룬에서 온 사람들이 자신들을 의식으로 정화하길 행하지 않았고 더구나 유월절을 불규칙하게 지켰기 때문이다. 그러나 히즈키야가 그들을 위해 기도하며 말하길 **'선한 하나님이시여, 모든 사람에게 용서를 허락해 주십시오, ¹⁹ 이들 누구나 그들 조상의 신 하나님께 안내를 구하는 실행을 행하고자 하오니 심지어 성단을 위해 정화하는 규칙도 그들이 지키지 않았습니다만 용서해 주십시오.'** ²⁰ 하나님께서 히즈키야의 기도를 들으시고 그 백성들을 고쳐주셨다.

²¹ 이스라엘 사람들이 예루살렘에 나타나 무교병 축제를 7일 동안 큰 기쁨으로 지켜서 레위 인들과 사제들이 쉬지 않는 열성으로 매일 하나님을 찬양했다. ²² 히즈키야가 하나님을 섬기는 데 참 통찰력을 나타낸 모든 레위 인들에게 격려의 말을 했다. 그 축제의 7

일간 그들이 나눔 제물을 희생하며 그들 조상들의 신 하나님께 참회하며 지냈다.

²³ 전체 회중이 또 다른 7일 간의 축제를 지키자고 동의하자 그들이 모두 기뻐하며 이를 지켰다. ²⁴ 왜냐하면 유다의 히즈키야 왕이 회중을 위해 황소 1,000마리와 양 7,000마리를 쌓아두고, 장교들이 회중을 위해 황소 1,000마리와 양 10,000마리를 따로 주었기 때문이다. 그래서 사제들이 그들 자신들의 많은 수를 정화했다. ²⁵ 유다의 전 회중이 사제와 레위 인들을 포함, 그들을 따라서 이스라엘에서 모인 사람들, 이스라엘에 살던 거주자들, 유다에 살던 사람들이 다 기뻐했다. ²⁶ 예루살렘에 큰 기쁨이 있었으니 이스라엘의 다윗 왕의 아들 솔로몬의 날들 이후에 이처럼 알려진 날이 없었다. ²⁷ 사제들과 레위 인들이 백성들을 축복하려고 서니 그들 기도 소리가 하나님의 거룩한 거주 장소 하늘까지 닿았다.

역대하 31장

¹ 이렇게 지나고 나자 참석한 모든 이스라엘 사람들이 유다의 마을들과 도시로 나가서 거룩한 기둥들을 부수며 거룩한 장대들을 박살내서 유다, 벤저민, 에프라임, 마나세를 통틀어 신당들 제단들을 부수어 이를 끝장내기까지 했다. 이를 끝낸 이스라엘 사람들이 각각 자신의 것을 갖고 자신의 마을로 돌아갔다.

² 히즈키야가 사제들과 레위 인들을 각 직무에 임명했는데, 구분별로 하여 각각의 사제들과 각각의 레위 인들이 그 자신의 특별한 임무에 따라 전 제물들 혹은 나눔 제물들을 할당하게 하고 하

나님 집에서 사방의 여러 문들에서 찬양을 부르고 감사드리며 봉사하게 했다.

³ 왕이 그 자신 소유에서 하나님께 나눔 의무대로 번제물들을 아침저녁에, 안식일, 새 달들, 정해진 절기를 위해 하나님 율법 책에 기록된 대로 제공했다. ⁴ 그가 예루살렘에 사는 백성들에게 사제들과 레위 인들에게 나눔의 의무를 제공하라고 명해서, 이들이 그 자신들을 전적으로 하나님 법에 헌신케 했다. ⁵ 왕의 이런 명령이 이스라엘에 발하자마자 그들이 너그럽게 첫 과일, 첫 곡식, 첫 포도주, 기름과 꿀, 그 땅의 모든 생산물을 주었다. 그들이 모든 것에서 충분히 십일조를 가져왔다. ⁶ 유다의 마을들에 사는 이스라엘 인들과 유다 인들 또한 가축과 양의 십일조, 모든 생산의 십일조를 그들의 신 하나님께 헌납해서 그들의 생산품이 더미로 쌓였다. ⁷ 그들이 그 더미를 셋째 달에 쌓기 시작해 일곱째 달에 마무리했다.

⁸ 히즈키야와 그의 장교들이 이를 와서 보았을 때 그들이 하나님과 그의 백성들을 찬양했다. ⁹ 히즈키야가 그 더미에 관해 사제들과 레위 인들과 의논한 ¹⁰ 자독의 가계인 대제사장 아자리야가 답하길 '**백성들이 하나님 집에 그들의 공헌물을 가져오기 시작한 그때 그 시간부터 그들이 먹기에 충분했고 충분해서 남습니다. 정말로 하나님께서 그렇게 그들을 크게 축복하시어 그들이 가진 것이 이 큰 창고에 넘치고 남습니다.**'

¹¹ 히즈키야가 하나님 집에 저장 창고를 지으라고 명해 이를 마치자 ¹² 백성들이 성심으로 십일조와 그들의 공헌물을 헌납하러 가

져왔다. 이를 책임진 선견자가 레위 인 코나니야고, 그 형제 쉬메이는 부관이다. [13] 히즈키야 왕과 신의 집 주 관리자 아자리야가 예히엘, 아자리야, 나하스, 아사헬, 예리못, 조자밧, 엘리엘, 이스마키야, 마하스, 브나이야에게 코나니야와 그 형제 쉬메이를 조력자로 임명했다. [14] 동문의 책임자 레위 인 임나의 아들 코아가 신께 올리는 자유의지 공물의 책임자로서 하나님께 드린 공헌물과 가장 거룩한 공헌물들을 할당했다. [15] 에덴, 미니아민, 예슈아, 쉐마이야, 아마리야, 쉐카니야가 도시와 마을들의 사제들인데 그들을 보조해서 그들의 친족들, 노소를 함께 구분대로 공정히 배분했다. [16] 그들의 등록에 상관없이 3세 이상의 남자아이 모두와 그 위로서 하나님 집에 들어갈 수 있는 자들이니 매일의 의무 봉사에 그들의 구분에 따라 요구받은 직위대로다. [17] 가문별로 등록한 사제들은 레위 인 20세 이상으로 그들 구분대로 직위대로 했다. [18] 그들이 그들의 가족들인, 아내들, 아들들, 딸들, 그들의 전체 무리를 등록했는데 왜냐면 그들 자신들이 의무로 거룩해야만 그들의 영원한 지위의 덕성을 지킬 수 있어서다. [19] 공동의 땅에서 아론 지파의 사제들을 위해 그들 도시와 마을들에 부여한 어느 장소든 남자들을 사제들 가운데 등록한 레위 인 가운데 모든 사람들에게 추천했다.

[20] 이런 활동을 히즈키야가 유다 전체를 통해 취했다. 그가 그의 신 하나님 눈앞에 충성으로 바르고 선하게 행했다. [21] 그가 하나님 집의 섬김에 취한 무엇에나 신의 안내를 찾아 율법과 계명에 순종하길 전심을 다해 융성하였다.

역대하 32장

¹ 히즈키야 왕의 그런 충성스런 행동 이후 아시리아의 세나체립 왕이 유다를 공격하려고 요새화한 마을들에 진을 쳤는데 쳐들어가면 안전하리라 믿어서다. ² 히즈키야는 그가 예루살렘을 공격하려 한다는 걸 알자 ³ 민간인들과 군대 장교들에게 도시 외곽의 샘들을 막는 것에 관해 의논하니 그들이 그를 후원했다. ⁴ 그들이 많은 수의 백성들을 데려와 그 땅으로 통하는 샘과 시내를 막고자 했다. 그들이 말하길, '왜 아시리아 왕이 여기 와서 물이 풍부한 걸 발견하게 할 것인가?' ⁵ 왕의 확고한 행동으로 도시 벽의 파열 구를 고치고 탑을 세우고 벽 밖의 외벽을 지었다. 그가 다윗 시의 밀도를 강화하고 많은 양의 무기와 방패를 같이 두었다.

⁶ 그가 백성들에게 군 지휘자를 임명하고 그들을 도시 문 곁의 광장에 소집해 이런 격려의 말을 했다. ⁷ **'강하고 용감해라. 아시리아 왕이 너희 가슴에 두려움과 공포를 가져와 지껄이지 못하게 하라, 왜냐면 우리는 그가 가진 거보다 훨씬 많은 우리 편이 있어서다.** ⁸ **그는 인간의 강함을 가졌다. 그러나 우리는 우리의 신 하나님께서 우리를 도우시어 우리 전투에서 싸우시기 때문이다.'** 백성들이 히즈키야 왕의 연설에 사기 충만했다.

⁹ 이후에 아시리아 세나체립 왕이 고위 지휘관과 라키스에 있는 동안 유다의 히즈키야 왕에게 예루살렘에 있는 모든 유다 인들에게 사절을 보내 이런 전갈을 말했다. ¹⁰ '아시리아 세나체립 왕이 말하니 "포위 아래 놓인 예루살렘에 지내면서 너희가 무슨 자신을 가졌냐? ¹¹ 히즈키야가 너희가 처한 목마름, 기근, 죽음을, 너희의

신 하나님께서 너희를 아시리아 왕 손아귀에서 구하리란 말로 조롱해서다. ¹² 유다와 예루살렘 백성들에게 오직 거기의 한 제단과 하나님께만 경배하며 희생물을 태워야 한다고 압박한 자가 히즈키야 자신이 아니더냐?"

¹³ "너희들이 나와 내 조상들이 모든 다른 땅들의 백성에게 무엇을 했는가를 매우 잘 안다. 이런 나라들의 신들이 내게서 그들 땅들을 구할 수 있었냐? ¹⁴ 나의 선대들이 멸망시킨 이런 나라의 신들 중에 어느 한 나라도 내 손에서 그들 백성을 구할 수 없었다. 대단하신 너희 신께서 너희들을 잘도 구원하시겠다! ¹⁵ 지금 히즈키야가 너희를 이렇게 속이고 조롱하게 놓아 둘 거냐? 어떤 나라 국가의 신도 그들 백성을 나와 내 선대에게 지킬 수 없었는데 너희가 그를 믿을 수 있냐? 너희 신들이 구하실 거라고!"

¹⁶ 세나체립의 사절들이 신이신 하나님께 대해 그분의 종 히즈키야에 대해 여전히 많은 말을 했다. ¹⁷ 그 왕이 또한 이스라엘의 신 하나님을 조롱하는 편지 하나를 이렇게 썼다. '다른 나라들 신들이 그들 백성들을 내게서 구할 수 없었던 거처럼 히즈키야의 신도 그렇게 그의 백성을 내게서 구할 수 없다.' ¹⁸ 다음에 그들이 목소릴 더 높여 성벽 위의 예루살렘 백성들에게 히브리어로 함성을 질러 두려움과 공포로 그 도시가 함락되길 바라며 그리했다. ¹⁹ 그들이 예루살렘의 신을 지상의 다른 백성들 신처럼 썼으니- 사람들 손으로 만든 것처럼 했다.

²⁰ 이런 곤경에서 히즈키야 왕과 아모스의 아들 예언자 이사야가 울며 외쳐 하나님께 기도 올렸다. ²¹ **그래서 하나님께서 한 천사를 보내**

셔 모든 전사들, 지휘자들, 아시리아 왕 사단의 사령관을 베어 눕혀서 그 왕이 자신의 땅으로 수치스럽게 철수했다. 세나체립이 그의 신의 신전에 들어가자 자신의 아들들 몇이 칼로 그를 베었다.

²² 이처럼 하나님께서 히즈키야와 예루살렘의 주민들을 아시리아 왕 세나체립 그리고 모든 적들에게서 구해주셨다. 그분께서 그들에게 사방에서 휴식을 주셨다. ²³ 많은 백성들이 예루살렘으로 하나님을 위한 공물들을 가져와 유다의 히즈키야 왕에게 값비싼 선물들을 주었다. 그 이후에 그가 모든 나라들에서 높은 영예를 지켰다.

²⁴ 이런 날들에 히즈키야가 위험한 병에 걸려 하나님께 기도하니 그분께서 말씀하길 '**내가 너를 고치리라,**' 그리고 그에게 징조를 허락하셨다. ²⁵ 그러나 오만한 남자로서 그를 위한 선에 감사하지 않아서 하나님 분노가 그에게 유다와 예루살렘에 떨어졌다. ²⁶ 그때 비록 그가 오만했더라도 히즈키야가 감수해서 그와 함께하는 예루살렘 백성들에게 하나님 분노가 히즈키야 시대에는 그들에게 다시는 떨어지지 않았다.[참고 1]

²⁷ 히즈키야가 큰 명성과 부를 누렸다. 그가 금은과 귀한 돌들, 향로, 방패들과 다른 값비싼 것들을 위한 보물고를 지었다. ²⁸ 그리고 곡식들, 새 포도주, 기름을 위한 창고를 짓고, 여러 종류 가축들, 물론 양떼들을 위해 헛간을 지었다. ²⁹ 그가 굉장한 무리의 가축들을 축적했다. 신께서 정말로 그에게 대단한 부를 주셨다. ³⁰ 이 같

I [참고 1]
 대하32:24-26은 왕하 20장의 축약이다. 이사야서38:1-39:8 '왕의 발병과 회복' '바빌론에서 온 사절들'의 사실로 히즈키야가 완전하기보단 조금 빠진다는 점을 감안했다. (REB.)

은 시기에 히즈키야가 기혼의 넘쳐흐르는 물들을 막아서 그것이 아래로 흐르게 하여 다윗 시의 서쪽으로 향하게 했다. 사실 히즈키야가 시도한 모든 것에서 성공해 [31] 바빌론 왕이 보낸 사절들 사건조차 성공했으니, 그 사절들로 하여금 그때 하나님께서 혼자 남았던 그에게 그 땅에 보이신 징조들에 관해 묻게 하며, 그를 시험해 마음에 있던 것을 모두 발견하기 위해서였다.

[32] 히즈키야 통치의 다른 사건들, 그리고 그의 경건한 작업들은 아모스의 아들 예언자 이사야가 환영으로, 유다와 이스라엘 왕들 연대기 속에 기록했다. [33] 히즈키야가 그의 조상들에게 돌아가 다윗의 아들들의 무덤들 위의 장소에 묻혔다. 모든 유다와 예루살렘 백성들이 그가 죽었을 때 그에게 경의를 바쳤다. 그의 아들 마나세가 그를 승계했다.

생각할 점

역대하서 29-32장은 유다의 **13대 왕** 히즈키야의 선행과 하나님께서 그에게 이루어주신 거룩한 사건들에 관한 상세한 기록이 나온다. 무려 네 장씩 그 치적에 할애한다.

왜냐면 열왕기하서에는 18-20장까지 세 장이 나와서다.

히즈키야 왕의 기록을 선지자 이사야가 환영으로 기록했다 해서 이사야서의 소중함도 일깨운다. (대하32:32)

히즈키야는 북이스라엘이 BC 722년에 망하고 7년 뒤인 BC

715년 25세에 왕위에 올라 BC 686년까지 29년간 통치했다.

히즈키야가 왕이 되기 전에 북 왕조가 아시리아에게 멸망함을 지켜보아야 했다. 동족인 이스라엘 북 왕조 패망의 결말을 지켜보며 그도 선민들과 똑같이 두려웠으리라.

더구나 히즈키야는 하나님 앞에서 악행만 고수한 부친 아하즈 때문에 떨었으리라. 부친이 그의 형제인 동생이나 형들을 이방신 제단에 번제물로 바치는 끔찍함을 겪었다.

그 얼마나 마음 졸이는 어린 날들을 지냈으랴.

그 자신의 죽음을 생각하며 조상들과 선민들의 하나님을 절실하게 그리며 찾았으리라.

왕으로서 히즈키야가 하나님을 향한 선대가 행한 왜곡의 길을 바르게 돌이키고자 결심했으리라. 이를 성심껏 되돌리고자 적극 대처하며 사제들과 신하들을 설득에 나선다. 하나님의 길로 바르게 돌아서게 앞에서 이끈 셈이다.

하나님 집의 문을 열고 수리를 명했다. (대하29:3-11)

히즈키야 왕은 본성이 선해 조상들의 신 하나님을 섬기는 길을 걸었다. 왕이 되자 즉시 취한 행동이 부친이 닫은 하나님 성전 문을 열고 사제들과 레위 인들을 불러들인다. 그가 먼 훗날 구세주처럼 예루살렘 성전 확청을 행했다.

이로써 하나님 은혜를 받기 시작한다.

선민들이 그들의 불신의 과오를 진심으로 뉘우치며 함께 기도하며 하나님을 찾기만 하면 그분께선 항상 도우신다는 기록이다. 아무리 읽어도 지루하지 않다.

아시리아 왕의 무지한 하나님 불신을 넘어선 갖은 모욕의 언급을 선민들과 함께 듣자 히즈키야 왕과 이사야가 하나님께 기도하고 울부짖자 하나님께서 천사를 한 분 보내서 그 강대국 군사 수십만을 한밤에 죽이셨다.

하나님께선 반드시 선민들을 위해서만 역사하신다.
최고 지도자가 선한 인도로 하나님을 일심으로 찾을 때다.
지도자의 진실한 믿음이 국민과 한마음으로 하나님 앞에 서면 하나님께서 도우신다는 보증서 같은 기록이다.

구약역사 55 역대하서 33-36장

역대하 33장

대하33:1 마나세가 12세에 왕위에 올라 예루살렘에서 52년간 다스렸다. ² 그가 하나님 눈에 잘못 행했으니 하나님께서 이스라엘을 위한 은혜로 근절시킨 나라들의 그런 혐오스런 관행들을 뒤따라서다. ³ 그가 부친 히즈키야가 없앤 신당들을 다시 짓고 발림을 위한 기둥들과 제단을 세워 그 앞에 자신이 모든 하늘 무리를 섬기며 엎드렸다. ⁴ 그가 하나님 집 안에 제단들을 지었는데 그 집은 하나님께서 **'예루살렘에서 내 이름이 영원하리라.'** 말씀하신 데다. ⁵ 그가 하나님 집의 중정 두 군데에 하늘 무리를 위한 제단을 지었다. ⁶ 그가 아들들을 벤 히놈 골짜기에서 불 속을 통하게 삿된 요술을 행하며 귀신과 영들을 다뤘다. 그가 하나님 눈에 크게 잘못해 그분 분노를 일으켰다. ⁷ 조각상을 하나님 집에 그가 세웠는데 하나님께서 다윗과 아들 솔로몬에게 **'이 집과 예루살렘에서 내가 이스라엘의 모든 지파에서 선택한 이곳에 내 이름을 항상 세우리라. ⁸ 내가 다시는 이 땅에서 이스라엘을 쫓아내지 않으니 그들이 오직 내가 모세를 통해 그들에게 명령한 모든 율법, 규례, 법칙을 주의 깊이 지키기만 한다면 말이다.'** 말씀하신 데다. ⁹ 마나세가 하나님께서 이스라엘 사람들을 위한 은혜로 근절시킨 그 나라들보다 더욱 더 사악하게 유다와 예루살렘 주민들이 흩어지게 했다.

¹⁰ 하나님께서 마나세와 백성들에게 말씀하셨으나 그들이 전혀

개의치 않자 ¹¹ 그분께서 그들에게 대항하라고 아시리아 왕의 군대 사령관들을 데려오셨다. 그들이 마나세를 대못의 무기들로 제압해 사로잡아 청동 족쇄를 채워 바빌론으로 데려갔다. ¹² 그가 근심 속에 하나님께 기도하며 위로를 찾아 조상들 신 앞에 겸손히 복종했다. ¹³ 그가 기도할 때 하나님께서 그 청원을 받으시어 그 탄원을 들어주셨다. 그분께서 그를 예루살렘으로 돌아오게 하고 왕위를 회복시키셨다. 이처럼 하나님께서 신이심을 마나세가 배웠다.

¹⁴ 이후 그가 다윗 시를 위해 바깥벽을 지었는데 기혼 골짜기 서쪽이다, 이를 생선의 문the Fish Gate까지 입구를 확장하며 아주 높이 세웠다. 또한 유다의 모든 요새화한 마을들에 군사령관들을 주둔시켰다. ¹⁵ 그가 하나님 집 안에서 조각상들, 이방신들, 그 제단들을 제거했을 뿐 아니라, 예루살렘과 산 위의 신전에 세웠던 것들까지 도시 밖으로 던져 버렸다. ¹⁶ 그가 하나님 제단을 고쳐서 나눔 제물과 감사제물을 바치고 이스라엘의 신 하나님을 섬기라고 유다에 명령했다. ¹⁷ 그러나 백성들이 오직 그들의 신 하나님이심에도 그 신당들에서 희생하기를 계속했다.

¹⁸ 마나세 행적의 나머지인 신께의 기도와 이스라엘의 신 하나님 이름으로 그에게 말한 점술사의 과정들이 이스라엘 왕 연대기에 기록했다. ¹⁹ 그의 기도와 그가 받은 답, 그 모든 죄와 불신앙인 그가 지은 신당들의 장소, 그 앞에 절했던 장대들과 우상들을 점술사들이 연대기에 기록했다. ²⁰ 마나세가 조상들에게 돌아가 그 가문 정원 묘지에 묻혔다. 그의 아들 아몬이 승계했다.

²¹ 아몬이 왕위에 앉을 때 22세로 예루살렘에서 2년간 통치했다.

²² 그가 그의 부친 마나세가 했듯이 하나님 눈에서 잘못했다. 그가 부친 마나세가 만든 모든 우상들을 신성시하고 경배했다. ²³ 그가 부친 마나세처럼 하나님께 복종하지 않았다. 그 죄가 점차 커졌다. ²⁴ 그의 궁정 신하들이 거역해 그를 궁전에서 암살했다. ²⁵ 그러나 그 땅의 백성들이 음모자들을 모두 죽이고 그의 아들 요시야를 그 자리에 앉혔다.

역대하 34장 '요시야의 개혁'

¹ 요시야가 왕위에 오를 때 8세고 예루살렘에서 31년간 다스렸다. ² 그가 하나님 눈에 바르게 행하며 그의 조상 다윗 자취를 따라, 좌나 우로 치우치지 않았다. ³ 그의 통치 8년에 아직 어리나 그 조상 다윗의 신의 안내를 찾기 시작했다. 그리고 그가 12년째에 유다와 예루살렘의 신전들, 장대들, 조각한 우상들, 금속 상들의 정화를 시작했다. ⁴ 그가 발림의 제단들을 보자 쳐부숴 그 위에 있던 향 제단들, 조각한 우상, 금속 상들을 조각내 부수고 가루 내어 그들에게 희생당한 사람들 무덤에 뿌렸다. ⁵ 그가 그 제단들 위에 그런 사제들 뼈를 태워서 유다와 예루살렘을 정화했다. ⁶ 마나세, 에프라임, 시므온, 멀리 마을들의 집에서나 어디서든 그런 거를 발견하면 태워버렸다. ⁷ 그가 그 제단들, 장대들을 부수고 우상들은 땅바닥에 가루 내서 향로들을 이스라엘 땅 전체에서 조각내버렸다. 그런 다음에 예루살렘에 돌아왔다.

⁸ 그의 통치 18년째 그 땅과 하나님의 집을 정화하고 요시야 왕이 아잘리야의 아들 샤판, 그 도시의 총독 마세이야, 국무재상 요

아하즈의 아들 요아Joah에게 그의 신 하나님의 집을 수리하라고 보냈다. ⁹ 그들이 대제사장 힐키야에게 신의 집에서 가져온 은을 건네니 그 은은 그 현관지기를 책임진 레위 인들이, 마나세, 에프라임, 그리고 모든 나머지 이스라엘은 물론 유다와 벤저민과 예루살렘의 거주민들로부터 받은 거였다. ¹⁰ 이는 그때 하나님 집에서 작업을 책임진 사람들에게 건네져 건물을 수리하고 강화하는 데 사용했다. ¹¹ 그들이 이를 또한 목수들과 켠 돌과 서까래와 기둥들을 위해 통나무를 구입하는 건축자들에게 주었는데 왜냐면 유다의 왕들이 황폐하게 두었던 건물들이어서다. ¹²⁻¹³ 사람들이 그 작업을 신실하게 야하스, 오바디야, 메라리 가문의 레위 인들, 그리고 즈카리야와 메슐람, 코하스 가문의 사람들 감독 아래 일했다. 이들이 적임자들을 통제하며 모든 상거래 작업자들을 감독했다. 레위 인들 모두 숙련된 음악가들로 그들 중 얼마가 비서들, 사무관들, 혹은 문지기들이었다.

¹⁴ 그들이 하나님 집에서 은들을 가져오려고 끌어낼 때 제사장 힐키야가 모세를 통해 건네받은 하나님 율법 두루마리를 발견했다. ¹⁵ 힐키야가 고급 부관 샤판에게 하나님 집에서 율법 두루마리를 찾았다고 하며 ¹⁶ 왕에게 이를 가져가 보고하게 했다. '당신 종들이 모든 것에 그들을 믿고 일합니다. ¹⁷ 그들이 하나님 집에서 은을 녹여 이를 감독관들과 일하는 사람들에게 건네줍니다.'

¹⁸ 고급 부관 샤판이 왕에게 그 두루마리에 관해 힐키야가 준 것을 말했다. 그가 왕의 면전에서 이를 읽었다. ¹⁹ 왕이 율법 두루마리가 무엇을 쓴 건가 들었을 때 옷을 찢었다. ²⁰ 그가 힐키야, 샤판

의 아들 아히캄, 미카의 아들 압돈, 보급부관 샤판, 왕의 시종 아사이야에게 [21] 이스라엘과 유다에 아직 남은 모든 사람들을 위해 그가 발견한 두루마리 내용에서 하나님 안내를 찾으라, 명했다. 그가 말하길 '이것이 우리에게 쏟아질 거다, 왜냐면 우리 조상들이 이 두루마리에 쓴 대로 모든 것에서 하나님 계명을 지키지 않아서다.'

[22] 힐키야와 왕의 지시를 받은 이들이 여 예언자 훌다에게 갔는데 옷장지기 티크바의 아들 샬룸의 아내로 예루살렘 둘째 구역 그녀 집에서 상담했다. [23] **'이는 이스라엘의 신 하나님 말씀이다,'** 그녀가 답하니 **'나에게 너희를 보낸 사람에게 말해라,** [24] **이는 하나님께서 하신 말씀이다. 내가 이 장소와 이곳 주민들에게 재난을 가져오려는데 유다의 왕들 앞에서 읽힌 두루마리에 기록한 모든 저주들을 이루려는 거다.** [25] **왜냐면 그들이 나를 저버리고 다른 신들에게 희생물을 태우고 그들이 자신들 손으로 만든 그 모든 우상들로 내 분노를 야기해서다. 나의 이 분노가 이 장소에 부어질 테고 멈추지 않을 거다.** [26] **하나님 안내를 찾고자 너에게 보낸 유다 왕에게 말해라, 이는 이스라엘의 신 하나님께서 말씀하신 거다. 너희가 나의 말을 듣고자** [27] **마음의 뜻함으로 신 앞에 너 자신이 겸손해져 내가 이 장소와 주민들에게 말한 것을 듣자 자신을 낮추고 옷들을 찢고 내 앞에서 울었다. 이로써 나는 내 쪽에서 너에게 듣는다. 이는 하나님 말씀이다.** [28] **내가 너를 네 조상들에게 모으리라, 너는 네 무덤에 평화로이 가리라. 너는 내가 이 장소와 이곳 주민들에게 가져오려는 모든 재난을 보기까지 살지 않으리라.'** 그들이 이런 답을 왕에게 가져왔다.

[29] 왕의 소환에 모든 유다와 예루살렘의 장로들이 모여 [30] 하나

님 집에 올라갔으니 유다의 남자들, 예루살렘 주민들, 레위 인들, 지위고하 막론 온 백성이 함께 했다. 거기서 그가, 그들에게 하나님 집에서 발견한 그 계약의 두루마리 전체를 읽어주었다. ³¹ 다음에 기둥 옆에 서 있던 왕이 하나님 앞에서 그분께 순종하고 그분의 명령들, 그분의 규례들, 그분의 계명들, 그분의 규칙들을 그의 마음과 혼을 다해 지키고 두루마리에 있는 계약 말씀대로 이행하겠다는 서약을 하러 안으로 들어갔다. ³² 그래서 그가 예루살렘에 함께 있던 모든 주민들과 그 서약을 지키자고 맹서하게 하는 서약을 하였다. 그다음부터 예루살렘 주민들이 그들 조상들의 신 하나님 계약에 순종했다. ³³ 요시야가 이스라엘 전 영토에서 모든 혐오의 우상들을 제거해 이스라엘에 사는 사람마다 모두 그의 신 하나님을 섬기게 했다. 그가 사는 동안 그들 조상의 신 하나님께 그들의 충성 의무에서 그들이 실패하지 않았다.

역대하 35장

¹ 요시야가 예루살렘에서 유월절을 지키며 첫째 달 14일에 유월절 어린 양을 죽였다. ² 그가 사제들을 그들의 직무에 임명해서 하나님 집의 봉사에 그들을 격려했다. ³ 그가 레위 인들에게 말하고 그들이 이스라엘에 지시하니, **'이스라엘 다윗 왕의 아들 솔로몬이 지은 그 집에 성궤를 놓으라.'** 하신 하나님께서 한 대로다. **'이는 너희들 어깨에 옮겨서는 아니 되니 너희는 지금 너희의 신 하나님과 그분의 백성 이스라엘을 섬기고 있다.** ⁴ 너희들 자신을 가문별로 너희들 구분에 따라 이스라엘 왕 다윗과 그의 아들 솔로몬의 지시에 쓴 대로 준비

해라. ⁵ 보통 사람들의 가문의 무리들, 너희의 형제들, 각 가문의 무리에서 레위 인들의 한 구분의 대표로 그 거룩한 장소 안에 서라. ⁶ 유월절 어린 양을 죽여 너희 자신들을 거룩하게 하여, 모세를 통해 주신 하나님 말씀을 이루도록 너희 형제들을 위해 준비하라.'

⁷ 요시야가 일반 백성들을 대신해 유월절을 위한 30,000마리 어린 가축들을 헌납했고 어린 숫양들과 염소들, 황소 3,000두를 이에 더했다. 이는 모두가 왕 자신의 재정이었다. ⁸ 그의 장교들, 사제들, 레위 인들이 백성들을 위해 기꺼이 헌납했다. 힐키야, 즈카리야, 예히엘, 신의 집의 주요 사무관들이 그 사제들을 대신해 유월절을 위한 3,600마리의 어린 가축들과 이에 더해 황소 300두를 헌납했다. ⁹ 코나니야, 쉐마이야, 그리고 그의 형제들 네타넬, 그리고 하샤비야, 예이엘, 조자밧, 레위 인 대장들이 레위 인들을 대신해, 유월절을 위한 5,000마리 작은 가축들과 황소 500두를 더 헌납했다.

¹⁰ 그 봉사가 준비되자 사제들이 그들의 자리에 서고, 레위 인들이 그들의 구분대로 왕의 명령에 따랐다. ¹¹ 레위 인들이 유월절 희생물들을 죽이고 사제들이 그 피를 제단을 향해 뿌리고 한 편에선 레위 인들이 그 짐승들 가죽을 벗겼다. ¹² 그다음에 그들이 기름을 살에서 제거하고 이를 백성들에게 그들을 위한 가문의 무리별로 하나님께 바치도록 모세의 책에 기술한 대로 나눠주었다. 황소들도 그리 했다. ¹³ 그들이 유월절 희생물들을 관습대로 불로 요리하는데 솥과 냄비들과 팬들에 거룩한 제물들을 끓여 모든 백성들에게 이를 빠르게 제공했다.

¹⁴ 그 후에 그들이 자신들과 사제들을 위해 필요한 분배를 했는데 왜냐면 아론 지파 사제들이 전 제물들과 기름 부분을 바치기 위해 밤늦게까지 종사했기 때문이다. 그래서 레위 인들 그 자신들과 아론 지파 사제들을 위해 필요한 준비를 해야 했다. ¹⁵ 아샆 가문 가수들이 그들의 장소에 있었고 다윗, 아샆, 헤만, 예두툰, 왕의 점술사들이 정해서 내려온 법칙대로 있었다. 문지기들이 그들의 각각 문에 섰다. 그들의 위치를 떠날 필요가 없었으니 그들의 친족 레위 인들이 그들을 위한 준비를 해주었기 때문이다.

¹⁶ 이런 식으로 하나님을 위한 모든 봉사가 그날에, 유월절을 지키려고 하나님의 제단 위에 전 제물들을 드리려고 요시야 왕이 명한 대로 배치했다. ¹⁷ 이스라엘 백성들이 유월절을 지키려고 7일 동안의 무교병 순례축제를 지키려고 나왔다. ¹⁸ 예언자 사무엘의 날들 이후 이스라엘에서 이런 유월절은 없었다. 이스라엘 어느 왕도 요시야가 지킨 듯이 이런 유월절을 지킨 왕이 없으니, 사제들, 레위 인들, 모든 유다와 이스라엘 사람들, 예루살렘 주민들이 있었다. ¹⁹ 이 유월절은 요시야 통치 18년에 지켰다.

²⁰ 요시야가 하나님 집의 이런 전체 섬김을 조직한 뒤 시간이 좀 흐르자, 애굽의 네코 왕이 행군하여 유프라테스 강의 칼케미스Carchemish를 공격하려 했다. 요시야가 그와 맞서려 나갔다. ²¹ 네코가 사절을 보내 말하길 **'유다의 왕이여, 내게서 당신이 무엇을 원하나요? 나는 오직 내가 전쟁할 이런 사람들 말고는 당신과 다툴 게 없소. 신이 나의 길에서 속도 내길 목적하여 신이 나의 편에 있소. 그의 길에 서지 마시오, 아니면 그가 당신을 멸할 거요.'** ²² 요시

야가 그의 목적을 굽히지 않고 출격을 하고자 정했다. 그가 네코가 신의 명령이라 한 말들을 듣기를 거절하고 메깃도Megiddo 골짜기에서 전투에 참여하려고 돌격했다. ²³ 궁수들이 활을 쏘았다. 그가 심한 상처를 입어 호위병에게 그를 데리고 나가라고 말했다. ²⁴ 그들이 그의 수레를 끌어내 그의 부관 수레로 옮겨 예루살렘으로 운반했다. 거기서 그가 죽어 그의 조상들 무덤 가운데 묻자 모든 유다와 예루살렘이 그를 위해 슬퍼했다. ²⁵ 예레미야가 또한 요시야를 위하여 애가를 지었다. 그리고 이날까지 음유시인들, 모든 남자와 여자들이 그들의 애도로 요시야를 추모한다. 이런 애도가 이스라엘에 전통이 되어 그들이 기록한 수집들을 발견했다.

²⁶ 요시야 통치의 다른 기록들, 활동의 경건함, 하나님 율법이 전한 무엇이든 따라 행한 모든 것 ²⁷ 처음부터 끝까지 이스라엘과 유다 왕 연대기에 기록했다.

역대하 36장 '유다의 마지막 왕들'

¹ 그 땅의 백성들이 요시야의 아들 예호아하즈를 데려다 예루살렘에서 부친 자리의 왕으로 세웠다. ² 그가 왕위에 앉을 때 23세로 예루살렘에서 석 달 다스렸다. ³ 그때 애급의 네코 왕이 예루살렘 왕좌에서 그를 내리고 그 땅에 은 100달란트 금 1달란트의 배상을 부과했다. ⁴ 네코가 예호아하즈의 형제 엘리아킴을 예호이아킴으로 이름 바꿔 유다와 예루살렘 왕으로 세웠다. 그가 예호아하즈를 애급에 데려갔다.

⁵ 예호이아킴이 그 자리에 왔을 때 25세로 예루살렘에서 11년간

다스렸다. 그가 그의 신 하나님 눈에 잘못 행했다. [6] 바빌론의 느부카드네잘 왕이 그에 대한 공격을 시작해 그를 청동 족쇄에 채워 바빌론으로 데려갔다. [7] 느부카드네잘이 또한 하나님 집의 용기들 얼마를 제거한 다음에 그것을 자신의 궁전 안에 가져다두었다. [8] 예호이아킴 통치의 다른 사건들은 그가 범한 그 혐오스런 일들을 포함해 그가 고수한 죄의 모두가 이스라엘과 유다 왕 연대기에 기록했다. 그의 아들 예호이아킨이 승계했다.

[9] 예호이아킨이 왕위에 오를 때 8세로 예루살렘에서 석 달 열흘 다스렸다. 그가 하나님 눈에 잘못 행했다. [10] 그해 끝 무렵 느부카드네잘 왕이 보내서 그를 바빌론으로 데려가며 하나님 집의 가장 좋은 용기들을 가져가고 그의 부친의 형제 즈데키야를 유다와 예루살렘 왕으로 세웠다.

[11] 즈데키야가 왕위에 21세에 올라 예루살렘에서 11년 다스렸다. [12] 그가 그의 신 하나님 눈에 잘못 행했다. 그가 하나님의 대리인이자 예언자인 예레미야 안내에 경의를 표하지 않았다. [13] 그 역시 느부카드네잘 왕을 경계하다 배반했는데 엄숙히 충성을 했었다. 그가 어리석고 고집스러워 이스라엘의 신 하나님께 돌아오길 거부했다. [14] 유다의 모든 대장들과 사제들이 다른 나라들의 혐오스런 관행들을 따르며 불신앙으로 나아갔다. 그들이 하나님께서 거룩하게 하신 예루살렘 하나님 집을 더럽혔다.

[15] 그들 조상의 신 하나님께서 그분 백성들과 그분 거주 장소를 경건히 지키고자 그분의 전달자들을 통해 수시로 거듭 그들에게 경고하셨다. [16] 그러나 그들이 그분의 전달자들을 조소하고 그분

말씀을 비웃고 그분 예언자들 모욕하길 절대 그치지 않아 그분 분노가 그의 백성들을 향해 터지기까지 달랠 길이 없었다. [17] 그분께서 선민들에 대항하게 칼데아의 왕이 오게 해서 성단구역에서 젊은이들을 칼로 쳐 젊은 남자, 처녀, 아이 하나 남기지 않고 늙거나 약하거나 죽여 선민들 모두를 그들 권한에 넘기셨다.

[18] 느부카드네잘이 신의 집에서 크거나 작거나 모든 집기들을 가져가고 하나님 집과 왕과 장교들의 재물 창고에서 모든 것들을 바빌론에 가져갔다. [19] 그들이 하나님 집에 불을 지르고 예루살렘 도시 성벽 주변을 약탈해 나라의 모든 큰 집들 안의 간직해야 할 모든 것들이 없어지기까지 태웠다. [20] 그 칼날에서 피한 남은 자들은 포로로 바빌론에 데려가 그들의 통치권이 페르시아 인들에 넘어가기까지 그와 그의 계승자들에게 종들이 되었다. [21] 그 땅이 안식일의 휴지기였으나 그들이 멸망한 그 모든 시간에 사라져 예언자 예레미야가 했던 하나님 말씀이 이루어지기까지 완전히 70년이 걸렸다.

[22] 페르시아의 사이러스 왕 첫해에 하나님께서 예레미야를 통해 하신 말씀을 이루시고자 왕에게 영감을 주시어 그의 왕국 전체에 통하는 포고문을 발했는데 이를 다음과 같이 썼다.

[23] **페르시아 사이러스 왕의 칙령: 하늘의 신 하나님께서 나에게 지상의 모든 왕권을 주시고, 그분 자신에서 나에게 유다에 있는 예루살렘에 그분께 집 하나를 지으라, 요구하셨다. 너희 가운데 누구든지 그분 백성에 속한 사람들은 그와 같이 그의 신 하나님이 계시니 그를 높여서 가게 하도록 하리라.**

생각할 점

대하 33-36장은 유다의 마지막 왕조 기록이다.

남북의 마지막 왕조인 33대 마나세 왕에서 40대 즈데키야 왕까지 8명이 나온다. 이 중 하나님 눈에 선한 왕이 36대 요시야 Josiah(BC 640-609)뿐이다. 다른 일곱 왕들은 하나님 눈앞에서 악했기에 선민들 왕국을 하나님께서 망하게 하신다는 기록이다.

이는 열왕기하서 마지막 24, 25장과 거의 같다.

대하 33장

마나세가 12세에 왕위 승계, 52년간 통치, 64세에 죽음.

마나세의 부친인 선한 왕 히즈키야가 54세에 사망한다. 이를 셈해 보면 마나세는 히즈키야가 42세에 얻은 늦둥이다. 열왕기하 21:1에는 그의 모친 이름이 헾지바Hephziba라고 한다. 그녀가 어린 아들이 왕이 되자 마나세가 부친과 정반대 길을 가게 뒤에서 종용했는가는 알 길 없다.

하나님께 진실했던 부친 히즈키야 왕에게서 어째 그리 전혀 다른 아들이 나왔는가!

하나님 집 안에 다른 제단을 짓다니. 부친이 없앤 신당들을 다시 짓고 기둥을 세워 발림에게 엎드려 절까지 하다니. 그가 조부 아하즈 왕처럼 자신 아들도 불태우는 이방신의 극악한 길로 간다.

하나님께서 아시리아 군대를 보내서 그를 잡아 발에 청동 족쇄 채워 바빌론에 끌려가는 징벌을 내리신다. (대하33:10-11)

그런데 뜻밖에 마나세가 죽음의 근심 속에서 그의 신 하나님께 바빌론 감방에서 기도하며 겸손히 하나님 위안을 찾는다. 그의 그런 청원을 하나님께서 기다리신 듯이 들어주신다! 그리하여 예루살렘으로 다시 돌아온 마나세가 하나님께서 그들의 신이심을 배웠다고 기록한다.

그가 남은 평생 하나님 섬기며 그가 세웠던 이방신당들을 제거하고, 유다 마을들을 요새화하고 유대 백성들에게 하나님을 섬기라고 독려했다.

이로써 마나세 왕이 52년간 긴 시간을 재위한 이유를 깨닫게 해준다. 이는 열왕기에 없는 기록이다.

하나님께선 최고 지도자의 바른 믿음에서 공의를 실천하면 반드시 그의 국가의 국운을 새로이 세워주신다는 점을 온 세상에 널리 전하게 하신다.

대하 34장 '요시야의 개혁'

마나세를 이어서 그의 아들 아몬이 24세 왕이 된다.

그러나 그가 2년간 우상숭배를 거듭하자 궁정 신하들이 그를 암살한다. 그러자 선민들이 그들을 죽이고 아몬의 아들인 8세의 어린 왕을 추대한다.

요시야 왕이다.

어린 왕이 된, 요시야가 선한 왕으로 31년간 재위했는데 39세에 죽었다.

너무 일찍 죽었다. 그 이유를 살필 필요가 있다.

요시야가 재위 8년째 신을 찾고 12년째 하나님 집에서 발견한 두루마리의 내용을 듣자 크게 그가 참회한다. 그가 하나님 신전을 정화하고 우상들을 부숴버리고 여선지자 훌다를 찾게 해서 하나님 안내를 구하게 사제들에게 명한다. 그리하여 여자 선지자에게 하나님 전갈을 받는다.

왕과 선민들이 하나님의 분노를 깨닫자 크게 두려워서 그 선지자를 찾아가게 왕이 명해서다.

그리하여 왕과 선민들이 하나님만 섬기고 산다는 서약을 성전에서 새로이 하고, 유월절 행사를 크게 행한다.

대하 35장

전반은 요시야가 선민들과 모여서 레위 사제들이 주재하는 유월절 안식일을 기리는 예배와 축제를 이레간 성대히 행한 내용이다. 이는 그가 16세 때로서 그의 왕위 기간 전반기의 일이다. 어린 나이지만 총명한 믿음의 왕이었다.

요시야 왕위 후반기에 접어든다.

요시야의 마지막이 비극이니 슬프고 안타깝다.

이는 애굽의 네코가 바빌론의 칼케미쉬로 쳐들어간다고 이스라엘이 길을 비키라고 요시야에게 청했으나 그 요구를 젊은 요시야가 묵살해서다.

이때 요시야가 그런 나라의 위급 지경에 하나님께 이를 문의했다는 기록이 없다. 왜 현명한 젊은 요시야가 하나님께 기도하고, 하나님 사람들과 의논하지 아니했는가?

그가 성전에서 두루마리 성서를 찾아 읽고 나서 문의했던 선지자 훌다에게 왜 의논하지 아니했는가? 그녀가 나이 들어 죽어서인가?

그가 성전 사제들과라도 왜 논의하지 않았는가?

그가 애굽의 막강한 장수 네코에게 맞선다고 나섰다가 활에 맞아 죽었다. 그가 하나님께 묻지 아니해서인 듯하다.

이런 기사는 한반도의 지정학상 위치의 중차대한 가치를 되새기듯 비교하게 한다. 왜냐면 이스라엘 위치가 고대부터 지금까지 미래에도 의미심장해서다.

극히 작은 소국인 유다 왕 요시야에게 길을 내주라는 거만한 애굽의 요청에 우리 과거사가 즉각 떠오른다.

조선의 선조 시대에 중국에 쳐들어갈 테니 한반도에 길을 내라 호통하던 일본 때문이다.

그 당시에 바른 대처 못하고 지리멸렬하던 왕과 관리들 대신에 이순신 장군과 각 곳에서 봉기한 사찰의 의병들과 이를 따른 백성들이 합쳐 이겨내지 않았는가.

요시야 왕의 31년간 재위는 하나님의 뜻이다.

이는 하나님께서 히즈키야 왕에게 말씀하신 대로 이루어가는 과정이다. 하나님께서 진행하는 역사 속에서 우리도 행할 바를 바르게 찾아 살아야 한다.

대하 36장 '유다의 마지막 왕들'

요시야의 아들인 예호아하즈 왕을 석 달 만에 애급의 네코가 끌어내린다. 예호아하즈의 형제 엘리아킴을 세워 11년간 재위케 한다. 바빌론의 느부카드네잘이 바빌론으로 그를 끌어가고, 8세 난 아들 예호이아킨을 왕에 앉히고, 그 후엔 즈데키야가 11년간 재위한 마지막 왕이다.

유다 왕들 넷이 차례로 하나님 눈앞에서 잘못 행했다.
강대국 틈바구니에서 완전히 하나님 길을 벗어난 유다 왕가와 레위 사제들이 지도자여서다.

하나님께서 예레미야에게 하신 말씀대로 유다가 망한다.

그 후 70년 지나 하나님 예언이 이루어진다.
하나님께서 페르시아 왕 사이러스 첫해에 그에게 역사하신다.

'예루살렘 신전을 다시 짓게 이스라엘 선민들을 그들의 고향 예루살렘으로 돌아가게 하도록 하여라.'

하나님께서 세상을 주관하신다는 명징한 기록이다.
하나님을 믿고 가르침대로 행하며 살면 만사형통하고 아니면 끝장이란 기록이다.

 이로써 구약 역사서들을 읽기 전에 지녔던 막연한 편견이 사라졌다. 북이스라엘 왕국이 남유다 왕국보다 나쁘다고 생각했었다. 이는 하나님 앞에서 바른 생각이 아니었다.
 그분께서 그러실 수밖에 없었던 사실을 깨닫게 되어서다.

 하나님께서 북이스라엘을 이 세상 일반 통치자들 국가의 잘못된 표본으로 삼으셨음을 깨우쳤다.
 그건 북이스라엘 왕들과 선민들이 잘못된 사실들(황금으로 만든 소를 신당으로 대신해 예루살렘 성전 예방 금지)로써 하나님 믿음을 오도해서다. 그럼에도 하나님께서 그들을 남유다 선민들과 똑같이 살피며 그들 회심을 기다리셨다.

 이는 지금도 볼 수 있다.
 회교도, 유다교도, 기독교도들이 선민들처럼 같은 하나님을 섬긴다면서 모두가 하나님 가르침대로 행하지 아니해서 세상이 혼란스럽기 때문이다.

 성서는 인간 관점이 아니다.
 성서는 신의 관점을 찾도록 알리는 힘찬 기록이다.
 하나님의 정의가 무엇인가 생각하게 해준다.

하나님께선 이스라엘이 그분의 눈에서 잘못하는 쪽으로 가면 갈수록 그들을 향한 하나님 근심이 깊어가고 안타까워하며 노하셨다.

하나님께선 아브라함, 모세, 선민들과 약속하신 대로 그들이 그분 눈에서 사라지지 않게 여전히 기다리신다.

하나님께 전심으로 호소하길 지켜보며 살피며 기다리신다. 하나님께서는 약속을 지키신다.

당신을 닮게 지으신 당신 영을 부어주신 피조물 인류의 영원한 생명을 돌이켜 주시고자 항상 일하신다.

(NIV. 주해 544-545쪽 옮김)

'40인의 이스라엘과 유다 왕들' (기원전)

1. (왕상12:1-24,14:21-31) **르호보암** (유다) 17년간 (930-913)
2. (왕상12:25-14-20) **여로보암** (이스라엘) 22년간 (930-909)
3. (왕상15:1-8) **아비야** (유다) 3년간 (913-910)
4. (왕상15:9-24) **아사** (유다) 41년간 (910-869)
5. (왕상15:25-31) **나답** (이스라엘) 2년간 (909-908)
6. (왕상15:32-15:7) **바샤** (이스라엘) 24년간 (908-886)
7. (왕상16:8-14) **엘라** (이스라엘) 2년간 (886-885)
8. (왕상16:15-20) **짐리** (이스라엘) 7일간 (885)
9. (왕상16:21-22) **티브니** (이스라엘) 옴리와 겹침 (885-880)
10. (왕상16:23-28) **옴리** (이스라엘) 11년간 (880-874)
11. (왕상16:29-22:40) **아합** (이스라엘) 22년간 (874-853)
12. (왕상22:41-50) **예호샤팟** (유다) 25년간 (853-848)
13. (왕상22:51, 왕하1:18) **아하지야** (이스라엘) 2년간 (853-852)
14. (왕하1:17, 3:1-8:15) **요람** (이스라엘) 12년간 (852-841)
15. (왕하8:16-24) **예호람** (유다) 8년간 (848-841)
16. (왕하8:25-29) **아하지야** (유다) 1년간 (841)
17. (왕하9:30-10:36) **예후** (이스라엘) 28년간 (841-814)
18. (왕하11) **아탈리야** (유다) 7년간 (841-835)
19. (왕하12) **요아스** (유다) 40년간 (835-796)
20. (왕하13:1-9) **예호아하즈** (이스라엘) 17년간 (814-798)
21. (왕하13:10-25) **예호아즈** (이스라엘) 16년간 (798-782)

22. (왕하14:1-22) **아마지야** (유다) 29년간 (796-767)
23. (왕하14:23-29) **여로보암 2세** (이스라엘) 41년간 (793-753)
24. (왕하15:1-7) **웃지야** (유다) 52년간 (792-740)
25. (왕하15:-12) **즈카리야** (이스라엘) 6개월 (753)
26. (왕하15:13-15) **샬룸** (이스라엘) 1개월 (752)
27. (왕하15:16-22) **메나헴** (이스라엘) 10년간 ((752-742)
28. (왕하15:23-26) **페카이야** (이스라엘) 2년간 (742-740)
29. (왕하15:27-31) **페카** (이스라엘) 20년간 (752-732)
30. (왕하15:30, 32-38) **요탐** (유다) 16년간 (752-732)
31. (왕하16) **아하즈** (유다) 16년간 (732-715)
32. (왕하15:30, 17장) **호세아** (이스라엘) 9년간 (732-722)
33. (왕하18:1-20:21) **히즈키야** (유다) 29년간 (715-686)
34. (왕하21:1-18) **마나세** (유다) 55년간 (697-642)
35. (왕하21:19-26) **아몬** (유다) 2년간 (642-640)
36. (왕하22:1-32:30) **요시야** (유다) 31년간 (640-609)
37. (왕하23:31-33) **예호아하즈** (유다) 3개월 (609)
38. (왕하23:34-24:7) **예호이아킴** (유다) 11년간 (609-598)
39. (왕하24:8-17) **예호이아킨** (유다) 3개월 (598-597)
40. (왕하24:18-25:26) **즈데키야** (유다) 11년간 (597-586)